品读资治通鉴

战国风云

品读资治通鉴

一叶孤舟 著

中国青年出版社

律师声明

北京市中友律师事务所李苗苗律师代表中国青年出版社郑重声明：本书由著作权人授权中国青年出版社独家出版发行。未经版权所有人和中国青年出版社书面许可，任何组织机构、个人不得以任何形式擅自复制、改编或传播本书全部或部分内容。凡有侵权行为，必须承担法律责任。中国青年出版社将配合版权执法机关大力打击盗印、盗版等任何形式的侵权行为。敬请广大读者协助举报，对经查实的侵权案件给予举报人重奖。

侵权举报电话

全国"扫黄打非"工作小组办公室　　中国青年出版社
010-65233456　65212870　　　　　010-50856057
http://www.shdf.gov.cn　　　　　　E-mail:bianwu@cypmedia.com

图书在版编目（CIP）数据

品读《资治通鉴》. 战国风云 / 一叶孤舟著. —北京：中国青年出版社，2018.10
ISBN 978-7-5153-5326-5

Ⅰ.①品… Ⅱ.①一… Ⅲ.①中国历史 – 古代史 – 编年体②《资治通鉴》– 研究③中国历史 – 研究 – 战国时代Ⅳ. ① K204.3 ② K231.07

中国版本图书馆 CIP 数据核字（2018）第 251985 号

品读《资治通鉴》：战国风云

一叶孤舟 / 著

出版发行	中国青年出版社
地　　址	北京市东四十二条 21 号
邮政编码	100708

责任编辑	刘稚清
封面制作	闽江文化

印　　刷	天津中印联印务有限公司
开　　本	710×1000　1 / 16
印　　张	17
版　　次	2019 年 2 月北京第 1 版
印　　次	2019 年 2 月第 1 次印刷
书　　号	ISNB 978-7-5153-5326-5
定　　价	68.00 元

自序

作为一个并非专业学习历史的学生，却一直都对中国历史情有独钟，慨叹于它的博大与深邃。在研究的过程中，也查看了很多历史资料，发现个人最喜欢的就是《资治通鉴》。

可惜司马光老先生的毕生心血对于大部分当代非专业读者来说却过于艰涩难懂。全书时间跨度大、朝代多、典故广、人物杂、思想错综复杂。所摘录的很多疏奏艰深迂阔，哪怕是专业学生也不易理解，更使很多非专业学习的读者不得不中途放弃此书，或选择性地放弃全书中很多精华之处，想来甚为惋惜。

《资治通鉴》是中国历史上和《史记》并称的最伟大的历史著作。如果从篇幅、政治核心思想和政治治理策略上来讲，包括《史记》在内的其他"二十四史"正史都是不可望《资治通鉴》之项背的。

不过《资治通鉴》也有其自身的劣势之处：第一，它过分、单一地从儒家正统，君王驭百官、治天下、理万民的角度去摘录事件和分析事件，有时会显得过于片面和迂腐。第二，全书对于其他不同的思想派别、文化艺术、经济管理等内容收录得不够完备。第三，司马光是一个优秀的史学家、文学家、政治家、思想家，但他还不是一流的哲学家，缺少哲学的思辨，并没有形成连贯的思想体系。

司马光的《资治通鉴》成书于宋英宗、宋神宗当政时期。宋英宗治平二年（公元 1065 年），司马光开始提交第一部分文稿给宋英宗，深得英宗赏识，于是其直接拨给司马光预算和人手，让他继续编纂此书，并把书名改为《历代君臣事迹》。到了宋神宗时期，这部书被赐名为《资治通鉴》，意思是鉴于往事，有资于治道，后来，"资治通鉴"这个名称被沿用并传诵下来。

《资治通鉴》的篇幅巨大，卷轶浩繁，全书一共 294 卷，300 多万字。另外考得目录各 30 卷，所记载的历史，上起周威烈王二十三年（公元前 403 年），下至后周显德六年（公元 959 年），也就是北宋成立之前。前后一共是 1362 年，全书分为 16 纪，分别是：周纪 5 卷、秦纪 3 卷、汉纪 60 卷、魏纪 10 卷、晋 40 卷、宋 16 卷，还有齐、梁、陈、隋，最多的唐 81 卷，还有后梁、后唐、后晋、后汉和后周。

《资治通鉴》是我们公认的中国古代最著名、最优秀的编年体通史，也是中国历史上第一部编年体通史。这部书的取材广泛，除了历朝的正史，还包括野史等几百种文献，都具有非常强的逻辑性。司马光在这部书里所阐述的各方面的思想几乎都围绕着儒家的正统思想展开，当然他也毫不避讳地指出历代君王在政治上的得失，并且道出了选拔和使用人才的重要性。

司马光作为一代文学大师，孤舟以为唐宋八大家没有司马光是绝对有失公允的。韩愈、柳宗元名正言顺，苏轼、王安石、欧阳修当之无愧，而苏洵、苏辙、曾巩三人个应列于司马光之前。以司马光的文学、才能，以及他的诗歌，包括这一部《资治通鉴》，通过他对历史事件的分析，可以看出他在文学上的造诣，在两宋时期，只怕仅在苏轼、欧阳修之下，绝不会弱于唐宋八大家中的其他人。

此外，《资治通鉴》当中还引用了很多古人对于所发生的历史事件的评价，非常有借鉴意义，所以《资治通鉴》是中国史学的一座丰碑。宋元时期，著名的史学家胡三省给了《资治通鉴》极高的评价，他说："为人君而不知《通鉴》，则欲治而不知自治之源，恶乱而不知防乱之术，为人臣而不知《通鉴》，则上无以事君，下无以治民。"

《资治通鉴》一书著成后，中国历朝历代的开国君主，几乎对这本书都崇拜有加。

我们从宋朝之后的开国君主说起，第一位就是元朝的忽必烈。元世祖忽必烈十分重视《资治通鉴》，请儒士帮他讲解治国之道，设立蒙古的国子学，然后用蒙语翻译《资治通鉴》作为教材在全国普及。孤舟以为，《资治通鉴》想要作为教材在全国普及，是不现实的，因为这部书能认真仔细阅读，并细加品味的人绝不会多，但是其在蒙古贵族之中却有崇高的地位，这是完全有可能的。

到了明朝，开国君王朱元璋，亦推崇《资治通鉴》，他每天早上都要诵读里面的内容。他要人们知道古代帝王之道，身体力行，通鉴原则。

到了清朝，清圣祖康熙皇帝尤其崇拜《资治通鉴》，他经常翻阅此书，并说它是基于"前代得失，甚有裨于治道"。

在清朝，除了康熙皇帝，还有一个人物也非常青睐《资治通鉴》，这个人就是曾国藩。有人认为曾国藩是儒家两千年，继尧、舜、禹、汤、文、武、周公、孔子、孟子、韩愈、朱熹、王阳明以降的最后一位圣人。曾国藩说"窃以先哲惊世之书，莫善于司马文正公之《资治通鉴》"。

《资治通鉴》称为前古未有之书，梁启超誉它为"天地一大文"。继司马光之后，后续史学家组织了无数多的人专门对它进行点评，也非常有效，非常有意义。

孤舟在本书中会跟大家一起仔细全面地品读《资治通鉴》，同时也会补充一些必要的知识，以便大家理解。当然，我的品读并不是最专业的，也不是最严谨的，但是我希望做到最大化的深入浅出。孤舟以为，只要有高中的文化基础，再加上对中国历史感兴趣，都可以很容易地通过阅读，来彻底了解《资治通鉴》的内容、思想和历史脉络。孤舟也会努力地从现代人的眼光及当今的视角看中国历史给我们现代人带来的经验和教训。

本书采用的是比较传统的分类方式，并没有完全采用《资治通鉴》的纪年体例。比如，《资治通鉴》前五卷是《周纪》，第六卷开始是《秦纪》。此时周朝已经灭亡，秦还未统一天下，战国七雄都以王相称，互相是平等的，在历史上称为战国阶段；到了第七卷中部以后秦始皇完成统一大业，也就是公元前 221 年才正式进入秦朝阶段。本书也采用通用的划分方式，将前六卷，加上第七卷的上半部分合并为品读《资治通鉴》：战国风云。

本书虽饱含作者心血，但囿于能力和时间，如果内容有失偏颇和谬误之处，还请读者多多指正。

共勉。

一叶孤舟

2017 年 8 月 14 日

目录

◎ 战国风云

第一卷 | 周纪一

一、天子礼尽 / 2

二、五贤陵人 / 6

三、三家分智 / 9

四、德才之辨 / 13

五、国士之风 / 15

六、文侯治魏 / 17

七、文侯纳谏 / 20

八、文侯选相 / 22

九、吴起拜将 / 26

十、刺客聂政 / 28

十一、田陈代齐 / 30

十二、主少国疑 / 31

十三、变法楚国 / 33

十四、爪牙之士 / 35

十五、齐威图强 / 37

第二卷 | 周纪二

一、孝公即位 / 42

二、商鞅奔秦 / 44

三、商鞅变法 / 46

四、人君之宝 / 49

五、国之至宝 / 51

六、围魏救赵 / 52

七、申子变法 / 55

八、迁都咸阳 / 57

九、围魏救韩 / 58

十、致命一击 / 62

十一、利之大者 / 65

十二、六国相印 / 67

十三、张仪相秦 / 72

十四、孟尝纳谏 / 76

第三卷 | 周纪三

一、孰能一之 / 80

二、再相强秦 / 81

三、起兵平蜀 / 84

四、糊涂禅让 / 86

五、燕国之乱 / 87

六、张仪欺楚 / 90

七、燕昭中兴 / 94

八、游说六国 / 95

九、扬雄其人 / 101

十、武王举鼎 / 103

十一、胡服骑射 / 106

十二、穰侯掌权 / 110

十三、中山谜团 / 111

十四、赵国主父 / 113

十五、怀王入秦 / 114

十六、公孙龙子 / 116

第四卷 | 周纪四

一、客死他乡 / 120

二、沙丘之变 / 121

三、杀人魔王 / 124

四、桀宋之亡 / 127

五、乐毅拜将 / 129

六、穷途末路 / 131

七、另立新君 / 134

八、好察微隐 / 136

九、周不可图 / 138

十、齐国队长 / 141

十一、火牛破敌 / 146

十二、忠臣去国 / 146

十三、田单相齐 / 148

十四、蚕食山东 / 153

第五卷 | 周纪五

一、智将赵奢 / 160

二、范雎入秦 / 162

三、赠袍得恕 / 166

四、魔都之父 / 168

五、长平泣血 / 172

六、三路伐赵 / 178

七、孔斌为相 / 180

八、保卫邯郸 / 184

九、毛遂自荐 / 185

十、义不帝秦 / 187

十一、窃符救赵 / 189

十二、奇货可居 / 195

第六卷 | 秦纪一

一、长袖善舞 / 200

二、荀卿论兵 / 202

三、赵不可伐 / 210

四、人为君子 / 212

五、再战强秦 / 214

六、反间之计 / 217

七、尚能饭否 / 219

八、李牧为将 / 220

九、战国长城 / 222

十、玄冥二老 / 223

十一、迁都寿春 / 224

十二、二十八宿 / 225

十三、当断不断 / 227

十四、逐客之令 / 230

十五、窃国之盗 / 232

十六、再败秦师 / 233

十七、非死不可 / 234

十八、最后绽放 / 237

十九、自毁长城 / 238

二十、悲剧刺客 / 240

第七卷 | 秦纪二

一、易水之寒 / 244

二、王翦拜将 / 245

三、要离刺庆 / 249

四、是战是降 / 252

第一卷

周纪一

一、天子礼尽

《资治通鉴》一书记载的是从周威烈王二十三年，即公元前403年始，并非从周威烈王继位初年为开端。司马光这样写是有道理的，公元前403年，被广泛地认为是春秋时代的结束，战国时期的开始。标志性事件就是周天子任命晋大夫魏斯、赵籍、韩虔为诸侯。从此周朝分封的诸侯国中正式出现了魏、赵、韩三家，史称"三家分晋"。

臣光曰：臣闻天子之职莫大于礼。

《资治通鉴》是一部巨著，它是需要很多预算、人力、物力、时间才能完成的，更需要得到君主的大力支持。最好的方法就是迅速让领导知道自己的价值，所以全书的第二句马上就是"臣光曰"，也就是属下司马光说。"臣光曰"是《资治通鉴》的重要组成部分，也是全书核心思想的体现，是针对书中所记载的历史事件或者人物给予的品论，集中表达了司马光的政治主张。司马光在很多地方用了"臣光曰"来明确表达自己的意见。

臣光曰：天子最重要的职责就是为国家制定礼的制度。（注：孤舟接下去就尽量直接用白话文来表述，以方便大家阅读和理解。）而礼最重要的就是名分，这是儒家治理的理论核心。所谓，名不正则言不顺，言不顺则事不成。

司马光继续道：那什么是礼呢？礼就是纲纪。什么是名分？君臣就是名分。什么是名？名就是官职，公、侯、卿、大夫的职务。虽然整个天下受制于君主，但是君主也是人，哪怕有超人的智慧和能力，也无法凭一己之力管理整个天下。所以，君王需要以礼作为纲纪。礼的纲纪就是天子御三公（注：先秦时期的三公又称司马、司徒、司空，或者太师、太傅、太保），三公率诸侯，诸侯统卿大夫，卿大夫管理士和庶人。以上位管理下位，如以心腹理手足；以下位承上位，如以手足卫心腹。只要能够这样，就能保证国家的长治久安。所以说天子的责任莫大于礼。

司马光所推崇的礼，实际上就是封建的等级制度，按照这个等级制度，上下明确，纲举目张，自然得心应手。

司马光进一步解释道：文王演周易，以乾坤为首。而君臣之间的上下关系，就像周文王演绎的周易一样，天尊地卑，万物定位。孔子在《春秋》抑诸侯，崇周室。除非出现像夏桀、商纣那样的暴君，而对手又遇上商汤、周武那样的仁德圣人，其他时候"礼"可以使人臣归心，上天赐命，君臣之间的名分确认，臣子恪守臣节，矢志不渝。故若商朝以贤明的微子为君，而不是纣王的话，那么商朝就可永配天下，周武就不应伐纣。

孤舟以为，司马光这里讲的其实还是有问题的。因为微子虽是大哥，纣王是三子，但是纣王是嫡出，微子为妾出，按照儒家的宗法制度，就是应该立纣王，如果立微子的话就打破了礼最核心的宗法制度。一旦打破，商朝可能还来不及被武王所灭，就已经出现纣王与微子兄弟相残的局面，结局是不是会更好，犹未可知。

司马光这里还举了吴国季札让位的例子，如果吴国立了季札为君主，那么吴国也就不会被越国所灭了。

孤舟这里再和大家分享一下春秋时期吴国的故事。

吴国和周王室一样是姬姓，吴王寿梦的第四个儿子季札，极负贤才。寿梦想要季札继位，但是季札坚决辞让不受。于是吴王之位传给了长子诸樊，诸樊死后传给次子余眛，兄弟依次相传，按照顺序传到季札这里时，他仍是继续辞让甚至逃避。季札这么做，也是严格基于儒家的伦理道德，就是父死子继，应该立嫡立长，所以他辞让了。于是吴国发生了诸樊的儿子光与余眛的儿子僚争位，最后传到吴王夫差这里，被卧薪尝胆的勾践打败，吴国最终灭亡。

所以司马光说如果吴王把王位传给季札的话，吴国可以永享祭祀，实际上这也就是一种可能性而已。

司马光继续说：那为什么微子和季札二人宁可国家灭亡，也不愿做君主呢？那是因为他们要坚守礼教的大节，无论如何不愿因此而破坏礼教。他们认为，礼教制度比国家社稷还要重要，是最重要的事情。

相信读者看到这里一定充满疑惑，如果为了礼，国家社稷都不要了，那么这个礼还有存在的意义吗？这就是现代人和古代人的思想区别。古代没有那么强的民族国家概念，对于儒家来说只有天下的概念。他们认为礼、天下万民是第一位的，家族社稷是第二位的，君王只排在第三位，所以为了天下之礼教制度放弃国家社稷是合理的。这就是孟子所说的"民为贵，社稷次之，君为轻"的思想。

而现代人，由于有了民族国家的概念，所以会把国家和民族、主权等同起来，因此不能理解礼比国家重要的概念。

司马光继续解释道：所谓礼，在于分辨贵贱，区分亲疏，判定万物，然后以此为依据来处理日常事务；没有一定的名位，就不能彰显这种区分，没有器物就不能表现差别。只有用名位来区分称呼，用器物来标识差别，如此上下才能有序。

这非常像现代的军队，军队里面都会有称呼，如班长、排长、连长或者少尉、中尉、上尉等不同的职务军衔，表现在器物上就如同军装肩上的一杠两星、两杠一星等这些明确的标识，所以军队的编制最像传统的等级社会。

当年仲叔于奚为卫国立了大功，他谢绝了封地的赏赐，却想要获得贵族才有的马饰。而孔子却认为宁愿多赏赐他一些封地金钱，唯独代表名声和表示地位的器物不能随便给人，这是君主最重要的职权，也是君主权力的象征。卫国国君期待孔子为他做事，孔子却首先要确立名位，认为名位不止，则百姓无所适从。马饰虽然是小器物，但是仲叔于奚却尊重它的价值；争名位看似是一件小事，而孔子却要从它做起，就是因为器物、名位一旦紊乱，国家上下就无法互相安定，社会就会出现动荡。

司马光在上面详细分析了礼教的核心，就是为了引出下面要讲的，一旦礼崩乐坏，天子不重名器，慢慢就会出现像臣弑君、子弑父、兄弟相残这样的局面，最后会导致天下大乱，统治分崩离析：

"呜呼！幽、厉失德。"

司马光哀叹道：呜呼！周幽王、厉王丧失人君之德，周天道衰微，纲纪败坏，上下欺凌，国势颓丧，诸侯国君肆意征伐，士卿大夫擅干朝政，礼教已丧十之八九。即便这样，文王、武王开创的周朝为何还能延续下来呢？是因为周之子孙尚能守定名位。当年晋文公为周王室立了大功，于是向襄王请求死后用王室的隧葬标准，但是被襄王拒绝："周之制度明显，并没有出现改朝换代，革天命之事，怎么可以出现另一个天子呢？如果出现的话，叔父您也一定会反对的吧？若您不同意，叔有地、有人，找人挖墓建隧又不是难事，何必请示？"

周幽王、周厉王是被墨子划为和桀、纣并称的昏君。周幽王就是那位宠信褒姒，千金买笑，烽火戏诸侯，被犬戎攻入镐京，导致西周灭亡的国君。周厉王与民争利，导致了国民暴动，最终其被赶出京城。晋国在西周初年被分封的时候，也是姬姓贵族，和天子同姓，所以襄王称晋文公为叔父是表示尊敬。

襄王的话，大大地触动了晋文公，使他感到非常恐惧，于是不敢越礼反制。因此春秋时期，虽然周王的地盘已经非常小，甚至都没有曹国、滕国、莒国这些小国强大，然而经过几百年，其仍然是天下宗主。强如晋、楚、齐、秦也不敢凌驾于周王之上，这就是因为周王还保留了天子的大义名分。

再看鲁国的大夫季氏、齐国的大夫田常、楚国的大夫白公和晋国的大夫智伯，他们的势力都大到足以驱逐国君而自立的地步，但是为什么不敢贸然篡位？是因为他们力量不足或者于心不忍吗？当然不是！只不过是因为他们害怕获得奸人篡权的名声而招致天下人的共同讨伐。

这里孤舟有必要把这几个权臣大夫的典故分享一下。

季氏之于鲁，讲的是春秋时期鲁国的大夫季氏的故事。从季友开始，季氏累世执掌鲁国的国政。到了季平子时期，他甚至驱逐了鲁昭公到齐国，到了季康子的时候，又驱逐了鲁哀公，可是他们都不敢篡国。

春秋时期齐国的大夫田常，本是陈国贵族，后来到了齐国执政。虽然田常的后人田和最后还是篡夺了姜氏的齐国，但是在田常执政期间，他们还是没敢直接篡夺齐国。

白公是指春秋时期楚国的白公胜作乱，他杀死了楚国的令尹子西、司马子期，但他还是不敢杀死楚惠王。

智伯在晋后期各大夫中势力最大，专擅晋国国政很久，即便如此，他依然不敢篡夺晋国国君之位。

所以司马光说了，这几个人虽然把持了国家的朝政，但是不敢篡权，就是因为不想招致天下骂名，不想被天下人群起而讨伐。

接着司马光终于说回了这一卷开头的韩、赵、魏受封事件：现在三家大夫暴虐主君，瓜分晋国。天子不能派兵集合诸侯来征讨也就罢了，反而要给他们大义名分，位列诸侯。自此周王朝仅剩的名分的权力也守不住了，先王的礼教丧失殆尽，礼乐也将彻底崩坏！或许有人会认为，在当时周王室衰微，而三晋力量强盛，就算周王不想承认他们，他们完全可以自封为诸侯，周王又能拿他们怎样呢？这种说法是完全错误的！三晋虽然强大，但是如果他们打算不顾天下，公然自封诸侯，侵犯礼教的话，那就没有必要来请示周天子，早就自立为君了。但一旦他们不向天子请示，那就是悖逆之臣，只要天下还有像齐桓公、晋文公这样的贤德诸侯，秉持礼义对他们进行征讨，那么三晋就危险了。而如今天子任命他们为诸侯，以后谁还可以对他们进行征讨呢？所以三晋名列诸侯之位，并不是三晋坏了礼教，而是天子自己摧毁了礼教啊！故当时的情况就是君臣之间的礼已经彻底崩坏，于是天下人便以智力和武力互相争雄，导致生灵涂炭，周朝子民死亡殆尽，岂不哀哉！

孤舟以为，司马光的逻辑还是可以自我圆通的。如果说周王朝的名义彻底无用，那么韩、赵、魏三家也不会跑到周王那里去求诸侯之位。只要诸侯之位还有用，那就不能随便给人。所以周王给三晋封侯，是周王自己破坏了礼教。

然而三晋是如何瓜分了晋国的呢？司马光这里用了倒叙的手法。

二、五贤陵人

春秋后期，晋国的权力被六家大夫所把持，他们分别是：智、韩、赵、魏、中行、范这六家。后来，中行和范氏先后衰弱，只剩下智、韩、赵、魏四家，其中，这四家之中智氏的实力和地盘又远远大于韩、赵、魏三家。

起初，智宣子想要立智瑶为后。他的兄弟智果提建议说，不如立智宵。智果的理由是智瑶有五贤（优点）和一个弱点。五贤是：

（1）"美髯长大则贤"。胡子很漂亮，高大帅气。中国人自古就看颜值，高大帅气的美男历来受欢迎，三千年来没有变过。

（2）"射御足力者贤"，有力气，善射箭，能驾车，武艺高强。

（3）"伎艺毕给则贤"，各项才艺都非常出众，琴棋书画、歌舞音乐，样样精通。

（4）"巧文辩惠则贤"，就是聪明灵巧、心思缜密、能言善辩、逻辑性强，口才一流。

（5）"强毅果敢则贤"，就是办事有决断力，敢作敢为，绝不优柔寡断。

这么看，智瑶是一个完美的富二代，优质偶像，再加上智氏是晋国几个大夫中实力和地位最强大的，他有颜、有钱、有权、有地位，还能文能武，看上去是完美的接班人。但是智果却认为这位完美富二代不适合做君主，因为他还有一个缺点：不够仁厚（"如是而甚不仁"）。这样问题就来了，他以五个长处来压制别人，而做不仁不义的恶事（"五贤陵人而以行不义"），谁还能和他和睦相处？谁还能控制得了他呢？

所以智果说："若立智瑶为后，智氏定会族灭。"

智果绝对一针见血，他的道理也值得我们反思，如果自己能力太强，却不顾及别人的想法，那带来的后果是非常可怕的。可是智宣子不理解，还是决定立智瑶为后。智果于是就向太史，也就是管理宗族事务的史官申请脱离智氏，另立辅氏。

这里司马光提出了"仁"。"仁"是儒家的核心思想根源，也是君主最重要的素质要求。君主的素质不是某项具体的技能，因为当君主在一些特定的技能上过于出色时，他往往会沉浸在里面，从而造成他执政的失败，如隋炀帝、陈后主、宋徽宗都是典型。

智宣子在考虑立储，赵简子也在选择继承人。赵简子有两个儿子，长子赵伯鲁，幼子赵无恤（赵襄子）。基于儒家宗法，立嫡立长，因此长子是最好的选择。而赵简子准备立贤，于是他做了一些参考资料，将日常的训诫写在两块竹简上,交给儿子们,嘱咐他们好好记住,随时有可能要考试。

过了三年,赵简子突击考查,大儿子伯鲁答不出,连竹简都找不到了,不及格;小儿子很聪明,他将老爸给的训诫通通背了出来,竹简也天天带在身边。于是赵简子决定立小儿子为继承人。

根据司马光之前的说法,就算贤如微子和季札,他们也只能忍受着暴君的继位,不能去破坏立嫡立长这个规矩。虽然智瑶和赵伯鲁都是长子,是法理上的继承人。然而在立储这件事情上,而智氏由于立了长子而招致整个家族被灭,赵简子却由于立了小儿子而使赵氏的血脉得以留存。这绝对是儒家最痛苦,也最难以面对的问题,因为你根本无法保证嫡长子就是最优秀的,因为最优秀的儿子往往不是老大也不是老幺。但是如果说用一个开放式的方式竞争上岗,那么基本上君王的儿子就是互相倾轧、互相伤害,甚至只剩最后一个才会结束争斗,这是所有的君王都不愿意看到的。所以在君位传承的过程中,立储是最困难的。

个人认为,清朝的秘密立储制度还是比较不错的,不但可以选择最优秀的继承人,还具备书面证据,同时也不会因为过早地公布太子身份,而使他成为众矢之的。不过秘密立储也有问题,就是每个皇子都会认为自己有机会,各自扶持党羽,也会造成将来政治紧张的局面。

而赵简子不是简单地立了储君了事,他还着重为储君扶持自己的力量。一天,赵简子派手下的门客尹铎去晋阳(今山西太原)收税,以扩充库房。临行前尹铎请示赵简子说:"您是打算让我去抽丝剥茧地搜刮呢,还是把它作为保障之地?"("以为茧丝乎?抑为保障乎?")

赵简子说:"我当然是要把晋阳作为保障之地、最后的根据地。"

尹铎于是就少算居民户数,减轻赋税,赵简子对儿子赵无恤说:"一旦晋国发生危难,不要嫌弃尹铎地位不高,不要怕晋阳路途遥远,一定要将那里做大本营。"

三、三家分智

智宣子去世，帅哥富二代智襄子智瑶当政。

一日，智瑶与韩康子、魏桓子在兰台饮宴，席间智瑶戏弄了韩康子和他的家臣段规。

智瑶的家臣智国告诫说："主公您如果不提防他人的话，那么灾祸很快就会降临的。"

智瑶却很不耐烦道："谁敢来惹我？我不去为难别人，就已经是他们的造化了。"

智国苦口婆心道："此话不妥，《夏书》有云，一个人屡次侵犯他人，结下的仇怨不在明处，而是在暗处。我们应该在灾祸还未显现时就要提防。君子能够谨慎地处理小事，所以不会招致大患。今主上一次宴会就开罪了人家的国君和国相，又不严加防备。如果您认为他们不敢兴风作难，那是很危险的。蚊子、蚂蚁都能害人，更何况是一国之君相呢？"

智瑶不听，还变本加厉。他派人去向韩康子勒索土地，韩康子当然不想给。国相段规劝韩康子以退为进，说："智伯贪图利益，刚愎自用，若不给，恐怕他会出兵攻打我们，不如就给他。智伯得地，必会如法炮制，勒索其他大夫，他人不给，定会刀兵相见，我们就可以免于灾祸而坐山观虎斗，何乐而不为呢？"

韩康子曰："好，那就给吧。"

于是给了智伯万户之地。

果然，智伯如法炮制又去向魏桓子勒索土地，魏桓子本也不想给。还好魏桓子手下也有能人，这个人叫任章。

任章说："智瑶来要土地，我们为什么不给呢？"

魏桓子说："为什么要给啊？他无缘无故地来跟我要地，我凭什么要给他呢？给了他以后，他又不停地要怎么办，难道还是不停地给吗？"

任章的分析比段规还要深入，任章说："智伯无缘无故，到处勒索地盘，其他大夫们肯定很害怕。我们不如给，让智伯骄傲，骄傲就会轻敌，轻敌就会犯错。而我们因为害怕，可以聚在一起，我们以畏惧敬畏之心抵御轻敌骄傲之人，智伯命不久矣。《周书》上说：'将欲败之，必姑辅之。将欲取之，必姑予之。'所以不如予之，待智伯骄傲轻敌，我们可以联合其他大夫，一起击败智伯，没必要单独抵抗他们。"

魏桓子说："善。"

然后也给了智瑶一个万户的封地。对于韩、魏来说，一万户，在当时绝对是很大的地盘了，差不多相当于整个韩国十分之一的土地面积。

智瑶很得意，觉得不费一兵一卒就得到了土地，性价比非常高，于是他的矛头又转向了赵襄子。这次智伯更夸张，甚至指名道姓要蔡和皋狼这两个地方。赵襄子严厉拒绝，坚决不给，智伯大怒，率领韩、魏两家，一起进攻赵氏。

赵襄子听说智伯大军迫近，准备出逃。于是和手下人商量逃往何处。

有人说："长子城最近新修缮完毕，而且城坚池深，装备齐全，适合守城。"

赵襄子却说："长子城的百姓筋疲力尽，才帮我们修缮城墙，现在我们又希望他们可以舍生忘死地替我们守城，谁能保证他们可以同心协力支援我们？"

又有人说："邯郸城内府库充实，可以守城。"

赵襄子说："邯郸城靠搜刮民脂民膏才使府库充实，现在又要把他们送上战场去送命，谁会与我同心？还是去晋阳吧，那是先主嘱托我可以依赖的地方。尹铎又待百姓宽厚，他们一定可以与我同仇敌忾，抵御智氏。"

于是赵襄子带领随从一起前往晋阳。

而智、韩、魏三家的大军迅速包围了晋阳城。智伯精通兵法，引水攻晋阳城，整个城市被水淹得只剩下三版。〔在周朝的时候六尺高为一版，三版也就是18尺左右（约5米高）〕。家家户户烧饭的灶头都被泡塌了，甚至青蛙都到灶头里面来安家了，即使这样，晋阳城的百姓还是没有叛意。

这智伯坐在船上去巡视战场，为了夸耀实力，他特地叫上了魏桓子和韩康子一起参观。智伯得意扬扬地说："我今日才知水还可以使一个国家灭亡啊！"

此时魏桓子偷偷地用手肘敲了一下韩康子，韩康子悄悄地踩了魏桓子一脚。这让我们觉得非常有意思，因为肢体动作描写得非常细致，这是《史记》的笔法。事实上，《史记》对于很多历史事件的描述都很生动，给了我们身临其境之感。而这些类似小说般艺术化的画面肯定是基于合理的想象，而不一定是真实的。一般的史书也不会记载得那么详细。《史记》的很多细节都是基于司马迁自己的想象，然后通过艺术的加工，小说化的描写，使得《史记》除了它的史学价值之外，还有很高的文学价值，它甚至影响了其后两千多年中国历史小说的撰写方式。

说回魏桓子和韩康子，他们的这些小动作表露出了二人心里的担忧。魏当时都城在安邑，就在汾水边上；而韩都平阳就在绛水边上。他们自然担心一旦赵襄子被灭，下一个被水淹的就是自己了。

魏、韩二人的互换表情包被智伯手下的谋士疵看到了，他对智伯说："韩、魏两家马上就要叛变了！"

智伯看了一眼疵，淡定地说："你如何得知？"

疵："以人之常理来分析，就可知。我们今天率领韩、魏的军队去攻打赵国，他们都知道一旦赵国灭亡，下一个轮到的一定就是韩或魏了。出兵之前我们约定，灭赵以后，三家分其地。现在晋阳城仅差三版未下，城内早已断粮，只能宰马为食，破城之时指日可待。而韩、魏两家并没有高兴的表情，反而面露忧色，这说明他们肯定是要造反的。"

疵的分析入情入理，细致入微，稍微理智一点的人都会考虑他的话。但是智伯却很天真，他已经被即将到来的胜利冲昏了头脑。到了第二天，他就很得意地把疵的话告诉给了魏桓子和韩康子两人。智伯这么做的目的，不外乎是想敲打敲打他们，言外之意是自己已经开始怀疑他们，让他们不要轻举妄动。

魏桓子和韩康子领会了智伯的意图后，马上说："主公啊，您千万不要相信小人的话啊，一定是有奸人为了赵国，想要离间我们。我等怎会放弃眼前赵国的土地，而去想叛变那么危险的事情呢？"

韩、魏二人出去以后，疵冲入智伯的大帐说："主公，您为什么把我的话告诉他们？"

智伯惊奇道："你怎么知道？"

疵果然是个善于察言观色之人，他说："我看到他们二人一见我就低头匆忙离去，头也不敢抬，明显是因为我猜出了他们的心思，问心有愧。"

但智伯还是无动于衷，疵为了自保，就请求出使齐国，以避灾祸。

这里赵襄子也不准备在城里坐以待毙，于是派谋士张孟谈偷偷混出晋阳城来见韩、魏二人。

张孟谈说："臣闻唇亡齿寒，现智伯率领韩、魏两家攻赵，赵亡就该轮到韩、魏了。"

韩康子、魏桓子说："我等也深知此理，但就怕计划不周详一旦泄露，那就要大祸临头了。"

张孟谈说："计谋出自二位主公之口，进我一人之耳，有什么可担心的呢？"

于是三人秘密商谈约定好行动日期，然后送张孟谈回城。半夜，赵襄子派人杀死守堤的智军，掘开堤坝，引水反灌智军大营。智军大乱，韩、魏两家趁机出兵两翼夹攻，赵襄子率兵从城内正面冲杀，大败智军。完美富二代智伯在乱军中被杀，智氏全族被诛，只有已改宗族的辅果（智果）得以幸免。

智氏在春秋晚期，本是非常强大的家族。其实力甚至大于韩、赵、魏三家之和。如果不是因为智伯，可能现在中国姓智的人会很多。但因为智氏的灭亡，使得目前全中国只有中原一带的一个村有少量姓智的民众存在。

四、德才之辨

关于智氏灭亡的原因，司马光分析了一个非常重要的人才观："才"与"德"之间的关系辨析。

臣光曰："智伯之亡也，才胜德也。夫才与德异，而世俗莫之能辨，通谓之贤，此其所以失人也。"

从原文可以看出，司马光要表达的是才与德是不同的概念，但是一般世俗的人不懂得加以区分，都以为是贤能，这是很多人失去正常判断力的原因。

"夫聪察强毅之谓才，正直中和之谓德。"

这一句我们要仔细分析一下，《资治通鉴》所说的"才"并不是我们一般讲的才能或者专业技能，而是指智力、判断力、决断力、分析能力等综合素质。所谓"聪察强毅"的解释是耳聪目明、明察秋毫、坚强安定、坚毅果敢，这是对人的才能和综合素质的判断。拥有这些能力的人当然是强的，也可以说是智商高、执行力强。"德"指的是"正直中和"这四个品德，即正直、适当、公道、和平待人，这些是个人的综合品行素质，也就是我们所说的德商高。

"才者，德之资也；德者，才之帅也。"这正是司马光，也是儒家的核心人才观。这里司马光打了几个比方：云梦之竹，是天下最刚劲的，但是如果不矫正曲直，配上羽毛，则不能射入坚物；棠地的铜，是天下的利器，但是如果不加以熔炼、锻造、砥砺，则不能作为兵器来抵御敌人的进攻。所以才能一定要在德行的率领下方能体现出相应的价值。

是故，"才德全尽"被称为"圣人"；"才德兼亡"为愚人；"德胜才"为君子，"才胜德"为小人。所以，但凡挑选人才，如果得不到"圣人"或"君子"，那么与其选择"小人"还不如挑选"愚人"。

这是《资治通鉴》全书最重要的人才观，也是全书关于"德才"最核心的辨析。儒家的这个人才观，放到当今社会也不乏其先进性和实用性。因为君子可以把才干用到正当的事情上，而小人虽有才干但却容易作恶。有才干的人做善事，自然对人们有益；有才干的人作恶事，就会祸害无辜。

中国的史书很多都是记录帝王将相的日常生活和工作，而《资治通鉴》尤其是把其中有关政治管理的部分浓缩了出来。全书讨论的是如何做好君王和管理者。对于中国儒家学者来说，他们是不屑于做具体的执行性事务的。比如，一个大公司大集团的管理者，他不需要掌握具体的技能，但是他最需要的是德才兼备、能够管理好人。

如果一个人拥有很强的素质，却没有仁德爱人之心，那么这样的人就是很危险的，而一旦小人当权，用他的才干去作恶，那么危害性就会非常大，带来的后果也会很严重。

《资治通鉴》这里做了一个比喻：愚人尽管想作恶，但是因为智慧不济，气力不胜，好像小狗咬人，可以被轻易制服。但是小人有能力，有阴谋诡计，就有足够的力量来逞凶施暴，那么危害就很大了。

但是为什么大家会容易喜欢小人呢？那是因为有德之人容易一本正经，严肃而又令人畏惧；而有才无德的小人，办事给力，善投机取巧，讨人喜欢。常人容易喜欢、信任讨喜的人，疏远一本正经的人，所以领导们在选人的时候，容易被个人的才能或个人魅力所蒙蔽，忘记考察他的品德。从古至今，国家的乱臣逆子、家族的败类，都是因为才有余而德不足，才使国家颠覆、家族败亡。这些经验教训又何止是指智瑶呢？

司马光的这番言论可以说是给了我们一个很深的启迪，选高级管理者或者职业经理人时，除了才干以外，品行绝对是最重要的。就像隋文帝选择的杨广、智宣子选择的智瑶都是才能出众之人，但是他们刚愎自用、目中无人，且听不进他人的意见，一意孤行，最后都难逃灭亡的命运。

例如，隋炀帝三征高句丽，从长远来说或许是对的，但是没有考虑到隋朝当时的现实情况。当时的隋朝已经狼烟四起了，他还一门心思想要臣服高句丽，以致强大的隋朝二世而亡。如果智氏、隋朝的先主能采用才与德的正确标准甄选人才，那么就不会导致家族被灭、国家败亡的后果了。

五、国士之风

韩、赵、魏三家击败智氏以后,瓜分了智氏的土地,这就是所谓的"三家分智"。由此晋国的六大夫现在就只剩下这三家了。此时晋国国君虽然还在,但也只剩下一小片土地了,所以这个过程也叫"三家分晋"。

赵襄子可以说是被智伯欺负得最惨的,被泡在城里"做青蛙"很久,差点城破族灭,所以对智瑶的愤恨也是最强烈的。智伯被杀之后,他把智伯的头盖骨给掀了下来,漆上漆,把它做成喝酒的饮器,以发泄心中的仇恨。

虽然智伯刚愎自用,但他手下还是有忠臣的。智伯有一个家臣叫豫让,智伯死后,豫让逃入山中,发誓要为智伯报仇。豫让假扮受刑之人,到赵襄子家里去打工,干打扫厕所的脏活,他身上还偷藏匕首,准备伺机行刺赵襄子。

一日,赵襄子如厕,或许是他命不该绝,突然心里一动,于是派人去搜查,果然搜出了埋伏在厕所中的刺客豫让。

抓到豫让后,赵襄子的左右想要把他杀了,但是赵襄子却说:"智伯身死,家族被灭,无后。豫让欲为其主报仇,真乃义士也!还是让他去吧,我以后只要谨慎小心一点,躲开他也就是了。"

就这样,赵襄子放了豫让。

但豫让却不死心,他又浑身涂上漆,使身体腐烂,长满癞疮;剃掉胡子、眉毛;吞下烧红的炭,把喉咙烧坏,然后到街市上行乞,连他妻子都不认识他了。他到了一个知己好友家里,这个朋友居然认出了他。

朋友哭泣道:"以子之才华,若侍奉赵无恤的话,定可做近臣。若得宠幸重用,再找机会下手岂不是容易很多吗?何必要这样糟蹋作践自己呢?你这样报仇,实在是太难,太不值得了!"

豫让道:"不可。我既然已经是智伯的臣子,智伯身死族灭,我当要为他报仇。可是如果我去做赵国的臣子，侍奉赵无恤，那我就必须要对他忠诚，又怎么可以去杀自己的主君呢？我知道我的目标很难实现，我的方法也很痛苦，但是我不能在侍奉过智伯以后再去侍奉赵君。我的方法虽然成功率不高，但是也是为了完成自己的使命，让天下后世那些侍奉他人却心怀二心的人臣羞愧（'将以愧天下后世之为人臣二心者也'）。"

豫让毁容、变声以后一直在寻找刺杀赵襄子的机会。一次赵襄子出门，经过一座桥，豫让躲在桥下，伺机准备开展刺杀行动。赵襄子也是吉人天相，他到了桥头，突然马惊。于是他派人搜查，果然在桥下搜出了豫让。这下赵襄子也怕了，豫让为了报仇可以漆身吞炭，很难保证自己下次还那么好运，为了永绝后患，他只能把豫让杀了。

《资治通鉴》惜墨如金，豫让刺赵还有一些很艺术化的细节没有展开，笔者以为非常有必要和大家分享一下。其实豫让并不是一直侍奉智伯的，他最初也曾是范氏的家臣，后来又做了中行氏的家臣，都默默无闻。他命中也够衰的，侍奉的主君都先后被灭，后来投靠了智氏，得到了重用，但是不幸的是智伯又被灭了。

豫让在桥下被抓以后，刚开始赵襄子还是想要收服豫让，忠臣义士历来是明主所爱，于是他责问道："您曾经侍奉过范氏、中行氏，智伯也都把他们灭了，您也没说要替范氏和中行氏报仇，不也是很开心地做了智伯的家臣吗？现智伯已死，您何不投靠于我？为何非要为智伯报仇？想要弄死我呢？智伯也不是什么圣君、贤主啊！"

豫让的回答绝对催人泪下："臣事范、中行氏，范、中行氏以众人之礼待我，我故以众人之礼报之。而智伯以国士遇我，我故以国士报之。"这就是成语"国士之风"的出处。

赵襄子喟然叹泣道："嗟乎！豫先生为了智伯也算成就了您忠义无双的美名了。如果寡人把您放了，也能成就我的美名。但是如果有您这样一位漆身吞炭的刺客飘在江湖中，寡人想想就会寝食难安啊！寡人为了自己，不敢再放先生您了啊！如果真把先生放走了，天晓得哪天寡人就会死在您手上啊！您还是自己谋划，我不能杀您，也不敢放您。"于是让士兵围住了豫让。

豫让悲道："臣闻明主不掩盖他人之忠义，忠臣不惜以死以显名节。您之前曾经放过我，天下已经无人不知您的贤明。今日我自知难逃一死，但请将您的衣服给我，让我刺您的衣服以告慰智伯在天之灵，这样我虽死，也再无憾。"

赵襄子被豫让的忠义所感动，于是让人把自己的衣服递给了豫让。豫让把衣服仍在地上，拔出宝剑，高高跃起，砍向赵襄子的衣服，如是者三。然后豫让慷慨地说："我可以报答智伯对我的知遇之恩了！"于是伏剑自刎。这就是成语"斩衣三跃"的来历。

豫让死后，赵国的仁人志士听说了他的故事后，无不为之流涕。

而豫让刺赵的这座桥现今仍在，位于河北省邢台市，本来叫"赤桥"，后来因为豫让的故事改名为豫让桥。

历史上对于豫让的评价非常多，在此我们特地引用了号称"日本金庸"的当代历史作家，也就是《银河英雄传说》的作者田中芳树对豫让的评价："豫让这个人，也是刺客的一种典型，不为自己个人的利益，只是单纯地为了报恩，也算是一种独特的悲壮美学。"日本文化非常崇拜这种充满武士精神的悲壮英雄。

义士刺客豫让的故事，在中国历史上一直被津津乐道，在《史记》中，他和曹沫、专诸、聂政、荆轲一起位列在《史记·刺客列传》中。而故事的过程也非常戏剧化，完全可以作为小说或者剧本。豫让还曾经留下了"士为知己者死，女为悦己者容"的千古佳话。

虽然他的主君因为不仁而被灭族，但是他为了实现自己的忠义，漆身吞炭为主君报仇，也是符合传统价值观的，因此他的事迹被留在了史书中，让后世得以铭记。

六、文侯治魏

赵襄子虽然有五个儿子，但是他内心一直因为自己不是嫡长子，却继承

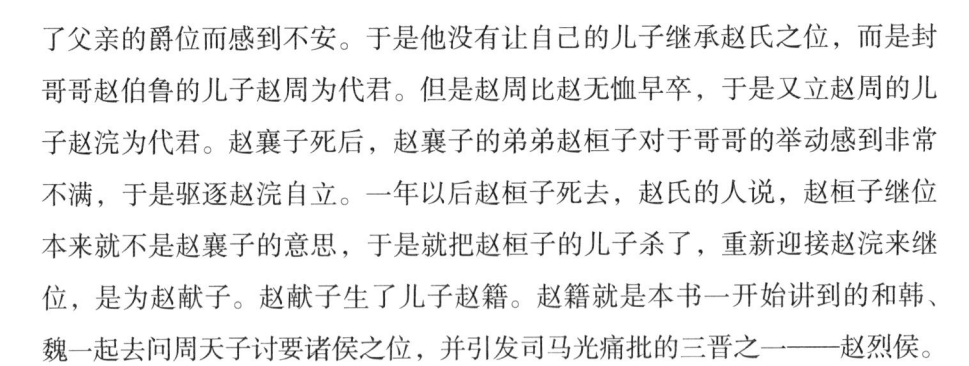

了父亲的爵位而感到不安。于是他没有让自己的儿子继承赵氏之位，而是封哥哥赵伯鲁的儿子赵周为代君。但是赵周比赵无恤早卒，于是又立赵周的儿子赵浣为代君。赵襄子死后，赵襄子的弟弟赵桓子对于哥哥的举动感到非常不满，于是驱逐赵浣自立。一年以后赵桓子死去，赵氏的人说，赵桓子继位本来就不是赵襄子的意思，于是就把赵桓子的儿子杀了，重新迎接赵浣来继位，是为赵献子。赵献子生了儿子赵籍。赵籍就是本书一开始讲到的和韩、魏一起去问周天子讨要诸侯之位，并引发司马光痛批的三晋之一——赵烈侯。

和赵无恤一起灭智的老盟友也已经完成君位的传承。韩国之后的国君是韩虔，被封为韩景侯。魏国也已传位到魏桓子之孙魏斯，魏斯就是大名鼎鼎的魏文侯。

魏文侯以卜子夏、田子方为师。而他每次经过段干木的庐舍定会在车上行礼，以示尊敬。于是四方贤士来投，魏得以称霸于战国初年。

魏文侯的这几位老师都是大名鼎鼎的人物，他们在当时都非常有名，可以说是妇孺皆知，所以《资治通鉴》里并没有具体地进行介绍。为满足读者的好奇心，笔者在这里对他们略做介绍。

卜子夏，本命卜商，就是大名鼎鼎的子夏，《论语》中多次出现，孔子的嫡传高徒，孔门七十二贤之一，孔门十哲之一。子夏少孔子四十四岁，绝对算得上孔子后期学生中的佼佼者。他曾经提出"仕而优则学，学而优则仕"的思想，是战国初年田子方、段干木、李悝、吴起等魏国几大贤才的老师。子夏据说活了一百多岁，儒家六经中大部分都是来自于子夏的传授。

田子方，一说是子贡的学生，一说是子夏的学生，相当于是孔子徒孙辈中的贤人。

这里我们详细介绍一下段干木，有一种观点认为他就是魏国初年的李克，段是他的封地，干木大夫是他的职务；还有一种说法是，他复姓段干，名木。但是《资治通鉴》里面段干木和李克两个人都有出现，所以司马光认为他们不是一个人。我们这里不去考据他们是不是同一个人，就按照《资治通鉴》把他们当两个人来处理。段干木是战国初期的魏国人，本来只是晋国的一个市井小民，后来师从子夏，与子方为友，算是孔子的再传弟子。

再说回魏文侯。一日，魏文侯与群臣饮酒，奏乐欢愉中，突然下雨，文侯马上命手下人准备车辆出门。

左右都觉得很奇怪，说："今日饮酒乐，又下雨，主公为何却要出门？"

文侯说："我与虞人（村长）相约打猎，虽然现在玩得很开心，但也一定要前去赴约，决不可失信于人。"

于是，文侯亲自前往打猎地，和虞人说下雨不打猎了，然后回宫继续宴饮。此事顿时成为一时之美谈。

这个故事现在来说也很有借鉴及教育意义。古代没有电话、手机、QQ、微信，所有沟通必须要通过人与人直接接触。魏文侯贵为一国之君，完全可以叫手下跑一次，相信就算讲求人人平等的当下，大部分的企业领导也会这样做。笔者以为，当时的魏文侯大多数时候，碰到类似的事情，也还是会叫手下人帮他去处理，但这次群贤毕集，文侯不欺虞人之约，顿时在一夜之间美名传遍魏国，给全国树立了一个言出必行的明君形象，这绝对是以小博大，拿到现在，完全可以作为一个完美的公关炒作案例来看。甚至到了一千三百多年后，惜墨如金的《资治通鉴》都能把这件小事记录下来，可见其宣传效果有多大。

这一年，韩国到魏国借师伐赵。

他们虽然同出晋国，属兄弟之国，祖上又曾经同仇敌忾对抗过智氏，但是韩、赵、魏三家自独立以来，由于地理位置的原因，相互之间还是打打和和、攻伐不断。

但是魏文侯却说："寡人与赵，兄弟也，不敢从命。"

过了不久，赵又借师于魏去伐韩，文侯也拒绝了，所以两国都愤怒而去。后来韩、赵两国知道魏文侯为了和睦三国，对双方一视同仁，于是都非常尊敬魏文侯，认为魏国是信义之国，以魏国为尊，前来朝见魏国。从此魏国开始在三晋中称雄，并且在战国初年领先于各诸侯国，诸侯莫能与之争。

巩固内政以后，魏文侯也不忘积极扩张领土。他派遣乐羊去攻打中山国，并一举拿下。乐羊在中国历史上可以说是鼎鼎大名，他老婆劝夫的故事更是写入了中小学课本。他一生最重要的丰功就是出兵中山国，用了整整三年时

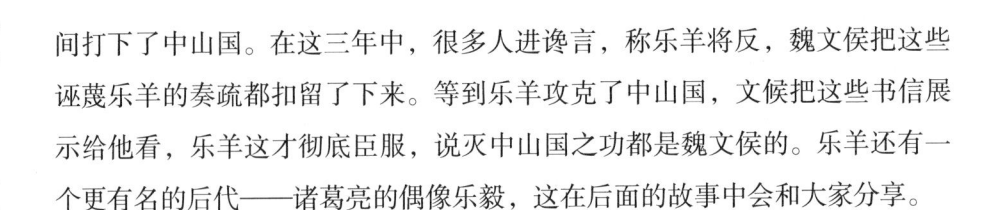

间打下了中山国。在这三年中，很多人进谗言，称乐羊将反，魏文侯把这些诬蔑乐羊的奏疏都扣留了下来。等到乐羊攻克了中山国，文候把这些书信展示给他看，乐羊这才彻底臣服，说灭中山国之功都是魏文侯的。乐羊还有一个更有名的后代——诸葛亮的偶像乐毅，这在后面的故事中会和大家分享。

七、文侯纳谏

打下中山国以后，魏文侯把中山国分给他的儿子魏击。

魏文侯问群臣："寡人为国君如何？"

大家都说："仁君？"

而群臣中有一个人叫任座的人却说："君得中山国，不封给您的弟弟却封给儿子，这算什么仁君。"

魏文侯大怒，当时礼仪也没有那么规范，任座一看苗头不对，赶忙逃出了大厅。魏文侯也是可爱，居然没有派人去追任座，而是继续问翟璜自己是什么样的国君。

翟璜说："仁君。"

魏文侯问："何以知之？"

翟璜说："臣闻君仁则臣直，之前任座说了非常直率的言语，得罪了您，您有直臣，便是仁君。"

魏文侯那么聪明，自然知道是翟璜怕他加罪任座才恭维他是仁君，这既是马屁话，又是劝谏语，这才是最高境界。魏文侯大悦，召任座回，并亲自下堂迎接，待为上宾。

一日，魏文侯正与田子方饮酒听乐，魏文侯说："钟声有问题，左边的钟声高了。"战国时期的音乐主要是来自于编钟和编磬，如果是专家，耳朵又够好使，是可以听出调音的问题的。田子方大笑。

魏文侯说："你笑什么？"

田子方说："我听说，明君选择正确的乐官，而不是自己去辨析乐音。今日您自己去辨析音乐，我怕您会聋于选官啊！"

这也是田子方在劝谏魏文侯：作为领导最重要的不是要自己擅长每一件事，而是选择最合适的人待在最合适的位置，选一个好的乐官，比自己明乐音重要多了。有时候自己过于"明乐音"，反而会"不明乐官"，或者干涉了乐官的正常工作，这样反而容易造成乐官工作的混乱，本末倒置。

当然对于明君来说也是心累，直臣随时随地都想通过教育君主来名垂青史。君主一旦不耐烦，自己就会在史书上留下负面的一笔。

前文说到魏文侯将中山国分封给魏击，魏击是魏文侯的嫡长子，继承人。一日魏击出宫，路遇田子方，于是下车拜谒，礼数周全，非常尊敬。然田子方不回礼，魏击大怒。

魏击跟田子方说："富贵者骄人乎？贫贱者骄人乎？"

这句话的意思是，富贵的人可以对人骄傲，还是贫贱的人可以对人骄傲？

田子方回答道："当然是贫贱者可以骄傲，富贵之人安敢对人骄傲？国君骄则失其国，大夫骄则失其家。失其国或失其家者，没有人能得到好下场的。而贫贱如我者，言不用，则纳履而去，哪里得不到贫贱哉！"

魏击跪谢。

道理很简单，对于一个普通的打工仔、无产阶级来说，我贫贱，我一无所有，当然可以骄傲。计划用不上，才能无法发挥，那没关系，穿上鞋子，天下任我遨游，哪里的贫贱会比贫贱更差呢？而老板始终是最难离开、最难割舍，也最难放下的那一位。所以真正的管理者，必须要让人才骄傲，让人才得以满足，这样人才才会留下，而自己始终要怀着畏惧之心，兢兢业业，如履薄冰。

另外还有一个是教育下一代的问题。

魏击是典型的官二代、富二代，田子方借这个机会敲打敲打他，还是起到了一定的效果。从这个故事中我们要学会，教育子女最重要的是让他们居安思危，不可"骄人"。

八、文侯选相

魏文侯要选国相，去征求李克的意见。李克是战国初期的政治家，孔门十哲之一子夏的学生，有的史书认为他就是段干木，也有人认为他就是魏文侯时期实施变法图强的李悝。这里笔者先按下不表。

魏文侯问李克："先生尝有言说，家贫思良妻，国乱思良相。今魏国能当良相的不是翟璜就是魏臣，您觉得应该选谁啊？"

李克对曰："我的地位是卑微的，卑微之人，不应与您谋划尊贵之人。而且我与您的关系，比起与您贴身的国相来说要疏远很多，疏不谋亲，实在不敢当啊！"

魏文侯知道李克的贤能，于是说："先生临事不要推让。"

于是李克说："选择管理者很简单，您只要去观察他们的生活、为人，自然就可以做出正确的判断。看他：居安时所亲近之人；富贵时所结交之人；通达显贵时所推荐之人；穷困末路时所不为之事（笔者注：古文中的'穷'是指穷途末路、处于困境的意思，并不是没有钱物的穷。没有钱的叫作'贫'）；贫穷时钱财的获取之道。通过对以上这几点的观察，我们可以很容易地知道该选拔谁了，何必需要我给您提意见呢？"

这里李克并没有直接跟魏文侯讲要任命谁为国相，但他教给了魏文侯更有价值的东西，就是如何选用人才。这个方法即使到了今天，也有很强的实用性。它比之前的"才德之辨"又更近了一步，更接地气，更容易实施。司马光先生在设计《资治通鉴》这个教材的时候，深知道理浮于理论，如果无法提供可供实施的主张的话，那么大道理就会失去作用。在之前的"才德之辨"里，他先告诉大家，选人才最重要的是看德，至于如果评价分析德行，并没有展开。这里，司马光借李克之口，告诉了我们在选人才的时候，如何分析一个人的德行，这些都是非常明确、直接、可衡量的方法。这和孟子所提倡的"富贵不能淫,贫贱不能移,威武不能屈"的儒家君子品行如出一辙。

笔者在这里再向大家归纳一下德行衡量的五个标准:第一,看他日常亲近谁,所谓"近朱者赤,近墨者黑。"第二,他有钱的时候和谁交往,施舍给谁。第三,他在自己身居高位时推荐谁,所推荐的人即代表他用人的能力,又可以看出他是否狭隘有私心。第四,看他到了绝路的时候,是不是什么事情都做得出来,君子就要有所为,有所不为。第五,君子再穷,不应该赚的钱也是绝对不会去赚的,要有底线。这五点就是衡量一个人德行的重要标准。

魏文侯说:"您回去吧,我知道了该定谁为国相了。"

李克出来看到翟璜。翟璜消息很灵通,也很有能力,他知道魏文侯在咨询李克关于国相人选的事。

翟璜说:"听说今天君主来问您关于选国相之事,您认为他会选谁呢?"

李克说:"魏成。"

李克深知根据这五点标准,魏文侯就一定会选魏成为相。

翟璜愤然作色道:"我推荐了吴起,主公任命他为西河太守;主公为邺城的治理担心,我推荐了西门豹;主公想要进攻中山国,我推荐了乐羊;中山已拔,但缺人治理,我推荐了先生您;主公的世子没有老师,我推荐了屈侯鲋。这些事迹都是您亲眼所见、亲耳所闻的,我有什么比不上魏成的呢?"

翟璜的这段话很有意思,也算是掷地有声,他所推荐的这几位绝对都是战国时期响当当的人物,难得把他们都搜罗在了一起。《资治通鉴》没有展开,笔者这里把翟璜提到的这些人,都稍微介绍一下,这样我们可以客观地了解到翟璜给魏国所做的显著贡献。

吴起,卫国人,战国初期的军事家、政治家、改革家,兵家的代表人物,精通儒家、法家、兵法家思想,是中国历史上最著名的兵法家之一,和孙武齐名,人称孙吴。他的《吴起兵法》和《孙子兵法》被并称为"孙吴兵法"。笔者曾经在另一篇博文中分析比较过孙武和吴起,我认为从军事思想和军事哲学上来说,吴起是不如孙武的。但是从实战经验、率军的统御力、战斗力这些方面来说,吴起要远远强于孙武的。当然吴起还曾在魏、楚两国变法,强魏雄楚,也是法家的顶尖代表。他又曾经师从孔门高徒曾参和子夏,绝对是个狠角色。笔者以为，中国历史上的名将如孙武、吴起、韩信、白起、岳飞等人，综合实力上吴起应该排名第一，唯一能和吴起平起平坐的大概也只有成吉思汗了。

西门豹，我们也很熟悉，就是中学课本中那个把老巫婆扔水里喂河伯的人。他初到邺城的时候，这里人烟稀少、田野荒芜。西门豹兴修水利，治理邺城，从他以后的一千五百年间，邺城就一直是中国北方的军事重镇。

乐羊前面已经介绍，这里再补充一个有关他的故事。乐羊围困了中山国整整三年，乐羊的儿子乐舒在中山为将，中山国走投无路就抓了乐舒为人质，威胁要烹杀乐舒，要挟乐羊退兵。乐羊不为所动，后来中山国果然把他儿子煮了，还拿了一杯肉羹给他，乐羊谈笑风生地就把儿子的肉给吃了。中山国听说乐羊如此狠辣，人心崩溃，很快就城破国灭了。乐羊虽然得到魏文侯的信任打下了中山国，但是他食子以自信的残忍性格还是让君主们很害怕，后来就得不到重用，郁郁而终。乐羊的儿子乐舒还曾杀了翟璜的儿子，翟璜还是不计前嫌地推荐乐羊。如果从正面看翟璜可以称得上心胸宽广，推荐仇人之父。但是如果翟璜是故意安排乐羊、乐舒父子相残来给儿子报仇的话，那可以算得上阴狠至极了。这也是历史给我们的深思，大奸与大圣本来就是一纸之隔，很难判断，需要我们每个人用心去体会，而不是看表面。

屈侯鲋，屈侯（qū hòu）是姓，鲋（fù）是名，孤舟这里没有更多的资料分享给大家。

关于翟璜推荐治理中山国的李克，是不是在魏国实施变法的李悝，这里也还有一段公案。有的史书认为他们是不同的两个人，一个是儒家嫡传的李克；另一个是儒家弟子李悝，后来也成为法家代表，作品有《法经》。还有的史书认为李克就是魏国初年变法强魏的李悝，首先，因为本来李克、李悝的读音就非常接近；其次李克、李悝如果是不同的人，他们又同在战国初年的魏国，在文侯身边做重要参谋，他们之间应该有互动，有碰撞，但是我们几乎看不到他们同时出现的身影。关于他们所学不同，表达的意见有所偏差，我觉得这个也很好解释，当时很多学者的学问都是贯通各家的，按照韩非子所说，儒分为八，法家也本源自儒家，不同的派别不同思想有相同的渊源也很正常。同被称为大儒的孟子和荀子之间的思想差异也非常大。《资治通鉴》一书就没有出现李悝，所以笔者更倾向于接受他们是同一个人的判断。

再介绍一下翟璜，翟璜给魏文侯推荐了很多有能力的人，他自己也非常有能力，魏成之后他最终还是做了魏国的国相。

笔者增加了很多笔墨来分享《资治通鉴》之外的人和事，是因为《资治通鉴》假设的目标读者都是饱读诗书之人，对这些典故早已耳熟能详的，所以一笔带过。但是这些历史人物对于我们当代人来说比较陌生，所以有必要展开介绍一下，不然对大部分读者来说不易理解。当然对于历史知识非常丰富的专家来说这些内容就可以不用看了。

从历史地位上来说，翟璜所推荐的几个人都是历史上响当当的人物，并且非常适合翟璜所推荐的职位，可谓人尽其用。

而李克却说："按照您刚才所说，您将我们推荐给国君难道是为了自己的私利，结党以谋求高位吗？主公问我国相之人选，我只是分享了正确的用人标准。不过以我分析，只要采用正确的标准，主公一定会选魏成为相。你想，魏成食禄千钟（笔者注：一钟等于现在大约200升，1000钟就是200000升，每年可以说是很高的俸禄了），但是十分之九都施舍给了别人，十分之一才留给自己家里人。他为国君推荐了卜子夏、田子方、段干木，这三个人都是孔门高徒，国君都以老师之礼来对待他们。你所推荐的这五个人，国君都以臣子来对待他们。子安得与魏成相比？"

于是翟璜诚惶诚恐地跪下连拜两次（逡巡再拜）说："我翟璜就是一个粗鄙之人，我对您的质疑是非常之失礼，我愿意终身做您的弟子，跟在您身边学习。"

我们看翟璜推荐的人大部分都是实用主义人才，而且非常称职。当然，魏成本人也是一个道德楷模，他推荐的人也都是道德标兵。我们不说小企业，对于大企业选职业经理人、国家选总理这样大级别的人物，道德是第一位的，所以魏文侯听取了李克的意见选了魏成。

当然这里面还有一层深意，魏文侯和李克在这里都没有明讲，但是应该也会对文侯选相产生影响，那就是翟璜推荐的人已经在朝廷内外各部门身居高位，且都才能出众，若再让翟璜身居政府首脑之位，那么万一魏文侯有个三长两短，魏国的将来可能会难以控制。文侯自然知道先祖是如何瓜分了晋国的，所以对于大夫们过度掌权也有所担心，因此选了一个在朝廷中没有错综复杂关系的、为人低调且道德品行高尚、又是魏国亲族的弟弟魏成为相。

魏成，在史书上的记载非常少，应该是德行不错但才能一般的人物。

《资治通鉴》的第一卷，司马光主要讲的是如何选贤才。因为《资治通鉴》这本书是写给国家领导人看的，或者说是写给董事长、总经理们看的。这一卷最重要的是告诉国君们，如何选拔称职的高级官员。

如果大家要学管理，《资治通鉴》的前十卷看完也就够了，后面那些历史事件只是用来验证司马光的理论的。如果大家对历史感兴趣，那么《资治通鉴》可以说非常清晰地整理出了中国北宋前的历史事件和脉络，以及历史故事所发生背后的原因和历史教训，是非常值得品读的。如果觉得《资治通鉴》对于有的历史事件分析、介绍过于粗线条，那么可以再补充一下其他史书的内容，这就不在本书的讨论范围内了。

九、吴起拜将

吴起在早年曾经拜曾参为师，曾参是孔子最重要的学生之一，孔门七十二贤之一，二千五百年来中华孝道的首席代表。孔子很多后续的思想，以及儒家那些最重要的经典包括《论语》《大学》《孝经》的传世，都离不开曾参的贡献。曾参在后世被封为"宗圣"，是位列孔庙的高徒。而我们的兵家大师吴起，恰恰就是出自于孔门嫡传。不过，后来吴起因为母亲死了没有去奔丧，还想继续在曾参身边学习，理所当然地被视孝顺为第一要义的曾子给逐出了师门。

吴起早年仕于鲁，一次齐国人进攻鲁国，鲁国人想要以吴起为将，但是吴起那时候的妻子是齐国人，所以鲁国人怀疑吴起。吴起二话不说，杀死妻子以求将军之位，然后率鲁军大破齐师，这就是著名的"杀妻求将"这个典故的出处。

虽然吴起打败了齐国，为鲁国立了大功，但是还是有人向鲁侯进献谗言说："吴起曾经侍奉曾子，但母死不奔丧，被逐出师门。今吴起又杀妻以求将，是残忍刻薄之人；更何况鲁国只是个小国，一旦我们有了战胜大国之威名，则诸侯会群起而进攻我们，这个后果我们是无法承受的。"

吴起担心被加害，又听说魏文侯贤明，在招贤纳士，于是前往投靠。魏文侯问李克关于吴起，李克说："吴起贪而好色，但是用兵天下无敌，司马穰苴也比不上他。"

司马穰苴是春秋后期齐国的大夫，姓田，名穰苴，司马是他的官位，后以官名为姓，他很有可能是司马一姓的祖先。司马穰苴深通兵法，曾救过齐景公之命，击退过燕、晋的联军，收复失地。战国时期齐威王命大夫整理古代兵法，司马穰苴也是其中之一，称为《司马穰苴兵法》。

魏文侯一听吴起这么牛，于是就拜吴起为将，让他领兵进攻秦国，一气攻下了五座城池。

吴起之为将，与普通士卒为伍，和最下层士兵同衣食，睡不设席，行不独骑，亲自背粮，与士兵同甘共苦。有一个士卒背上长了疽，吴起亲自为他吮疽，史书中我们经常会看到某人替某人吮疽的故事，事情不一定是真的，但是但凡用上这个方法，那么被吮疽的人基本上就要效死命了。

这个士卒的母亲听说此事以后号啕大哭。人家说你的儿子只是一个小兵，吴起身为大将，亲自为其吮疽，这说明吴起多么爱护你儿子啊，你还哭什么呢？老妇说："非也，当年吴公也曾经为孩子的父亲吮疽，于是他父亲战不旋踵，死于敌阵。今日吴公又吮儿子的疽，不知我儿子将身死何处，所以我痛心疾首啊。"

所以吴起他虽然为人性格可能有瑕疵，但是他带兵与士卒同甘共苦，绝对是一个好将领。当然贪财好色、好名逐利、杀妻求将，这也是真实的吴起，每一个人的性格都是多面性的，单凭某一个方面的表现很难界定。

而那位老妇人之哭，也是令人悲痛的。每一个母亲都是充满矛盾的，她们既希望儿子找到一个好领导，又担心儿子找到一个好领导，就会不计个人得失与安危，誓死效命，这也是身为母亲所不愿看到的。

周威烈王二十四年（公元前402年），周威烈王去世，他的儿子周安王继位。

周安王元年，也就是公元前401年，秦国进攻魏国，一度打到了阳孤（就是现在的河北大名县东北）。魏国被秦国打了，但是不敢回击秦国，只能和韩、赵、魏三国一起联合进攻楚国，并一直打到了桑丘，也就是现在的山东巨野县西南一带。

春秋早期的小霸主，也就是后来被晋国和楚国夹在中间、处境艰难的郑国，趁三晋伐楚的机会，包围了韩国的阳翟（在现在的河南禹县一带）。

自此，中原各国一片大混战。

周安王二年（公元前400年），韩景侯去世，他的儿子韩烈侯韩取立；赵烈候薨，国人立他的弟弟为赵武侯；秦简公薨，他的儿子秦惠公立。

这一年周安王的王子姬定投奔到了晋国。

周安王四年（公元前398年），楚国围攻郑国，郑国人就杀了自己的国相——贵族驷子阳。

郑国在春秋和战国早期最悲催的是他们的地理位置，郑国靠近京城洛阳，西有三晋，南有强楚，东邻霸齐，名副其实的四战之地，中原各诸侯之间要争霸，首先想到的就是欺负郑国。

十、刺客聂政

周安王五年（公元前397年）。

农历三月，有一个刺客刺杀了韩国的国相侠累，这就是著名的刺客聂政的故事。

侠累原先与濮阳的严仲子交恶，关于怎么交恶《资治通鉴》没有说，不过其他史书有记载：严仲子在战国初年受韩哀侯宠信，因此招韩国国相侠累忌恨，本质上也就是两个人在国君面前争风吃醋。严仲子担心被侠累所害，于是逃离韩国，寻访天下侠士，想要刺杀侠累。

严仲子到了魏国，听说有一个人叫聂政，非常勇武，于是以黄金百镒（大约相当于现在三十六公斤黄金）为其母做寿。聂政不受，说："老母还在，我聂政之身体不敢轻易许给其他人。"他拒绝了严仲子。

等到聂政母亲去世以后，严仲子重新派使者来邀请聂政去刺杀侠累，聂政感激严仲子的知遇之恩，服丧三年期满，然后把姐姐嫁出去以后，就准备动手了。

这一天侠累正好在府上，卫兵非常多，聂政直接冲上台阶，当胸一刀刺杀了侠累，然后用刀割破自己的面皮，挖去自己的眼睛，把自己肚子挖开，把肠子捞了出来，这或许是史书上最早详细记载的切腹自杀。

韩国人把聂政暴尸街头，重金悬赏，但是没有人能认得出来这是谁。聂政的姐姐聂蓉听说此事以后，前往大哭说："这是我的弟弟聂政，是他杀的人。他因为我还在，所以自残身体，不想让人认出，是为了保全于我，但我怎能为了自己的生存，埋没了弟弟的贤名？"

于是聂蓉自杀在聂政的尸体边。这也成为中国历史上最著名的侠客故事之一。

聂政的这次刺杀行动，与接下去将讲述的更加著名的荆轲刺秦的故事完全不同。在荆轲刺秦的故事中，我们会看到刺杀的排场非常之大，有风萧萧兮在易水边上让整个燕国的士人相送的壮观场面，又有高渐离击筑而歌的悲壮情怀。这根本不像去刺杀一个大国国君，而更像是去秦国相亲的。当时在战国时期，每个国家都有各国派来的耳目间谍，所以说荆轲本来是不想去刺秦的，但是混了很久没有办法，也没有退路了，只能去当刺客。荆轲真正的目的是想用外交挟持的方式在谈判桌上争取利益，想要用恐怖主义的方式来完成外交的手段，并不是为了刺杀，所以磨磨叽叽半天才动手，错过了很多机会。而聂政才是真正刺客的代表，二话不说，隐姓埋名，找到机会就径直冲上台阶，一刀刺死侠累，然后切腹自尽。

周安王六年（公元前396年），晋烈公薨，他的儿子孝公立。这时候晋国还没有彻底灭亡，韩、赵、魏三家分晋以后，把晋孝公安排在一个小城市，只给他留了一个小地盘，当一个非常小的诸侯国的国君。

十一、田陈代齐

周安王十一年（公元前391年），秦国进攻韩国宜阳（在今河南省宜阳县），攻取了六个邑。

田常是《左传》上记载的陈成子恒，他消灭了齐国的其他反对势力，把齐国大片土地收入自己囊中。田常的祖先田完本来是陈国的贵族，因为国内动乱逃到齐国投奔了齐桓公，落户在齐，称为陈氏，也叫田氏。田、陈在古代读音相同，所以是通用的。这就是春秋向战国过渡的另一个标志性事件：田陈代齐。

田常生了田襄子田盘，田盘生了田庄子田白，田白生了太公田和。这一年太公田和把齐侯迁到了海上，并且把姜氏降格为子爵。所以齐子是姜氏，只有一个城市的封邑，以侍奉先祖。可怜辅佐武王伐纣的姜太公，其后裔也终于失去了齐国的控制权，田氏取代了姜氏当上了齐国的国君。

这一年秦、晋战于武城，武城在现在陕西华县以东。晋国也是可怜，地盘已经很少了，还要抵抗秦国的进攻，简直就是螳臂当车。

此时其他国家也没有闲着，齐国进攻魏国，攻取了襄阳。而鲁国又在现在山东汶上县一带打败了齐国。当时的天下，除了秦、齐、楚、燕、韩、赵、魏这七雄以外，鲁、蜀、卫、郑、晋、齐等那些小国都还存在。而齐国的田和与魏文侯、楚国人、卫国人在浊泽这一带进行会面。田和想要为自己谋求一个诸侯的职位，希望得到周天子的承认。魏文侯于是就代替田和向周安王和其他诸侯请示，而天子周安王也就很听话，乖乖地授予了田和诸侯之位。此时天子答不答应其实也没有什么差别了，因为田和早已自称为齐侯了，周天子的"橡皮图章"也就是看看比较舒服而已。

十二、主少国疑

周安王十五年（公元前387年），秦国进攻蜀国南郑（南郑在现陕西汉中一带）。蜀国在春秋时期只是一方外之国，和中原各诸侯国交往很少，而秦国此时已经是西部的大国了。

这一年，战国初期最优秀的国君魏文侯去世，他的儿子太子魏击立，是为魏武侯。魏世子被称为太子，就说明了战国时期礼坏乐崩，僭越之事已非常普遍。伦理上只有周天子的继承人才能被称太子，诸侯王的继承人只能叫世子。可是到了后来，战国七雄纷纷称王，甚至还出现过东帝、西帝，根本不把周天子放在眼里，这是后话。

魏武侯继位不久，视察全国。一日，武侯浮西河而下，到河中央，看着吴起说："美哉山河之固，此乃我魏国之宝藏啊！"

吴起也很不客气，对曰："国家之坚固在德不在险，想当初三苗氏（注：三苗氏是古代一个氏族，在江淮、江州一带），东有洞庭，西有彭蠡（注：西洞庭），但德义不修，大禹灭之。夏桀所居，东有济河，西有华山，南有伊阙山，北有羊肠坂，但是修政不德，商汤放逐之。商纣之都，东有孟门，西有太行山，北有常山，南有大河，但是修政不德，武王杀之。由此观之，国家之宝藏在德不在险，若君主您不修德，则舟中皆敌人也。"

武侯说："善。"

这段对话可以看出作为兵之大家的吴起以及孙子都通晓这么一个道理，国家之兴亡在德不在险，一个国家必须要做到内政稳定，才能做到对外强大。

魏国此时委任田文为新国相，此田文非彼田文，这里要和大家交代清楚，他并不是在齐国后来作为孟尝君的国相的田文，而是另外一个田文。

吴起非常不爽，跑来质问田文说："我跟你一起讨论一下大家的功劳，如何？"

田文："可以。"

吴起问："将三军，使士卒乐死，敌国不敢谋，子孰与起？"

我们前面讲过吴起带兵身先士卒，与士卒同甘共苦，士卒都愿意为他卖命，他在战国初年可以说是攻无不克、战无不胜，是名副其实的兵圣。就这一点来说，田文怎么能和吴起比呢？

所以田文只能说："不如子。"

吴起又问："治百官，亲万民，实府库，子孰与起？"

吴起在战国初年除了是兵家的代表，同时还是法家的代表人物，他不管是在魏国还是在楚国，都实施了一系列变法新政，使国家仓库充实，战备充足。

田文还是只能说："不如子。"

吴起又问："守西河秦兵不敢东乡，韩、赵宾从，子孰与起？"

吴起不仅是守住了魏国的西河地区，抵御住秦兵，还曾进攻强秦，夺取过秦国的地盘。韩、赵就更加不敢正面抵抗魏国的军队了。

当然田文还是只能说："不如子。"

吴起说："这三个能力、政绩你都在我之下，而你的位置却在我之上，这是为什么？凭什么？"

田文说："主少国疑，大臣未附，百姓不信，方是之时，属之子乎，属之我乎？"这里我们要解释一下这段话，所谓"主少国疑"就是少主刚刚继位的时候，国家政权还不稳定，大臣也没有归附，百姓对国家安定也没有信心，他们的内心还是比较惶恐的，在这个时候，国相这样的位置当然不能属于强臣，只能属于稳定长期的忠臣。

吴起默然良久以后说："你这样说我就没有办法了，国相还是属于你的。"

为什么不给吴起？非常明显，无论吴起的能力也好，地位也罢，各方面都很优秀，甚至是千古难觅的优秀。但是如果这个时候还把国相的职务给了吴起，那就相当于整个魏国就是吴起说了算了。如果吴起掌握了国家的兵权和政权，再加上他超强的能力，那么新君主的地位就非常危险了。毕竟魏武侯也深知韩、赵、魏是怎样瓜分了晋国土地的，所以他当然也害怕有其他大臣会夺取魏家的权力。

过了不久，田文也下台了，新的魏相是公叔。公叔因为娶了公主为妻，所以做到了国相的位置。公叔很担心有一天吴起会夺走他的位置，公叔的仆人说："吴起很容易对付，吴起为人刚烈而又自喜，自喜就会自满。您可以先跟君主说：'吴起是贤人，有才。但魏国小，难以长期留住他。国君可以尝试把公主嫁给吴起，如果他愿意娶您的女儿，就代表他愿意在魏久待，那么您就可以把国家托付给他。而他想要走的话，就一定会谢绝这门婚事。'"

仆人继续讲道："然后您可以跟吴起一起回来，让公主来侮辱您，辱骂您。吴起看到公主都是蛮横不讲理的，定会辞去与公主的婚事，这样的话武侯就会怀疑吴起，您的位置就稳固了。"

中国历来都不缺出鬼点子的小人，这个仆人史书也没有留下名字，但是他的计策却非常之狠毒，他对吴起、国君、公叔的心理都揣摩得非常到位，真是个狠角色。公叔于是听了他的话，按照他的建议去实施。吴起果然中计，辞谢了公主的亲事。魏武侯从此开始怀疑吴起，吴起怕被杀，于是向南逃奔到了楚国。

以吴起逃离魏国作为一个标志，这也是魏国开始走向衰败的转折点。战国初期，因为魏文侯的重用，李悝和吴起开始实施变法，于是魏国逐渐变得强大，魏文侯也成就了一段明君的佳话。而通过吴起的治兵，也使魏国的军事实力在战国初年鹤立鸡群，而吴起离开后，魏国就开始走下坡路了。

十三、变法楚国

楚国此时的君主是楚悼王，他素来就听说吴起的能力超群，于是立马任命吴起为国相。

吴起明法申令，捐弃闲杂冗官，又废黜公族中和主君血缘比较疏远的人的职位，节省了很多不必要的开销，以抚养战斗之士，并且训练士卒，强大军队，同时驱逐了那些纵横游说之士。

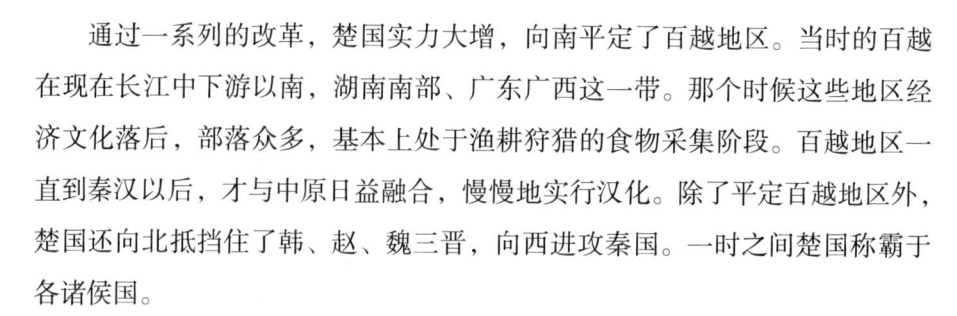

通过一系列的改革，楚国实力大增，向南平定了百越地区。当时的百越在现在长江中下游以南，湖南南部、广东广西这一带。那个时候这些地区经济文化落后，部落众多，基本上处于渔耕狩猎的食物采集阶段。百越地区一直到秦汉以后，才与中原日益融合，慢慢地实行汉化。除了平定百越地区外，楚国还向北抵挡住了韩、赵、魏三晋，向西进攻秦国。一时之间楚国称霸于各诸侯国。

但楚国很多贵戚大族，由于利益被剥夺，所以怨恨吴起。

这一年〔周安王十五年（公元前398年）〕秦惠公去世，他的儿子秦出公立。

赵武侯去世，国人重新立赵烈侯的儿子赵章为赵敬侯。

韩烈侯薨，他的儿子韩文侯立。

周安王十六年（公元前386年），周王朝正式任命齐国大夫田和为诸侯国君，从此田氏从法理上合法地代替姜氏掌握了齐国。

赵国公子赵朝作乱，偷偷逃奔到了魏国，与魏国一起联合进攻赵国都城邯郸，但是未能打下。从此赵、魏之间连年征伐不断。

韩国也没有闲着，虽然在三晋中它是最弱小的，但是再怎么说也算得上战国七雄之一，还是有更小的国家可以被韩国欺负的，比方说郑国。韩国进攻郑国，夺取了阳城；又进攻宋国，活捉了宋公。

之前说到吴起在楚国执政，辅佐楚悼王强大了楚国。但是这一年楚悼王去世，还没有来得及入葬，楚国那些被吴起剥夺了利益的贵戚大臣就联合起来作乱，一起攻击吴起。吴起逃到了楚悼王的尸体旁边，伏在了楚王的尸体上。那些作乱的大臣一起乱箭射死了吴起，并射中了楚王的尸体。等到楚悼王下葬以后，儿子楚肃王继位，他让令尹追查作乱的凶手，抓住那些射中楚王尸体的人，一共七十多家，将他们全部灭族。

史书有人称赞吴起的智谋，死后还能为自己报仇。可是谁又希望做一个枉死的智者呢？这也是兵家和法家的悲哀。吴起、白起、韩信、商鞅、李斯、韩非，他们都不得好死，原因是在乱世之中兵家和法家就是君主的爪牙，但是爪牙的痛苦就是虽然他们会伤及敌人，但是也会给自己树敌，伤及自己。

周安王二十三年（公元前379年），流放中的齐康公去世，这个齐康公也就是姜姓的齐国后裔，田和留下他仅是为了给姜太公祭祀之用。齐康公去世以后没有留下后代，所以田氏的齐国把姜氏的齐国全部兼并，姜氏绝嗣。

十四、爪牙之士

周安王二十五年（公元前377年），子思游历到卫国。子思名孔伋，是孔子的嫡孙，父亲是孔鲤，因为父亲早逝，所以他小时候是孔子亲自传授学识，后来跟随曾子学习孔门思想，据称儒家的经典《中庸》也是子思所著。孟子是子思的学生，所以后世把孔子、曾子、子思、孟子这一条线认为是孔孟思想，儒家嫡传。

子思和卫侯讨论起大将苟变说："苟变之才能可以率领500辆战车的部队（几千人）。"

当时卫国只是一个小诸侯国，整体的军队规模也就千乘而已，所以苟变已经算是卫国非常重要的将领了。

卫公说："我知道苟变可以为将，但是他也有污点。他在做小吏期间，有次在征税时吃了百姓两个鸡蛋。"

子思说："圣人选人任官，犹如出色的工匠选材料，取其所长，去其所短；所以一根合抱的好木材，就算有几尺腐烂，能工巧匠也不会将其抛弃。现在您处于战国乱世，诸侯各国都在选能征善战的将领，您怎么可以为了两只鸡蛋就放弃了一个守城之将呢？这件事绝对不能让邻国知道，让他们知道的话估计卫国危矣！"

卫侯一再拜谢："谨受教诲！"

这里司马光又提出了对专业人才的使用方法。之前说的是选择管理者的方法，即需要德胜才。这里讲的是选择专业人才，也就是帅将之才，或者《资治通鉴》所称的"爪牙之士"的任用原则。选择帅将之才最主要的是看能力，只要能力强，哪怕其他方面有一些小污点，也没有关系，关键是在于发挥他的特长，限制他的弱点，这样就没有后顾之忧了。

卫侯经常会提出一些不正确的主张，而群臣都随声附和，没有人敢表达不同的意见。

于是子思说："我看卫国就是所谓的'君不君，臣不臣'的典型！"

公丘懿子问："为什么这样说呢？"

子思说："人主自以为是，而群臣又都不敢提出意见。就算事情做对了，没有人有不同的意见也是错误的；更何况现在卫国的群臣都在附和国君错误的言论呢！那帮群臣，不判断事情的曲直，一味奉承，阿谀谄媚。君暗臣谄，而位居百姓之上，老百姓是不会答应的。卫国如果像这样不改正的话，国将不国！"

子思也很直接地对卫侯说："您的国家将一日不如一日，日渐衰败！"

卫侯说："为什么这样说？"

子思回答："事出有因，您说话一直自以为是，而士大夫和老百姓都不敢纠正您。君臣都自以为贤能，而一帮下属小人又只知道歌功颂德。说好话的人可以得到福报，纠正错误的人将得到灾祸，如此怎么会有好的结果呢？所谓不明是非、不辨黑白就是说的你们君臣啊。"

周安王二十六年（公元前376年），周安王驾崩，子姬喜继位，是为周烈王。

这一年，韩、赵、魏三国把晋国最后一个国君废为平民，仅存的一点地盘也被三家瓜分了，晋国彻底灭亡。

周烈王元年（公元前375年），韩国终于灭了郑国，把都城迁移到了新郑。

周烈王五年（公元前371年），韩国的严遂，就是收买聂政杀了侠累的严仲子，又杀了韩哀侯。起初韩哀侯任命韩廆为相，但是又宠爱严仲子，严仲子于是访求刺客，计划在朝堂之上刺杀韩廆。韩廆逃到了哀侯这里，哀侯抱着韩廆，于是刺客刺死了韩廆，捎带着把韩哀侯也刺死了。

这里《资治通鉴》留下了一个公案，即究竟韩廆是不是侠累？如果是的话这件事到底发生在周烈王五年，即公元前371年，还是周安王五年，也就是公元前397年？如果是两件事情的话，这个严仲子也是够狠的，利用完聂政，又上瘾了，二十六年以后又利用其他刺客来刺杀另一个国相，甚至捎带着国君。如果是一件事情的话，聂政的故事是说在相府杀的侠累，而杀韩廆和哀侯却是在朝上。

总之，韩哀侯死得不明不白，按照谥法，恭仁短折曰哀，也是贴切。

韩国的贵族立了韩哀侯的儿子，是为韩懿侯。

魏武侯魏击去世，他这个君二代勉强算是一个不错的守成之君，守住了他老爸留下的不错的局面。但是魏武侯留下了两个致命的隐患：第一是他连年和韩、赵、齐、楚交兵，使魏国基本上断绝了外部盟友；第二个是他没有正常立储。

于是他的儿子魏罃（yīng）和公子魏缓（公中缓）争夺国君之位，使得魏国大乱。

十五、齐威图强

周烈王六年（公元前370年）。

齐威王来朝见周天子，此时周王室衰微，诸侯都不来朝见，而只有齐国来朝见，于是天下都赞美齐王，不过这个时候齐威王还没有称王，还只是齐侯。而颇为讽刺的是，就是这个朝拜周天子的齐侯却在后来率先和魏侯一起称王和周王并驾齐驱，成为中原王朝首先称王的两个诸侯国。

齐威王在战国时期也算得上是一位贤明的君主，他继位之初正是田齐衰微，三晋强大的时候。三晋不停地出兵侵扰齐国边境，而齐威王也想像春秋时期的楚庄王一样，先韬光养晦，等到时机成熟再一鸣惊人。齐国看似日渐衰微，但实际上齐威王一直在找寻治国的良方。到了齐威王九年，他终于做到了一飞冲天，一举奠定了齐国作为战国中期大国的地位。以下这件事就是齐威王一鸣惊人的开始。

这一年齐威王召见即墨大夫，说："自从先生您担任即墨大夫以来，毁言

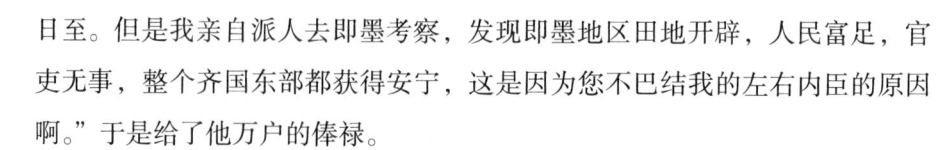

日至。但是我亲自派人去即墨考察，发现即墨地区田地开辟，人民富足，官吏无事，整个齐国东部都获得安宁，这是因为您不巴结我的左右内臣的原因啊。"于是给了他万户的俸禄。

齐威王又召见了阿地的大夫，说："自从你去阿地镇守，我满耳朵听到的都是对你的赞美。但是我派人去阿地视察，那里田野荒芜、人民贫困。之前赵国进攻鄄城，你不派兵营救；连小小的卫国进攻我们薛陵，你也不去支援。对你的赞美都是因为你重金贿赂我身边的人，让他们进献虚假之言。"

当天，齐威王就烹杀了阿地的大夫，并且捎带着把自己身边曾经赞美过阿地大夫的内臣官宦们也都一起煮了。于是群臣悚惧，不敢再弄虚作假，都力求实事求是，于是齐国大治，始强于天下。

这个故事在历史上也非常有名，道理也很浅显，对于管理者来说很多时候听到或者看到的不一定是事实的真相，真相需要自己去分析、体验、观察。一旦找到好的机会，就要给手下所有的人一个下马威，让他们不再敢弄虚作假。

周烈王七年（公元前369年），周烈王去世，他的弟弟姬扁继位，是为周显王。

之前说到魏国因为两位公子争夺国君之位而大乱，魏大夫王错出逃，投奔韩国。

韩国大夫韩颀跟韩懿侯说："魏国大乱，可以借机进攻。"

于是韩懿侯和赵成侯一起合兵攻打魏国，在浊泽大破魏军，包围了魏都。但是颇为搞笑的是，魏都还没有被打下来，韩、赵两家因为分赃的事情就吵了起来。

赵成侯说："我们应该杀了魏䓨，然后立公中缓，让魏国割地然后退兵，这对我们两国来说是最有利的。"

韩懿侯说："不可，杀魏军是暴，割地退兵是贪。不如把魏国一分为二，一个给魏䓨，一个给公中缓。魏国一分为二，国力就不会超过宋、卫，我们将永远不用担心魏国的威胁了。"

应该说这两个方案都算合理，不管实施哪个方案，可以说战国的整个走势都要被改写，但是韩、赵二国却互相不买账。韩懿侯很不爽，半夜就退兵了，赵成侯没有办法也只能退兵。于是国内就杀了公中缓，立魏䓨为国君，是为魏惠王，也就是《孟子》书中一直提到的梁惠王。

司马光在这里引用了太史公司马迁的评价：魏惠王之所以侥幸没有被杀，魏国没有被分割，仅仅是因为韩、赵两国意见不合而已。如果随便采用哪一家的计划，那么魏国必然被瓜分，魏国也要灭亡。所以说，君主去世，如果没有立合适的继承人，那么这个国家就会被击破。

《资治通鉴》的第一卷就分享到这里，第一卷也是全书接近 300 卷中最精华、最有价值的部分，大家可以自己体会。如果对于管理之道感兴趣的朋友，只需要看前十卷也就差不多了，基本道理就都在里面了。如果对整个中国历史、政治、外交、军事的脉络感兴趣的朋友，孤舟会和大家一起分享全书。

第二卷

周纪二

一、孝公即位

周显王五年（公元前364年），秦献公击败了韩、赵、魏三国联军，斩首六万余，战国从此开始进入了惨烈的歼灭战阶段。

战争从春秋到战国发生了质的变化。春秋虽然也没有所谓的"正义之战"，但是这个时期的战争还是有一些基本规则和一些基本的人道主义精神的。春秋时期的战争讲究点到为止，很少有讲到斩首多少，史书一般记载一方打败了另一方就结束了。这有点类似于中世纪欧洲骑士战争，也是讲究点到为止，战胜为上，对于战败的一方只要是势单力孤，败局已定，完全可以投降认输，对于战士来说，战败投降并不耻辱。笔者这里稍微举几个例子，让大家知道春秋时期战争的特点。

第一，双方开战前都需要列好阵势，阵势排好之前，另一方是不可以进攻的，所以宋襄公不肯半渡而击是符合春秋之战的道义的，只是宋襄公本身就处于劣势，又过于拘泥于规则，战败就是必然的了。

第二，对于受伤的敌人一般不会采取赶尽杀绝的方法，允许对方的战友将其带回救治。

第三，敬尊者。例如晋楚争霸的时候，晋大夫郤至每次碰到楚共王和他的卫队时，一定要按照当时的礼节脱掉帽盔，跳下战车，趋走如风，向楚王致敬。楚王则命令属下不得伤害郤至。而韩厥和郤至都曾拒绝属下提出的以危险方法俘获郑成公的建议，这都是因为当时战争中不得穷追、伤害尊者的规矩。

第四，五十步完全可以笑百步。"五十步笑百步"来自于《孟子·梁惠王上》，成语的意思是，作战时后退了五十步的人讥笑后退了一百步的人，以比喻有同样的缺点错误，只是程度上不同，就去讥笑别人。但是在春秋时期，由于有规矩，双方交战，战败的士兵如果逃跑超过五十步，就不可以再追击了，战争只是为了分出胜败，而不是为了赶尽杀绝，逃跑五十步就够了。这样来说，五十步绝对是可以笑百步的。

而周显王五年的这一战，秦国斩杀韩、赵、魏三国六万余人，代表整个中国的战争史正式进入了残酷的消灭战阶段。大量的屠城、坑杀开始出现，诸侯之间的战争也开始以大量杀伤对方的有生力量为目标，战争变得尤为残酷、恐怖，春秋之前的"骑士"战争从此再也不会出现在神州大地。

此战以后，周王就赐予秦献公黼黻[fǔ fú]之服，就是绣以文彩的斧形服饰，这是只有天子和上公才能穿的衣服，周王相当于给了秦国征讨诸侯国的权力。自此秦国师出三晋有名，更是如虎添翼。

周显王七年（公元前362年），秦献公去世，子孝公立。

春秋战国时期，位于西北边陲的化外秦国，为何到了始皇帝时期可以一统华夷，建立起开天辟地的大秦帝国呢？秦国从西周建国分封时期的一个极小国家，到了周平王东迁以后的崛起，离不开两位非常重要的君主：

第一位是春秋五霸之一的秦穆公。秦穆公制定了秦国向西南发展的战略，称霸西戎。从此秦国拓地千里成为西方的一个霸主，这也为秦国建立了稳定的大后方。当时中国的南方基本上还没怎么开发，最重要的农业发展的地方有四处，分别是关中平原、四川盆地、华北平原和江淮平原。这四个地方，得一可以成鼎足之势，如吴、越政权，甚至三国时期的西蜀、东吴；得二则可以称霸天下，如秦始皇和刘邦。

第二位就是战国时期的秦孝公。秦孝公最重要的政策就是任用商鞅变法，开始推进法家的治理。商鞅变法使秦国从一个边陲蛮夷之邦，很快就升级为战国七雄中最强大且唯一有实力吞并其他六国的一个国家。

秦孝公继位时二十一岁，正值其年富力强的创业好时期。此时的天下形势是：崤山以东强国有齐、楚、燕、韩、赵、魏六国，淮河、泗水流域的小国有十多个，如卫、宋、鲁等国家。其中，楚、魏和秦国接壤，魏国修筑长城来抵御秦国，楚国占据巴郡、黔中等险地。中原各国视秦为蛮夷，予以排斥，但凡有衣冠盛会，一般都不让秦国参与。于是秦孝公发奋图强，布德修政，想要让秦国强大起来。

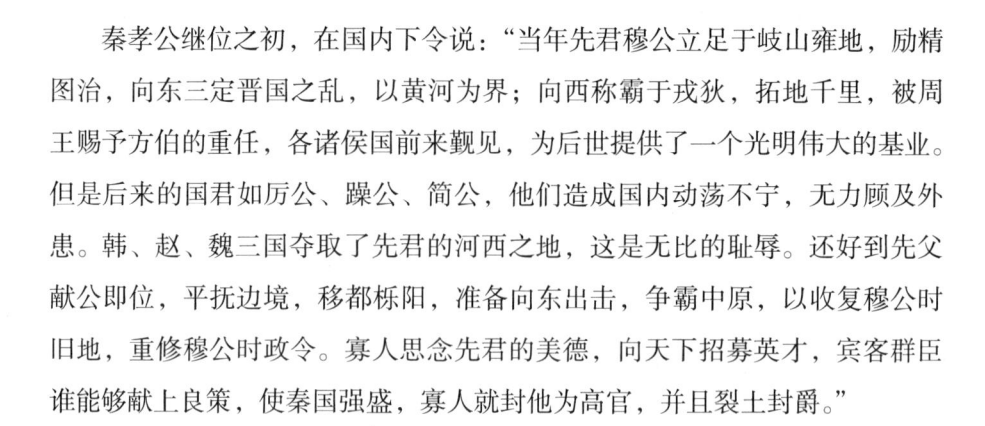

秦孝公继位之初，在国内下令说："当年先君穆公立足于岐山雍地，励精图治，向东三定晋国之乱，以黄河为界；向西称霸于戎狄，拓地千里，被周王赐予方伯的重任，各诸侯国前来觐见，为后世提供了一个光明伟大的基业。但是后来的国君如厉公、躁公、简公，他们造成国内动荡不宁，无力顾及外患。韩、赵、魏三国夺取了先君的河西之地，这是无比的耻辱。还好到先父献公即位，平抚边境，移都栎阳，准备向东出击，争霸中原，以收复穆公时旧地，重修穆公时政令。寡人思念先君的美德，向天下招募英才，宾客群臣谁能够献上良策，使秦国强盛，寡人就封他为高官，并且裂土封爵。"

二、商鞅奔秦

卫国贵族公孙鞅听到诏令，就从魏国向西来到了秦国。公孙鞅，即商鞅，他有几个称呼，史书叫他卫鞅，因为他是卫国人；也有人叫他商鞅，因为他在秦国变法以后，被秦国封在了商这个地方；公孙鞅之所以这么叫，是因为他爷爷是卫国国君，他是公的孙子（在古代，如果爷爷是国君，他就叫公孙；如果父亲是国君的，那么就称他为公子）。由此我们可以看到，不同史书的称呼不同，每个称呼代表了一种身份。

公孙鞅是卫国宗族旁支，是庶族之后。公孙鞅喜好法家刑名之学，在魏国国相公叔痤手下做事，公叔痤知道他非常能干，但是还没有来得及推荐，就重病不起了。

魏惠王来探望公叔痤，问道："如果您有不测，国家大事怎么办啊？"

公叔痤说："我手下有个担任中庶子之职的公孙鞅，年纪虽轻，却有奇才，希望您可以把整个国家都托付给他来处理。"

战国时期的中庶子只是相当于相府附属官员，拿到现在来说就是一个秘书而已，连高级助理都算不上。

魏惠王听完以后沉默不语。魏惠王的想法我们可以理解，国家要选总理，企业要选老总，前任总经理放着各大部门老总、副总不推荐，反而推荐了一个秘书，直接让他来做总经理，这是不是有点太夸张了？

公叔痤又说："如果您不采纳我的建议，不能重任公孙鞅的话，那就请杀掉他，不能让他跑到别的国家去。"

魏惠王允诺，告辞而去。

公叔痤又急忙招人对公孙鞅说："我必须先忠于今上，先为主君谋划，然后才能照顾你们，现在来告诉你，你赶快逃走吧，主公要派人来杀你了。"

公孙鞅摇头说："国君既然不能听从您的意见任命我，又怎么能听从您的意见来杀我呢？"

所以公孙鞅很淡定，并未出逃。

魏惠王从公叔痤这里悻悻而回，本来他是要咨询相国之位的，没想到得到的却是公叔痤的"胡言乱语"。

他对左右说："公叔痤病入膏肓，实在是可怜。他先让寡人将国家交给一个小秘书，后来居然又劝我杀了他，如果寡人以堂堂国君身份杀一个小秘书，岂不是让天下人耻笑，天下的才能之士岂不寒心？孟老夫子又不知道要怎么编派我了？（笔者注：这是我自己加的）公叔痤岂不是太荒谬了？"

历史上都把公叔痤荐公孙鞅这个故事作为埋汰魏惠王的污点。一般有两个说法，一是魏惠王不能识人，无法看出公孙鞅这个人才。但是笔者这里需要为魏惠王开脱，实际上不识公孙鞅的责任不是魏惠王，而是公叔痤。因为公孙鞅只是公叔痤的一个秘书，话说国君怎么可能知道相国府中的一个中庶子是相国之才？如果公叔痤认为公孙鞅是个人才，早就应该推荐给国君大力提拔了。而且根据《史记》记载，公孙鞅在魏国的时候曾经师从李悝和吴起，他在魏国应该已有时日，却还仅仅是个相府中庶子，那责任肯定在相国了。就算魏惠王听了公叔痤临死前的建议，让公孙鞅做了相国，但是公孙鞅在魏国没有任何基础，而魏国的贵族权力非常大，人人觊觎国相之位，由此看来，小秘书公孙鞅能不能坐稳相国之位都不好说。

二是从后面公孙鞅和秦王问策的时候我们知道，公孙鞅曾经三见秦孝公，提出过三种治理天下的方法。第一是学尧舜禹，以王道治天下；第二是学周公以礼治天下；第三才是以法治天下。如果公孙鞅当了魏国的相国，以魏国

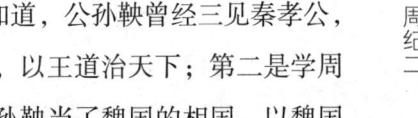

的国情他也只能采取接近李悝、吴起的方法，儒、法相结合治理魏国，肯定不可能像在秦国那么彻底地实施法治，恐怕也无法成就后世的商鞅——中国古代第一变法家之名。

历史上还有一个说法是魏惠王做人优柔寡断，他应该杀了公孙鞅，或者至少也可以限制他的自由。这个说法就更加冤枉魏惠王了。我们用事后诸葛亮的眼光来看古人，自然感觉他们都很蠢。但是如果我们把自己置身于当时的历史情境中，若你是魏惠王，虽然公孙鞅只是个小秘书，但再怎么说也是从其他国家投奔而来的贵族知识分子，魏惠王以一国之君的身份来伤害前来投奔的贵族士人，那么将来还怎么吸引天下英才呢？

所以公孙鞅就很淡定地跑到了秦国，托太监内臣景监推荐，见到了秦孝公。他向秦孝公推荐了富国强兵的计划，秦孝公大喜过望，从此就一直跟公孙鞅商讨国家大事。

三、商鞅变法

周显王十年（公元前359年），公孙鞅想要实行变法，秦国的贵族都很不情愿。我们从之前吴起治楚就已经知道，变法所做的第一件事就是严明法纪，裁汰冗员冗官，剥夺远亲贵族的特权，然后将资源和财富回归中央，作为国家手段奖励给为国家或者是为战争做出贡献的人。一般情况下，上层贵族是不会去战场的，所以得到封赏的主要是底层的士族、士兵甚至是平民，他们有更大的机会获得爵位，这样就可以大大地调动底层人民的积极性，提升国家战斗力。所以任何变法、改革都是从资源再分配开始的。如果这个再分配合理，资源得到有效利用，国家的实力就会得到提升，也就能克服内部的压力。如果资源利用效率不高，那么内部压力就会反噬改革计划，造成改革的失败。

先秦时期的法家是缺少人文主义关怀的，他们只考虑如何为君王更好地去控制下属和人民，以达到愚民、治民的目的。所以公孙鞅对秦孝公说："对下层之人，我们不能让他们知道得太多，不能和他们商议开创性的计划，只要告诉他们怎么做，会有什么利益，然后和他们分享成功的果实就可以了。至高的道德对凡夫俗子讲是没有用的，想要成就大功和众人商议也是没有意义的。所以对于圣人，只要可以使国家强大，是不会拘泥于旧的法则和传统的。"

公孙鞅希望打破秦国陈旧的传统，至于他的理念，则毁誉参半。比方说，我们在做管理时，很多时候基层员工的建议都是对的，但由于各种原因，很多正确的建议都无法采纳。屁股决定脑袋，很多时候基层员工因为所处的位置不同、立场不同、责任不同，所以他们的想法和眼光有时候缺乏全局性。但作为管理者却不能去压制他们的想法，而是需要去考察他们的想法，如果无法采纳的，也要想办法予以疏通，这是一个比较正确的管理方式。但是对于法家来说，他们所追求的就是绝对的秩序和绝对的顺从。在法家的心目中，一个国家只有在绝对统一秩序的时候，他们的战斗力才是最强的。所以法家可以在乱世中快速地让一个国家富国强兵，提升战斗力，进而建立起强大的作战体系。

当然，秦国的旧势力对公孙鞅很不满，大夫甘龙反对公孙鞅的法令，说："非然也。按照旧的典章制度处理事务，才能使官员们熟悉规则，百姓才能安定。"

公孙鞅说："普通人只知道安于旧习，沉溺于旧识，这样的人守官执法可以，但不能和他们讨论法之外的东西，更无法和他们商讨开创大业。智者制定法律，愚者受治于法律；贤者变更、制定法律规则，与时俱进，不肖者受规则之约束，如是而已。"

秦孝公说："好。"

秦孝公于是便马上任命公孙鞅为左庶长。秦国尚左，春秋时期左庶长是军政一体的首席大臣，只有嬴姓贵族方可担任，到了战国时期才开始由外姓接任。甘龙是秦国世家大族和守旧势力的代表，是秦国第一个外姓的左庶长，然后就被公孙鞅取代，后来白起也担任过左庶长之职。

公孙鞅上任以后就开始制定变法的条令。他的变法分为几个部分：

第一，保甲连坐。将人民编为五家一伍，十家一什，互相监督，犯法连坐，举报的人和在阵前杀敌的一样，可以得到相同的赏赐；隐匿不报的人，和投降敌人一样，会给予相同的处罚。

第二，奖励军功。有军功的人可以获得上等的爵位，秦国的军功是按照取得敌军的人头数来算的。每获得一个人头，可以提升一级爵位，所以叫首级。首就是头，级就是代表爵位的级别。即便是宗室贵戚，如果没有军功，也不能再享有宗族的户籍，终会失去特殊地位。

第三，致力本业。私下斗殴的，根据情节轻重处以相应的刑法。致力于抓农业生产，但凡耕田织布、生产粮食和丝帛多的家庭，就可以免除他们的税赋；从事末业，类似手工业、商业，或者不务正业而贫穷的，国家就收为奴隶。

第四，赏罚分明。明确各个官阶和爵位的等级、俸禄、赏赐和地位，享受不同等级的田产、奴仆、侍女、服饰等。这样使有功劳的人可以彰显荣耀，无功劳的人即使很富有，也不能获得崇高的社会地位，不会得到国家的荣耀。

商鞅作为法家的杰出代表，他的主张很多都具有破除旧制度、旧传统的观念，但是法家的问题就在于过于残忍、苛刻地对待臣民。

接下去商鞅要做的就是取信于民。就在商鞅的法律条文制定以后，还未公布之前，他需要做一场事件营销，一为宣布新令，二为取信于民。于是商鞅在都城南门立下一个长三丈的木杆，说只要有人把它拿到北门去，就赏给十金。百姓都很诧异，想这是什么东西，没有人敢动。于是商鞅又把赏赐提升到了五十金，有一个人半信半疑地把木杆拿到了北门，果然获得了五十金的奖赏，然后商鞅才正式下达了变法的法令。

秦国三丈的木头大概相当于七米不到的长度，木杆是蛮长的，但是南门到北门的距离也就几千米，所以一个人完成是没有问题的。五十金实际上不是黄金，是黄铜，大概相当于现在的十几万元人民币，对于搬一根木头来说也是一笔巨款了。但是从效果上来说，商鞅花了十几万元就做了一场全国知名的事件营销，绝对是营销中的大师。

法令颁布一年时间，秦国百姓纷纷前往国都上访，控诉新法给他们带来的坏处。面对此种情况，商鞅并没有停止变法，而是毫不留情地治了他们的罪。商鞅也知道，除了事件营销以外，他还需要拿出真本事，让天下人知道他的手段，这一次是秦太子撞到了枪口上——太子犯了法。

商鞅说："新法不能顺利进行，就是有上层人士带头犯法。"

因为太子是国君的继承人，不能施以刑法，于是他便对太子的老师们处以了刑罚。老师公孙嬴虔被判了刑，另一位老师公孙嬴贾被在脸上刺了字。第二天举国皆闻，人人无不感到震惊、惶恐，于是大家都小心谨慎地遵守法令。新法实施十年，秦国路不拾遗，山无盗贼，百姓勇于作战，不敢私斗，乡野城镇大治。

此时当初说新法不好的人，很多又都跳出来说新法好，商鞅说："这些人都是乱我法度的刁民。"于是把他们都发配到了边疆去做苦力，自此以后秦国的士人和百姓再没有人敢议论法律了。

这就是我们中学课本里必修的商鞅变法的内容。商鞅变法实施的十年间，使得秦国由一个普通的诸侯国，一跃变成最强大的国家，拥有了一统华夏的实力。商鞅的变法和之前的李悝变法、吴起变法相比是最彻底、最完备而且最有效的。究其原因并不是商鞅的能力强，而是秦国的土壤合适。当时的秦国，虽然已经立国数百年，但是在东方各国眼中它还只是蛮夷化外之邦。因此，相比传统文化包袱沉重的东方各国来说，秦国更有机会来一场彻底的变革。所以，商鞅变法，既成就了商鞅，也成就了秦国。

变法之后，秦国实力大大增强，之后就连续出兵韩、魏，攻取了很多地盘。

四、人君之宝

对于如此重大的事件，司马光肯定是少不了他的见解的，他把商鞅变法的核心集中在了"信"这个字上，并给予了自己的评价。

臣光曰：信誉，乃人君之至宝。国家之保障在于民，民之保障来自于信。

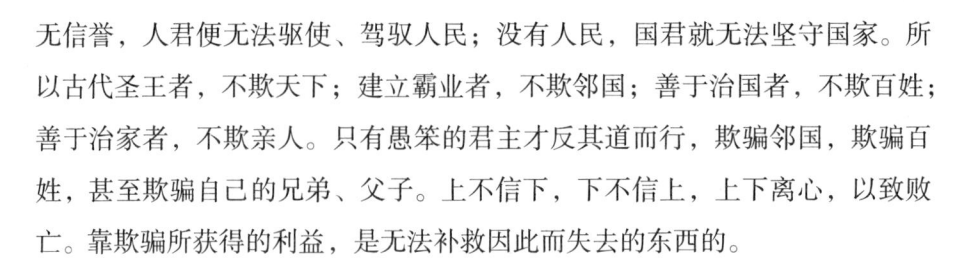

无信誉，人君便无法驱使、驾驭人民；没有人民，国君就无法坚守国家。所以古代圣王者，不欺天下；建立霸业者，不欺邻国；善于治国者，不欺百姓；善于治家者，不欺亲人。只有愚笨的君主才反其道而行，欺骗邻国，欺骗百姓，甚至欺骗自己的兄弟、父子。上不信下，下不信上，上下离心，以致败亡。靠欺骗所获得的利益，是无法补救因此而失去的东西的。

信，不仅是法家制度的核心，也是儒家基本道德的"五常"之一，非常重要。

接下来司马光就列举了一些君主不违背信誉的例子："齐桓公不背曹沫之盟；晋文公不贪伐原之利；魏文侯不弃虞人之期；秦孝公不废徙木之赏。"这些例子都是典型事件，我们都需要知道，孤舟这里稍微再介绍一下齐桓公和晋文公的故事：

曹沫是《史记》中记载的第一个刺客，他也很有可能就是提出"一鼓作气，再而衰，三而竭"的那个打败齐国的军事家。齐桓公继位不久，为了让齐国争霸，曾经通过军事压力胁迫鲁国参与会盟。但是在会盟现场，齐桓公没想到自己却成了曹沫的人质，被曹沫挟持，不得不签订了把齐国所霸占的鲁国的土地还回去的盟约。会盟之后齐桓公想要反悔，但是被管仲劝阻，虽然是被胁迫的，但是齐桓公还是要按照盟约规定退回土地。齐桓公也因此取信于各诸侯，成为春秋首霸。

晋文公不贪伐原之利，就是著名的"退避三舍"的故事。这个故事是说在城濮之战中，晋文公为了实现和楚王的约定，退避了三舍之地。但是晋文公的退避三舍，其实是战略性的，这样做的目的有二：一是为了完成对楚王的承诺；二也是为了麻痹楚军，在退避三舍之后一举击败了楚军，一战奠定晋国的霸业。

在司马光眼中，齐桓公、晋文公、魏文侯、秦孝公这四位君主的治国之道，都称不上完美。因为齐桓公、晋文公在周天子还在的时候，就开始争霸天下；魏文侯所代表的三晋是乱臣篡夺了主君的权力；而秦孝公治下所用之商鞅更是刻薄寡恩之人。但是他们"处战攻之世，天下趋于诈力，犹且不敢忘信以畜其民，况为四海治平之政者哉"。由此可见，即使乱世之君，都想建立国家的信誉，更何况对于一个治世执政者呢？

五、国之至宝

周显王十四年（公元前355年），齐威王和魏惠王在郊外一起打猎。

魏惠王问："齐国也有什么宝贝吗？"

齐威王说："没有。"

魏惠王说："我的国家虽小，都还有十颗可以照亮十二乘车子的夜明珠。以齐国之大难道没有类似的宝贝吗？"

实际上这个夜明珠也就是萤石，虽然现在很普通，但是在古代，它是非常珍贵的宝石，可以发光，作为照明的工具，比起蜡烛安全有效多了。

齐威王说："寡人于宝贝之看法与君不同。寡人的大臣中有位檀子，驻守南城，楚国便不敢来犯，泗水流域的十二个诸侯都来朝见；大臣中有位盼子，让他守高唐，赵国人便不敢向东到黄河边打鱼；官吏中有一位黔夫，驻守徐州，燕国人在北门祭祀，赵国人在西门祭祀，都向他跪拜，投奔他的家庭达到了七千多家；大臣中还有一位种首，让他防备盗贼，可以出现路不拾遗的太平景象。我这四位大臣，都可以说是光照千里，怎么是十二乘车子的寸光可以相比的呢！"

魏惠王听了十分惭愧。

齐威王在战国中期可以使齐国强大，还是有他的能力的。之前他识别即墨和阿大夫显示出了他识人之能；这里任用不同的大臣，做到人尽其用，这是用人之能。齐威王还在国都临淄修建了稷下学宫，广招天下学士前来交流学问。稷下学宫是世界上第一所由官方举办、私家主持的高等学府，它的官学是黄老之学，但是同时又接纳其他各派学问，成为战国时期诸子百家学术的中心园地，有力地促进了天下思想百家争鸣局面的形成。孟子、荀子、鲁仲连、邹衍等这些响当当的人物都曾经在稷下学宫交流讲学，荀子更是三次担任祭酒，也就是校长的职务。

可以说，重视教育、发现人才、辨别人才、用好人才是齐威王成就霸业的主要原因。

六、围魏救赵

这段时期秦国不停地向三晋地区扩张，在周显王十五年（公元前354年），秦国在元里的地方打败了魏国，斩首七千级。

此时，一直被秦国欺负的魏国，在与其他国家的关系上，也不消停。除了秦国，其还有韩、赵另外两个敌人。韩、赵虽然是魏国的兄弟之邦，但是魏武侯去世以后，魏惠王继位之前，韩、赵曾经一起出兵魏国，几乎彻底瓜分了魏国。所以对于魏惠王来说，韩、赵也是身边之仇敌，他一刻也无法放下复仇之心。

此时的魏国虽然实力已经远不如文侯、武侯时期，但是在三晋之中，还是最强的。魏国的本钱就是祖父魏文侯在位时留下的基础实力。可是魏国也有个大苦恼：魏国地处中原腹地，领土包括山西南部，河南北部，河北、陕西部分地区，真正货真价实的四战之地，没有一处边境是安稳的。为什么叫四战之地？西有霸秦、南有荆楚、东有强齐、北有赵骑；中间又被韩、赵隔着一块飞地（即乐羊打下的中山国），但是中山国和魏国不接壤，所以无法直接支援。而且，中山国还连着燕国，几乎所有的国家都与魏国接壤，随时都可能发生边境冲突。更糟糕的是，魏国和韩国一样，国内没有大后方，几乎所有的城市、所有的地盘都是战争的前沿。由此，用"热锅上的蚂蚁"来形容魏国真是一点不为过。

此时中山国趁魏国国力衰微又重新闹起了独立，所以魏国为了把土地都联系起来就不得不连年出兵韩、赵。

就在魏惠王被秦国打败的同一年，魏国为了找回面子、挽回损失，率军攻打赵国，围困了赵国都城邯郸。楚王派景舍为将出兵救赵，楚王的出兵只是装装样子，并没有实质性的进攻，只是为了给魏国一些压力，而接下来齐国的支援却是货真价实的。

讲到这里，就不得不说到一个大家都耳熟能详的历史故事：孙膑与庞涓斗法的故事。据传，孙膑与庞涓都是鬼谷子的门徒，兵家的代表人物。起初，孙膑与庞涓在一起学习兵法，后来庞涓到了魏国为将，但他自认为才能不如孙膑，于是就把孙膑骗来魏国，设计陷害，将他治罪，并且砍断双腿，在脸上刺字，想要让孙膑终身成为一个废人。"膑"就是挖掉膝盖骨的意思，而"孙膑"这个名字，就是姓孙的瘸子这个意思。后来有齐国的使者来到魏国，孙膑就以受刑罪人的身份与他暗中相见，说动了齐国的使者，偷偷地把他藏到车中，运回齐国。（在《资治通鉴》里，并没有记载孙膑装疯卖傻逃脱庞涓监控的故事。这个故事非常有名，已被后人过于戏剧化，有夸张、想象的成分在里面，是完全可以理解的。）

齐使者将孙膑带回，推荐给了田忌，田忌将其奉为上宾，推荐给了齐威王。齐威王向孙膑请教兵法，并且聘用他为老师。此时魏国出兵赵国，赵国向各诸侯国求救，齐威王为了避免魏国一家做大，计划出兵救赵。出兵的时候齐王想要任命孙膑为大将，孙膑以自己是残疾人为由坚决推辞。齐威王就只好以田忌为大将，孙膑为军师，让他坐在带帘子的车内为齐兵出谋划策，围魏救赵。

田忌准备率大军直扑赵国都城邯郸，以解邯郸之围，便问孙膑战争的策略，孙膑的分析很有意思，他说："善于化解纠纷斗殴的人，不能自己出拳加入混战，而是找到双方的弱点，因势利导、避实就虚，这样才能控制局面，化解纠纷。如果自己加入战团，那么有可能会白白受了黑拳。今日梁国（即魏国，因为都城在大梁，所以也称梁国）和赵国陷入战争，他们把轻锐精兵都派到了前线，只留下了一些老弱疲兵守在国内。您不如率领一支部队，轻装急进，奇袭魏国都城，占据要冲险地，攻击魏国空虚地带，那么魏军一定放弃包围赵国，回兵自救。这样我们就可以一举解赵国之围，同时还可以削弱魏国的力量。"

田忌听从了孙膑的意见，出兵魏国，十月邯郸城破，赵国投降魏国。魏国在回师救都城之时，与齐国在桂陵相战，魏国军队大败。

这就是围魏救赵的故事。但是很多人没有注意到的是，围魏救赵实际上只成功了一小半，打击魏国是成功了，但是救赵却是彻头彻尾失败了。事实上，在田忌出兵攻打大梁之际，魏国并没有马上回兵救都城，齐国也没有能力一举攻下大梁。结果是魏国加紧攻城，打下了邯郸再回兵救城的。如果不是后来各诸侯国怕魏国做大，一起出兵，逼迫魏国吐出了邯郸城，赵国很有可能就此亡国了。

围魏救赵是中国历史上最著名的战争故事之一，理论上这次出兵的目的是救赵，但是救赵却是失败的，只是借着魏国国内空虚小小地打了一个胜仗而已，而这个只成功了一部分的计策却成就了孙膑两千多年的军事美名。

实际上类似"围魏救赵"的计策是非常难用的，后世亦很少有成功的案例。原因是这个计谋中有一个基本要点就是对"赵"的态度："赵"的死活是不是对大局有决定性影响，这才是这个计策的核心要点。在明确和"赵"的关系之后，我们需要明确自己的立场和战略的目的，这样才能做出选择，是围魏救赵好还是直接救赵好。

比如说这次战役，对于齐国的立场来说，齐国只是赵国的友邦，对于友邦来说象征性地派些部队，有了出兵的名义就可以在诸侯国中展现自己的信誉了，至于是不是真的去帮赵国打仗就是另外一回事了。就像救赵这一战中，楚国也出兵了，但是也只是摇旗呐喊，并没有到前线去。

后来三国时期吴蜀之间的夷陵之战，陆逊不去救孙桓也是这个道理。孙桓虽然是孙家宗室，但是毕竟和陆逊一样也只是臣子罢了，只要陆逊能战胜刘备，即使孙桓被俘，也肯定是功大于过。从这个角度来讲，在这场战争中，牺牲一个孙桓，真的是值得的。如果打败了，整个吴国可能都会被灭亡，又会有谁在意一个孙桓呢？而夷陵之战的结果正好是陆逊大胜，孙桓也成功守住，皆大欢喜。至于胜仗以后的总结分享不需要教，每个人都能总结出百条道理来。但试想，如果当时被围的不是孙桓而是孙权，那么陆逊还敢把孙权丢在那里，自己和刘备打拉锯战吗？

再说回齐国救赵的战事。如果当时去救赵的不是齐国，而是赵国的大臣，那么他也来个围魏救赵。看着都城被围，被击破，而自己去打遥远的魏国国都，绝对会被天下人耻笑。

七、申子变法

看着魏、赵、齐在中原大战，七雄之中最弱的韩国也不甘寂寞，准备趁火打劫。此时韩国灭了郑国，都城已经搬到了新郑，但是韩国最中心的部分夹着一个周天子的地盘——洛阳城。整个韩国被这个打不得、摸不得的周天子搞得四分五裂。于是这一年，韩国准备一不做二不休，打起了周天子家里人的主意，攻打东周公国，夺取了几座城市。关于东周公国和周天子的关系我们下文再说。

东周此时已经非常虚弱，比之小国如鲁、卫、宋还有所不如。但是由于数百年的传承，朝廷还是非常有钱，有很多传国至宝。不过再怎么说东周公国和周天子还是天下之共主，一般的诸侯国不敢妄动。一旦出兵东周，与天子为敌就是与天下为敌。就像意大利罗马城中的梵蒂冈，虽然很小，但是却没有一个国家敢动，因为这里住着整个基督教世界最接近上帝的人物——教皇。如果有人胆敢出兵梵蒂冈，那么就是和全世界数十亿的基督徒为敌，没有人敢轻易去做冒天下之大不韪之事。但是此时的韩国已经没有办法，接壤的国家都比它实力强，想要有所作为就只能向最弱的东周朝廷出兵了。不过打了老大是会有代价的，这个我们在后面会讲到。

这一年，楚国任用昭奚恤为相。昭奚恤在楚国位高禄重，敢于直言，在诸侯间颇有声望，算得上一位名臣。魏国有个人叫江乙，跑到了楚国，这个江乙是文学大家，著名的狐假虎威的寓言故事，就是出于他的创作。他就是用这个故事来讽刺昭奚恤利用楚王的名义，四处招摇撞骗，欺骗他人。我们不能说江乙是奸臣，也不能说昭奚恤是君子，他们两个都是对楚王很忠心的，都是不错的臣子。这也是我们生活中最容易碰到的情况：两个下属都很忠诚，能力也都很强，但他们就是互相不服气，这才是真实的生活，这才需要管理的艺术。关于这两个人，我们看看《资治通鉴》是如何记载的。

江乙很擅长讲寓言故事，他对楚王说："有人养一恶犬，爱之，但是这条恶犬经常在大家喝水的井中撒尿。狗主人的邻居看见了，便去向狗主人投诉。但是只要他到了门口，恶犬就会堵门咬人，根本无法靠近。现在您的昭奚恤也像这条恶犬，堵着门，阻止我们来见主公。所以您都听不到其他言论啊！"

楚王说："善，寡人愿闻两方之言。"

周显王十七年（公元前352年），围魏救赵后一年，秦大良造商鞅率军攻打魏国。同时，各诸侯国一起出兵，包围了魏国的襄陵城，表面是为了给赵国出头，实际上是为了避免魏国独吞赵国，一家独大。所以魏国是很悲催的，经常被几个诸侯国围在一起"痛扁"，这也是地理劣势所造成的悲剧结果。

周显王十八年（公元前351年），商鞅率军围攻了魏国的固阳，固阳归降了秦国。

这时候由于诸侯国一起出兵，魏国只能把邯郸还给赵国，与赵国在漳水上结盟。

前面我们说了，七雄之中的韩国，也不甘人后。韩昭侯任用申不害为国相，开始变法图强。申不害也是法家的代表人物，他变法的基本内容和商鞅的也差不多，就是中央集权、破除特权、奖励耕战、裁汰冗员、剥夺贵族的特权和资源，进行再分配。

《史记》说申不害攻黄老之术，好刑名之学。他曾经是郑国低级官员，韩灭郑后，投于韩昭侯麾下，后做到了韩国国相。申不害内修政教，外应诸侯，在他变法的十五年间，韩国还算是国治兵强，并且也找机会进行了一定的国土扩张。

申不害虽然自己沿用了法家的治国方略，明文条例、严刑峻法地去管理韩国，但是人无完人，他还是免不了想要为自己谋福利。一次他想为堂兄求一官职，但是昭侯不同意，他就很不高兴，说道："我为国家做了那么多贡献，您给我哥一个小名分又有何不可呢？"

昭侯答道："寡人之所以向先生请教治国之术，是想强我韩国。现在若批准先生的私情，就会破坏您的法度。对先生来说，是遵守法度比较好还是破坏法度比较好呢？"

申不害退避请罪说："主公，您真是一位贤明君主，真是我希望效力的名君啊。"

申不害可以算得上是韩国擎天柱级的人物了，可以这么说，韩国之所以还能位列七雄之一，申不害所做的贡献绝对是不可埋没的。类似这样重要的人物，他们有私心、有私欲也是人之常情，所以如何拒绝他们的无理要求就成为一门艺术。韩昭侯这里给了我们一个很好的例子：拒绝有理想之人的非分要求，最好的方式就是以他们自己的追求去分析，让他们自己认识到问题之所在。有理想的人，一定不会为了一点私欲而放弃自己对理想的追求。

八、迁都咸阳

周显王十九年（公元前350年），我们放眼看此时欧亚大陆另一端的发展情况，在古希腊，此时离柏拉图去世只有三年，柏拉图所有的思想都已经非常完善，哲学思想在古希腊得到了很大发展。亚里士多德也处于他的黄金时期。亚里士多德可以说是一个前无古人、后无来者的哲学家、科学家及逻辑学家。他创立了自己的各种学说，是整个古希腊哲学思想的集大成者。

我们讲回中国的历史，此时期也正是商鞅变法进行得如火如荼之时。

商鞅在咸阳建造了宫殿，并迁都于此。此次迁都，对于秦国来说意义重大。第一，通过迁都，可以破除宗室传统的特权，减小特权阶层的阻力；第二，通过迁都，可以重新划分底层社会结构（这在下文会说到）；第三，通过迁都至关中平原的中心，可以便于将来向东和向南扩张；第四，通过迁都，可以更好地将权力集中到中央和君主手中，便于变法改革的进一步深入推进。

秦国迁都以后首先实施了分家的制度：勒令父子、兄弟等成年男性必须分家，这个分家令是将社会的单元按照核心家庭为单位来最小化，非常符合现在的社会学和经济学的观点，对于经济发展来说是非常有效的。并且分家令对于破坏家长制的大家庭，加强中央集权管理也是非常有效的，因为核心家庭的管理要远远比大家庭来得容易。

然后设置乡、县，废井田，开阡陌。可以说，中国从秦国开始逐步进入了郡县制的中央集权时代，后随着秦国一统天下，秦朝灭亡后，汉朝延续了秦的制度，并慢慢地推广扩散开来。自此，中央集权就一直成为中国政治的主体。而在制度上最先彻底打破西周建立以来的封建制的，正是商鞅治理下的秦朝。商鞅又在秦国推行统一的度量衡，统一了斗、桶、权、衡、丈、尺等计量单位。

这一年赵成侯去世，他的儿子赵绁与太子争位，失败后，遂投奔韩国。

周显王二十三年（公元前346年），卫国把自己的爵位从公爵贬到了侯爵，服属于三晋。此时秦、齐、楚、燕、韩、赵、魏开始显立，并称为战国七雄。事实上，这时候在整个中原地区的诸侯国远不只这几家，还有卫、宋、鲁，以及被魏国灭了又复国的中山国、周王庭，还有一个东周公国。但这些国家，最后都慢慢地被其他的"大鱼"吃掉了。至于周王庭和东周公国之间吊诡的关系笔者会在下文和大家分享。

周显王二十六年（公元前343年），周王致伯于秦，任命秦国为天下诸侯之盟主，诸侯都来朝拜秦国，此时的秦国明显强于其他国家。

九、围魏救韩

周显王二十八年（公元前341年），魏国的庞涓率军去攻打韩国。韩国也跟赵国一样，求助于齐。齐威王于是召开大臣会议，谋划是否要出兵救韩。

成侯说："还是不如不救。"成侯就是邹忌，是著名的美男子。我们中学有一篇课文叫《邹忌讽齐王纳谏》，说的就是这个邹忌。他通过问自己的妻妾自己和徐公孰美，又通过自己的观察，知道了自己的不足，于是借机劝谏齐威王要多方纳谏。邹忌在齐国位列国相，实施变法，让齐国的实力得到了很大的提升，成为东方的霸主。从这个角度来说，邹忌的确是为齐国做出了很多贡献，算得上是一代名相。但是邹忌生性爱猜忌，和田忌发生了很多的恩怨情仇。

田忌由于围魏救赵打败了魏国，立了很大的战功，在齐国名声鼎盛，负责掌管整个齐国的军事。他不同意邹忌的观点，说道："我们坐视不管韩国的话，韩国就很容易被魏国吞并。一旦韩国被灭，魏国就会强大，成为齐国的一个强劲对手。"可以看出，他的整体理论和救赵如出一辙。

孙膑也是一套旧理论："我们应该去救，但不是马上，现在魏、赵两军士气正盛，我们若直接去救韩国的话，就相当于替别人挨刀子，反而听命于韩国了。这次魏国出兵韩国不是随随便便的小战争，而是做了精心的准备，企图要一口吞下韩国。韩国大概已感到了亡国的气息，他们一定会全力抵抗，并且会不停地恳求我们出兵。我们应该等到韩国跟魏国拼得差不多的时候再出兵，这样既可以解韩国之围，又可以趁魏军疲惫之时一举击败之。如此，我们既可以享受双重的利益，又可以获得救人于水火的贤名，一举两得，何乐而不为呢！"

围魏救韩的基本战略可以实施，也是和之前救赵的原则一样，救不救不重要，韩国活不活也不重要，韩国就算国破、国君被俘跟齐国也没有关系，重要的是只要达到击败魏国的目的就成功了。

齐威王说："对，就听先生您的！"

齐威王于是暗中答应了韩国使臣出兵的要求，让他回去，以坚定韩国的信念，让韩国坚守都城，但就是迟迟不肯出兵。

对于韩国来说，以为有了齐国的支持，就有了希望，于是奋力抵抗，和魏军大战五次，都被庞涓击败。韩国没办法，只能继续找齐国，把整个国家的希望都寄托在了齐国身上，希望齐国尽快出兵。在韩、魏都快撑不住的时候，齐国才出兵，齐威王派田忌、田婴、田盼为将军，孙膑为军师。齐国这次差不多是举全国之力，直扑魏都，想借这次机会一下子把魏国打趴下。而庞涓听说后院又起火了，赶忙回兵。对于庞涓来说，魏国国都住着赏识他的老板（国君），他不能不救，他也不能学孙膑来个围齐救魏。这一次庞涓也学乖了，他不像上次一样，等灭了赵国以后再撤兵，而是直接撤兵，回来迎战齐军。庞涓准备和齐国主力一战，彻底击败齐国，这样以后他出兵韩、赵就没有后顾之忧了。因此魏国也集中了全国的兵力，以太子魏申为将军，和庞涓一起抵御齐国的进攻。

在魏、齐开战之前，笔者稍微和大家分析一下魏国部队的实力。春秋时期中原真正长期的霸主、捍卫华夏文明的是与周天子同姓的晋国。自晋文公称霸以来，晋国的实力长期居于各中原国家之首。魏国继承的是晋国的主要地盘，又经过前期魏文侯的励精图治，因此实力很强。

由于地处中原腹地，缺乏马匹，又处于四战之地，魏国长期承受巨大的军事压力。吴起和魏文侯因地制宜，设置了类似后世"军户"的军事户籍制度，建立了一支号称"魏武卒"的精锐步兵，这支步兵也成为魏国主要的核心战斗力。吴起对魏武卒的练兵要求，根据《荀子·议兵篇》载："魏之武卒以度取之，衣三属之甲，操十二石之弩，负矢五十，置戈其上，冠胄带剑，赢三日之粮，日中而趋百里。中试则复其户，利其田宅。"每个魏武卒要求穿着三层铠甲，手执长戟，腰悬铁利剑，后负犀面大橹，负矢五十，这些相当于现在60～80千克的重量；操十二石之弩，一石相当于现在15～20千克，可以开近200千克拉力的强弩，这可能有些夸张；同时携带三天军粮，半天内能连续急行军一百里的士兵，才可以成为武卒，这个要求是极其夸张和变态的。

当然，一旦获选魏武卒，他们的待遇也是非常好的。国家给予田产，全家不用交赋税，可以成为魏武卒的一员绝对是既荣耀又实惠的。当时吴起率领几万魏武卒南征北战，几乎天下无敌，创下了"大战七十二，全胜六十四，其余均解(不分胜负)"的奇功伟绩，还曾经击败了十倍于自己的秦军。

到了魏惠王时期，魏国的整体实力已远不如文侯时期，但是魏武卒的基础还在，战斗力也还在。庞涓率领的魏军虽然之前在桂陵被齐军打败了一次，但是整体上的战绩还是非常辉煌的。所以《荀子》说："齐之技击不可遇魏氏之武卒，魏氏之武卒不可遇秦之锐士。"这里的"齐之技击"是指齐国的部队，基本上延续的还是管仲时期的"军事奴隶"制度，其战斗力是远远不如魏武卒的；"秦之锐士"是指商鞅变法以后，重新组织的二十级军爵管理的全民军事政府，这个是吴起之后的魏武卒扛不住的。

我们回到《资治通鉴》，基于以上的情况孙膑对田忌说："韩、赵、魏三晋的士兵，向来彪悍勇猛，他们常年称霸中原，看不起齐国的士兵。所以我们应该因势利导，扬长避短。根据《孙武兵法》：'百里以外奔袭，会损失上将军；五十里奔袭，只有一半军队能到达。'我们应该充分调动魏军，将他们千里奔袭，引他们到我们预设的战场，然后争取一举击溃庞涓。"

于是孙膑就让齐国的军队在进入魏界以后，第一天做十万人的灶，第二天减为五万人用，第三天再减成二万人的灶。这就是著名的"减灶增兵"。

庞涓率兵追击齐兵三天，看到齐军灶的数量越来越少，大笑说："我早就知道齐国士兵胆小，才进入我的地盘三天，士兵已经逃亡了一多半了。"

庞涓于是丢掉了大部队，亲率轻骑精锐，日夜兼行直接追击齐军。孙膑估计魏军行程，预计当晚就到达马陵，马陵道路狭窄，多险阻，于是就在马陵这里伏下了重兵，并且派人刮去大树的树皮，在树上写了"庞涓死于此树下"的字样。孙膑同时还挑选了上万名射手，约定天黑以后看见火把就万箭齐发。果然，庞涓在夜里赶到了树下，看到树上隐约有字，就举火把看，还没读完，两边箭如飞蝗，一起射下。魏军大乱，溃不成军。庞涓自知智穷兵败，只能拔剑自刎。在自杀之前，他叹息道："遂成竖子之名。"齐国趁势大破魏军，俘虏了太子魏申。

齐军主帅田忌在两次围魏战争中战绩卓著，因此遭到了美男子邹忌的忌恨。邹忌于是就派人拿着十金冒充是田忌的手下，去集市上找瞎子算卦说："我是田忌手下的人，我主公三战三胜，欲行大事，可乎？"等到算卦的人出来，邹忌就派人把算卦的人捉住，送到齐威王这里来陷害田忌。这一招非常卑鄙狠毒，算卦之人自然咬定是田忌派人来的。齐威王虽然算得上是一位明君，但是任何明君听到谋反的言论都会紧张，更何况他老田家就是靠争夺国家的权力，建立起威望才抢了老姜家的地盘，因此齐威王自然对以下犯上非常敏感。

田忌在战胜魏国以后，孙膑就曾经警告过他要小心国内的政局。但是孙膑和吴起一样都是业务能手，不是政治社交能手，他们在内没有政治同盟，在外无法自己做到狡兔三窟。不知道是不是孙膑的主意，田忌由于无法为自己辩解，就出了一个下下之策：派人攻打国都临淄，想要抓住邹忌，为自己洗刷冤屈。但是他的这个举动明显把叛变给坐实了。

齐威王还在，田忌攻打国都自然不能取胜。田忌只好出逃楚国，这次谋反也连累被称为"攻魏救赵，因败魏军，千古高手"的孙膑，自此在江湖上销声匿迹了。

从这里我们可以看出，齐威王时代齐国虽然比较强盛，但是实际上也不是铁板一块，内外还是危机四伏的，虽然齐威王手下武有田忌、孙膑这样的谋臣良将；文有邹忌这样的内政高手；更有稷下学宫提供了源源不断的人才储备，但是他依然无法调和像邹忌和田忌这些手下人之间的关系，这也为齐国后来的衰亡埋下了伏笔。

十、致命一击

周显王二十九年（公元前 340 年），商鞅和秦孝公分析了秦、魏之间的关系。当时各诸侯国中军事实力最强大的是秦和魏，但是魏国刚刚经历了桂陵和马陵之战，元气大伤。商鞅准备借这个机会，给魏国致命一击，夺回被吴起抢去的河西之地。

商鞅说："秦之与魏，譬若人有腹心之疾，非魏并秦，秦即并魏。"为什么呢？因为魏国居险要山岭之西，建都安邑（在今山西夏县），与秦国以黄河为界，独享崤山以东之地利。它强盛时则向西攻入秦国，困弱时便向东经营发展。这就是秦国和魏国之间的关系。

古人所说的"山东"是指崤山、太行山以东。魏国地处崤山东麓，彻底挡住了秦国东进的道路。而魏国和秦国之间有黄河，又有太行山脉，天险相隔。对于秦国来说，想要打开东出的缺口，就一定要击败魏国。

商鞅继续说道："现在秦国在您的领导之下，国力强盛；而魏国因为连续被齐国击败，各诸侯国背弃。我们应该趁此机会，一举进攻魏国，魏国必然无法抵抗，只能东迁。那时候秦国就独踞黄河、崤山的险要，向东就可以制服各国，向西足以自保，这样您就可以成就帝王之霸业了。"

这是商鞅给秦孝公的整体策略，也是迁都咸阳的目的，这个建议绝对不在诸葛亮的隆中对之下。秦孝公听从了，于是派商鞅率兵攻打魏国，魏国也派公子魏卬为将抵抗秦军。

两军对垒，狠毒狡猾的商鞅先派人送信给公子魏卬说："当初，你我在魏国之时就是好朋友，今日各自为将，我不忍心我们之间互相攻伐，想和您一起开开心心地喝杯酒，然后立个盟誓互相罢兵，这样不给两国的老百姓带来灾害，功德无量啊！"

所以，无论是法家、兵家，还是权谋家，他们的战争理念是为了胜利可以不择手段，所谓"兵不厌诈"，他们只在意结果，并不在意过程是不是符合道义。从这里可以看出，只会讲"仁义"的迂腐儒生，在乱世是没有用的。所谓"仁不带兵"，以仁慈的心态去带兵打仗的话，是很难获得胜利的。但是诈也要有个限度，商鞅以及后世张仪之欺楚怀王，之后2000年来，不管什么朝代，都为之不齿。

这次秦、魏之战，魏国派出的是贵戚公子魏卬。商鞅在魏国的时候，跟公子卬是有过交情的，所以商鞅请他来喝杯酒，叙叙旧，并且协商撤兵之事，公子卬并不怀疑。商鞅再怎么说也是卫国的贵族，公子卬无论如何也不会想到商鞅会使出如此下三滥的卑鄙手段。在酒酣耳热之际，商鞅事先埋伏的甲士冲了出来，俘虏了公子卬，并且借挟持魏军主帅的机会去攻击魏军，魏军大败。

秦魏之战大败，公子卬被俘，魏惠王非常惊恐。他前一年刚刚被齐国打败损失了将军庞涓，太子被俘，这一次公子卬又战败，如果秦国这时顺势出兵，其他诸侯国抄后路，魏国很可能会就此灭亡，所以魏惠王只得派使者去向秦国求和，并献出了河西之地。没有了河西之地的保护，魏惠王只得放弃都城安邑，迁都大梁。相当于从今天山西夏县，迁都到了今天河南开封一代。我们知道山西的简称是晋，是因为这里是西周和春秋时期晋国的核心地带，而此时三晋的老大魏国都不得不放弃山西，迁都河南，可知从此无人再能抵挡秦国东进的步伐了。

在迁都大梁之时，魏惠王叹息道："我悔恨当初不用公叔痤之言啊，早知道就杀了这个狠毒的小子！"

商鞅因为他的战绩，被秦国封给商於地方十五个城邑，于是他号称商君，后世也就称他为商鞅。

魏国经过这一次的大败，还未喘息停当，齐、赵又趁火打劫，联合攻打魏国。魏国又不得不割地求和。就这样，由于地理位置的不利，只要一战失败就四处起火，魏文侯打下的大好基业很快就衰败下去了。

在这一年，楚宣王薨，其子芈商继位，是为楚威王。

周显王三十一年（公元前338年），秦在战国前期最重要的君主秦孝公去世，太子秦惠文王立。

秦惠文王当初因为老师被商鞅处罚，双方早就结下了仇怨。秦惠文王继位之后，老师公子嬴虔马上派人去告发商鞅欲谋反，秦惠文王立马就安排官吏去抓捕商鞅。商鞅惊恐，急忙向东逃往魏国。因为他得罪了太多的魏国人，魏国人当然不愿意为了他得罪秦国，所以拒不接纳，把他送回了秦国。商鞅没办法，只好与他的门徒来到商於这个地方，准备起兵反叛。秦国派遣正规军，立马击败了商鞅的杂牌军，商鞅被杀，尸体被车裂，全族被灭，以身殉法。

商鞅当国相之时，用法严酷。他曾亲临渭水河，处决犯人，河水为之变赤。他任国相十年，遭到了很多人的怨恨。

一次秦国的宗室赵良来见商鞅。商鞅很得意地问："当初秦国之习俗如同戎狄，父子不分，老少男女同住。我来秦国，变风俗、分男女、建宫阙、明教化，您看我治理秦国，与当年五羖大夫百里奚相比谁更有才？"

这里需要说明一下，百里奚是春秋时期辅佐秦穆公称霸图强的名相，可以说没有百里奚的治理，也就没有后来的秦国。商鞅的历史功绩自然不在百里奚之下，但是他在秦国人心目中的地位相比百里奚就差得太远了。

赵良说："千人唯唯诺诺，不如一个人敢于直言。请允许我在这里直言不讳说出我的意见，您可不要怪罪，不可杀我，可乎？"

商鞅说："可！"

赵良说:"五羖大夫原先只是楚国的一个乡野粗人,穆公以五张黑羊皮将他赎来,把他从一个卑贱的养牛郎提拔到了一人之下、万人之上的职务,做了秦之国相。为相七年,东伐郑国,三立晋君,一次救楚。他做国相,累不乘车、热不打伞。在国内视察,不需要任何随从护卫,也不需要舞刀弄剑,功名藏于府库,德行施于后世。他死之时,全国男女老少痛哭流涕,儿童不再歌谣。再来看看您,您是靠结交侍从太监才得以晋升,掌权之后,您凌辱贵族,残害百姓,治罪太子,使太子老师杜门不出八年之久;您又杀死祝欢,刺面公孙贾,可以说是得罪了大部分的宗室贵戚。"

赵良说:"《诗经》有言:'得人者兴,失人者崩。'瞧您办的那些事情,绝对称不上是得人心,所以您自己也畏惧,出门时需要大量武装保护,后车载甲,勇士开路,不然不敢出门。《尚书》有言:'恃德者昌,恃力者亡。'为人处世倚仗仁德,那么自然可以得到昌盛;如果一切都倚仗暴力强权,迟早都会灭亡。从管理秦国的情况来看,您的确是非常出色,但是绝对算不上以德服人。所以君之身危若朝露,而您还在贪恋商於之富庶,在秦国独断专行,积蓄怨恨,一旦秦王不测,秦国想要置您于死地的人大有人在,您应该早作打算啊!"

赵良的分析绝对到位,可惜商鞅并没有听,其实听了也没有用,因为他早已没有退路。这就是一个改革者的悲哀,因为一旦改革深入开展,失去利益的人是绝对不会善罢甘休的,而矛盾也是绝对无法调和的。只是没有人想到赵良的话应验得如此之快,仅仅过了五个月,商鞅就大难临头,身死族灭。

这就是商鞅的一生。司马光并没有直接评价商鞅,而是摘录了赵良和商鞅之间的对话,借赵良之口给了商鞅和他的变法一个定论。

十一、利之大者

周显王三十二年(公元前337年),韩国名相申不害去世。申不害是法家主要的代表人物中少数可以寿终正寝的人,也实属不易。

周显王三十三年（公元前336年），邹地人孟轲也就是孟子来见魏惠王，他们的很多谈话内容被记录到了儒家经典《孟子·梁惠王》一编中。

魏惠王问："老先生，您不远千里到我们国家来，有什么可以教寡人的，或对我们国家有利的建议吗？"

孟子说："大王您何必张口闭口就是利益呢？有仁义就够了！若君主但言利于国，大夫但言利于家，士人和老百姓但言利于己，上上下下只追求利益，那么这个国家就危险了。只有仁爱的人不会放弃他的亲人，只有忠义的人不会放弃他的君主。"

魏惠王说："赞！"

魏惠王也只能口头上给个赞而已，其他也没有什么可以改变的。

魏国刚刚经历了数场大败，最后的"名将"庞涓也已被杀，横行中原的魏武卒几乎损失殆尽，国家地盘被大大压缩，建国时的都城安邑也已被放弃，只能偏安于大梁。在这内忧外困之际，魏惠王想听到的是可以迅速使魏国强大的偏方，他没有能力也没有时间来接受孟子的仁义教育。

起初，孟子拜子思为师，学习儒家治国之道。孟子曾经问子思治理驾驭百姓什么是最关键的核心要点。

子思说："首先要给他们利益。"

孟子说："君子教化百姓不是应该谈仁义吗？何必谈利益呢？"

子思说："仁义本就是利益。上不仁，则下无法安身；上不义，则下尔虞我诈，这就是大大的不利了。所以《易经》说：'利益是义的完美和谐展示。'还说：'用利益来安定天下，这是德的崇高表现。'所以说仁义是利之至大的表现。"

司马光是儒家核心价值观的坚决卫道者，他借助子思和孟子的对话，是为了表达自己的观点。

臣光曰："子思、孟子的话都是一个意思。只有仁者知道仁义的利益，不仁者自然不知道。所以孟子对梁王直接宣传仁义，不谈利益，这是因为谈话对象不同。对于优秀的君主或领导者可以直接谈仁义，因为对他们来说仁义就是利益；而对于普通老百姓来说只能说利益，这样他们才能听得懂。"

十二、六国相印

周显王三十四年（公元前335年），秦国进攻韩国，攻下了宜阳。宜阳靠近洛阳，是中原的腹地。

周显王三十五年（公元前334年），齐威王和魏惠王在徐州见面，互相称王。理论上在这一年以后史书才能称他们为齐王、魏王，之前只能称侯或者公，不过为了阅读方便，《资治通鉴》都用了王的称呼。

韩昭侯做了一个高大的门楼，大夫屈宜臼觉得不合时宜（屈宜臼，从姓氏就可以知道他是楚国贵族，他就是一起参与杀害吴起的大夫之一。杀了吴起以后，他逃到了韩国）。

屈宜臼说："主公您现在造这个高门，一定无法走出它。因为这是一个不合时宜的工程。我所说的不合时宜，不是指时间，而是指时机。每个人都有顺境和逆境的时候。前几年，您在顺境的时候，没有做高门；现如今，我们刚刚被秦国打败，丢失了宜阳城；今年又遇到旱灾，百姓流离失所。您不在此时体恤百姓，不做紧急救助，反而只顾自己奢侈，在如此困境之中还考虑面子工程，这是不合时宜的，此事断不会有好结果。"

屈宜臼的话还是非常有借鉴意义的，所谓不能在困境的时候还死要面子，打肿脸充胖子，做不合时宜的事情。

此时地处华夏东南端的越国之越王姒勾践的六世孙姒无强（也做无疆）想要攻打齐国。越国自从勾践吞并了吴国以后，拥有吴越之地已经六世，实力还是蛮强大的，他们看中原现在打得热火朝天，也想插一脚，没想到遇到一个齐威王是个老江湖，他派了个说客去游说越王，让越国攻打楚国。姒无强果然上当了，去进攻楚国，结果被楚国人打得大败，楚国乘胜夺去了以前吴国的地盘，从此楚国的地盘向东一直延伸到了浙江，也就是钱塘江一带。越国从此衰败，各贵族之间互相攻伐，争相自立，各小诸侯散落在沿海一带，

67

都转而向楚国臣服。至此，越国基本上也就算是亡国了。可怜勾践卧薪尝胆、卑躬屈膝得来的吴越之地就这样被后代一战而亡。

周显王三十六年（公元前333年），越国亡国，齐国也没落得好下场。齐威王想要引越国之火去烧楚国之身，没想到越国被楚国灭了，楚国实力大增，乘胜出兵齐国，包围了齐国军事重镇徐州。

而此时，韩国的高大门楼终于建成了，可是韩昭侯却死了，终于没能走出这个"凯旋门"。他的儿子韩宣惠王继位。

起初东周洛阳人苏秦曾经游说秦王兼并之策，但秦王不用，苏秦于是决定破坏秦国的连横计划。

苏秦跑到了燕文公处，游说道："燕国之所以未被秦国攻打，是因为您南有赵国，阻挡住了秦国。秦若想攻燕国就需跨越千里，而赵攻燕只百里之路程。您不忧虑百里之风险而去结交千里之外的国家，实在是没有理由啊。希望大王您可以和赵国结交，一致对外，那么燕国就没有什么可以担心的了。"

燕文公听从了苏秦的意见，提供了车辆马匹，历史上还有记载说给他佩戴了燕国的相印，出使其他国家。

苏秦到了赵国，见到赵肃侯，说道："现在山东诸国以赵国为强，秦之心腹大患非赵莫属。然秦之不敢大举出兵攻赵是担心韩、魏在背后牵制。而秦国想要出兵攻打韩、魏却很容易。韩、魏无名山大川之险，只要逐步吞并蚕食，很快就可以打到韩、魏的都城。韩、魏不能抵挡，则一定会向秦国臣服，而秦国一旦没有了韩、魏的牵制则很容易发兵进攻赵国，如此赵危矣！您看天下之地图，山东各国土地五倍于秦，人口士兵十倍于秦。若六国同心，一起向西进攻秦国，秦必不敌。然而主张连横交好秦国之流，他们都想要劝国君们割地求和，秦国一旦成就霸业，他们个人也就可以获得富贵荣华，因此各国受到秦国的威胁，而连横之士却不会为此担忧，反而为了秦国的霸权去恐吓各国，索要割地贪得无厌。所以希望大王深思，如何才是对赵国最有利的政策？我建议您和韩、魏、齐、楚、燕一起结盟在洹水之畔，反对秦国的霸权，互为友邦，抵抗强秦。互换人质，签订同盟条约，约定只要秦国攻打任何一国，其他五国都一起出兵讨伐。如此则秦必不敢出兵函谷关。"

赵肃侯听后大悦，厚待苏秦，馈赠厚礼，并且让他去游说其他诸侯，约定共盟，有的史书称赵肃侯也给了苏秦赵国相印。但是"六国相印"一说可能过于艺术化，所以司马光没有完全采纳。

苏秦游说山东各国之事，被秦国的间谍知道了，秦国为了打破六国的合纵，于是派犀首为大将率兵攻打魏国。犀首即公孙衍，原魏国贵族，后来到秦国，在商鞅之后做了大良造。犀首是公孙衍十多年后逃离秦国后在魏国的职务，于是史书用"犀首"来称呼他。他当时的准确称呼应该是秦国大良造公孙衍。

犀首打败了魏军，活捉魏军大将龙贾，夺雕阴之地，并准备大举东进。苏秦怕秦军一路攻到赵国，引发赵国恐惧，不敢盟约。于是想派一个内应去秦国，以监视秦国，以防其出兵赵国。于是他激怒张仪，让其投奔秦国。

张仪，魏国人，据传早年曾与苏秦师从鬼谷子，学习纵横之术，苏秦都觉得自己的能力不如张仪。张仪游说各诸侯国没有得到好的际遇，没人赏识，流落到了楚国，非常穷困。苏秦把张仪招到了赵国，百般羞辱。张仪又怒又怕，于是就逃奔到了秦国。苏秦暗中派人带了大量钱物，帮助张仪打点，使张仪得以有机会见到秦王。

秦王很赏识张仪，于是任命张仪为客卿，秦国的客卿相当于高级顾问、高级参谋的角色。苏秦的手下人在离开秦国时对张仪说："苏先生担心秦国出兵赵国而使合纵失败，只有您可以获得秦国的大权，所以激怒先生，并且让小的私下里给您资助见到秦王。这些都是苏先生的计谋，希望您可以了解其中之苦心，不要把战火引到赵国来。"

张仪感叹道："嗟乎，我在苏先生的谋略之中却毫不知情，我比他差远了。请您代我拜谢苏先生，只要苏君还在，我张仪就绝对不敢有什么言论！"

安排好张仪这个无间道，暂时稳住赵国没有后顾之忧，苏秦就继续他的合纵之计。他来到了韩国，对韩宣惠王说："韩国地方九百余里，带甲数十万，天下最好的强弓、劲弩、利剑都出产于韩国。韩国的士兵脚踏强弩可以连发上百发的弩箭。以韩国士卒之勇，披坚甲，踏劲弩，带利剑，以一当百，不在话下。如果大王您侍奉秦国的话，秦国一定来向您索取宜阳、成皋一带；如果今天您把土地给了秦国，明年他们还会来要求您割让其他的土地，那时韩国已经无地可割。如果到那时不给秦国割地谢罪，那么之前的土地就白送了；如果继续给秦国土地，那么您是以有限的土地想换来满足秦国无尽的贪欲，这是自投罗网、自掘坟墓啊！俗谚有云：'宁为鸡头，无为牛后。'如果以大王您的贤明，配上韩国强大的军队，居然还落个牛尾巴的称号，我也为您感到羞耻啊！"

韩王听从了苏秦的劝说，给了苏秦相印，让他去游说其他国君。

苏秦到了魏国，对魏王说："大王您地方千里，虽然面积不大，但是魏国居天下之中，村落稠密，人口之众，车水马龙，日夜不绝，如同大军往来。依臣分析，您的国家实力不在楚国之下。我听说您有二十万精锐武士，二十万苍头部队（笔者注：苍头部队是指青巾裹头的民兵乡勇部队），二十万奋击敢死之士，十万杂役；车六百乘，战马五千匹。您有那么大的实力，却听群下的言论想要去侍奉秦国，我表示无法理解。所以敝君赵候派我来向您建议，我们一起盟约，抵御秦国，希望大王可以明断！"

魏王听从了苏秦的建议。

从这里来看，作为一个纵横家，苏秦绝对算得上是一个顶尖的说客，他对于每个游说对象的情况都摸得非常清楚，这样才可能以几句话就打动对方。儒家一直反对文过饰非，但是在当今社会，人才的能力需求是多方面的。口才、演说能力都是一个优秀人才的必要技能，我们现代人应该学习一下古代纵横家的语言技巧，学习他们如何提前做好功课，如何提前进行细致的分析，在关键的时候用几句话就抓住听者的心，这绝对是非常重要的才能。

搞定三晋以后，苏秦马不停蹄地前来游说齐威王，道："齐四塞之国，四面都有天险要塞，地方二千余里，带甲士兵数十万，粮食储备充足如山堆积。三军精良，临淄、即墨等五都部队，进攻如锋矢般迅速，战斗如雷霆般风卷残云，解散如风雨般整齐。一旦出现紧急军情，都不需要去各地征兵。都城临淄有七万户人家，我预计平均每家有成年男子三人，仅临淄城可调动起来的部队就有二十一万之众。臣知临淄城的百姓生活富足，他们都玩斗鸡、走狗、六博、蹴鞠等游戏，而且临淄人口摩肩接踵、车水马龙、连衽成帷、挥汗成雨，绝对是天下难得一见的繁华都城。"

苏秦在恭维完齐国的实力以后，又继续分析齐国和其他中原国家之间的关系："像他们韩、魏之所以怕秦国，是因为他们和秦国接壤。秦国出兵只要十天，国家就到了生死存亡的关键时期。韩、魏就算能侥幸战胜秦国，自己的损失也会超过一半，无力再守四方边境；而一旦战败，马上就会面临国家灭亡之险，所以韩、魏轻易不敢和秦国交战，宁愿选择向秦国臣服忍让。而齐国就没有什么好担心的，如果秦国想要进攻齐国的话，就需要越过韩、魏之地从阳晋道进兵，经过亢父的险要。这里车辆不能并行，骑兵不能并进，只要有几百人守住险要，数千人的部队就无法进军。秦国即便不顾一切想要深入齐国腹地，也要担心韩、魏两国在背后捅刀子。所以秦国虽然实力非常、骄横霸道，但是很明显，他们是不敢贸然进攻齐国的。现在大王您不考虑秦国的无奈，而想要向西屈服于秦国，这是大王您的手下的计划不当。如果您可以和其他五国合纵，这样您外无屈服于强秦之名，内有实际利益，臣希望大王您可以留意我的建议。"

齐威王答应了苏秦的建议。

《资治通鉴》非常完整地记录了苏秦游说齐威王的说辞，这个结构值得我们学习。第一，先说明背景情况，齐国足够强大，齐国不应该担心其他国家；第二，齐国和秦国的关系，因为地理原因，齐国和其他国家不同，不用担心秦国的进攻；第三，既然秦国不敢打齐国，齐国又何必屈服于秦国，看人家的脸色行事呢？苏秦的逻辑清晰、意思明确，自然深深地打动了齐王，这也是我们学习演讲非常好的参考点。

苏秦依葫芦画瓢，向西南来到了楚国，对楚威王说："楚国是天下的强国，地方六千里，带甲百万，战车千乘，战马千匹，粮食储存可支十年，这绝对是霸王之资。秦国最担心的莫过于楚国了，楚强则秦弱，秦强则楚弱，其势不两立。所以我为大王您谋划，不如和其他国家结交孤立秦国。臣可以去说服其他五个国家以楚国为盟主，将社稷、宗庙托付楚国，训练士兵，听从大王您的调遣。若合纵，则诸侯割地以事楚；若连横，则诸侯割地以事秦。二者对您的利益差别巨大，大王您要如何选择呢？"

楚威王很开心地答应了苏秦合纵盟约的建议。

看过苏秦说服六国诸侯的言辞，我们一起好好地分析一下苏秦的全盘游说策略：说服三晋主要是说明眼前已是三晋生死存亡之紧要关头，若他们再不联合，就会彻底被秦国蚕食吞并，三晋是恨秦、怕秦最深的。

燕、齐合纵的主要利益是可以支持三晋挡住秦国，避免直接受到秦国的攻击。

楚国实力不在秦国之下，而且楚国自春秋中后期以来的称霸中原之梦还未消散，其最大的对手已由晋变秦。而合纵有机会让楚国当盟主，率领六国来削弱秦国，自然是楚国所喜欢的。不过苏秦许诺给楚国的也是空头支票，这和之后张仪忽悠楚怀王的内容没有分别。我们仔细想一下，三晋如果不愿意割地以事秦，又凭什么一边要挨秦国的打，一边还要割地来屈从于楚国呢？另外楚国虽然表面实力很强，但是由于地广人稀，战线很长，兵力分散，军队调动不方便。因此连年和秦国交战都是毫无胜绩，所以秦、楚可以一战也有些夸张。但是当时秦国想要吞并六国的迹象已经显现，楚国为了自己也应该和其他五国合纵，这毫无疑问是对楚国最有利的战略，所以楚威王很爽快地答应了苏秦的建议。

于是六国命苏秦为从约长，佩六国相印，向北到赵国那里去回报赵侯。苏秦之车马、随从、资财之盛犹如王侯，至此，苏秦也达到了他人生的巅峰。

十三、张仪相秦

看着苏秦的事业发展得非常顺利，六国合纵如火如荼，秦国也坐不住了，准备出兵破坏六国合纵。

周显王三十七年（公元前332年），六国合纵盟约签订才一年就面临土崩瓦解之颓势。

此时的张仪看来也没有起到什么作用，这一年，秦惠王派遣犀首逼迫齐、魏一起出兵赵国，准备直扑合纵盟约老巢赵国，一举破坏诸侯同盟国。赵侯很生气，责备苏秦，苏秦非常惊恐，于是请求出使燕国，约定和燕国出兵报复齐国。苏秦一离开赵国，盟约就土崩瓦解。赵国引黄河之水来冲击魏、齐联军，魏、齐的军队这才退去。

现在来看苏秦、张仪二人，他们就是典型的纵横家。他们心中没有正确的答案，没有道义标准的支撑。所谓合纵也好，连横也罢，对于他们来说只是谋取富贵的手段而已。看着这条路要走不通了，他们马上就会放弃理想，走向自己的对立面。这和坚定自己的信念，哪怕知其不可为而为之的孔门儒家相比，自然有天壤之别了。

魏国当了秦国的马前卒，也没落好，其向秦国献出了华阴之地，这个地盘就是犀首公孙衍的老家。

齐国也放弃盟约，出兵攻打燕国，夺取了燕国十座城市，但是迫于其他诸侯国的压力，不久又将这十座城归还给了燕国。

周显王三十九年（公元前330年），秦国继续蚕食三晋。秦国出兵进攻魏国，包围了焦邑和曲沃（注：焦邑在现在河南的陕县，曲沃在现在河南的灵宝市北）。这表明秦军已经彻底进入河南中原腹地了。魏国没有办法只能把少梁，以及黄河以西的地盘全部割让给了秦国，以换取秦国的短暂退兵。

魏惠王割让河西之后，派人用重金贿赂犀首公孙衍。公孙衍于是向秦惠王提出，趁秦、魏暂时和好之机，进攻别的国家。

此时张仪已经在秦国做客卿好几年了，他一直被公孙衍压着找不到出头的机会，这次他终于找到了机会告诉秦惠王，魏国四面受敌，现在正是伐魏之良机；然而公孙衍顾私利忘公义，让秦国进攻西面的游牧民族，实属误国之举，再加上魏国有霸主的根基，如果它缓过劲来，秦国恐怕就很难对付了。

秦惠王如梦初醒，公孙衍遭到排斥，不得不离开秦国，投奔魏国。从此公孙衍就成了山东诸国合纵派的代表，而张仪成了连横派的首领，他们二人成为一生之敌。所以历史上真正长期从事合纵抗秦的，正是这位靠欺负魏国出道的犀首公孙衍，而不是配六国之相印，却如朝露般消逝的苏秦。

周显王四十年（公元前329年），秦国歇了还没有一年就渡过黄河，继续出兵魏国，夺去了汾阴、皮氏、焦邑这些地方。

楚威王去世，他的儿子楚怀王熊槐（也叫芈槐）立。这个楚怀王前期还是很有作为的，可惜后来被张仪蒙骗，被扣于秦国，身死异乡，这是后话。

周显王四十一年（公元前328年），秦公子嬴华和张仪一起率兵攻打魏国，下蒲阳。张仪向秦王请求把蒲阳还给魏国，并派公子嬴繇去给魏国做人质。

张仪借机游说魏王说："我们大秦对魏国算得上宽厚，魏不可无礼于秦。"

所谓不可无礼，就是两国要对等交换才符合敌国之礼，来而无往非礼也，我给你地盘，你也要交换。

魏王心中绝对是一万个不愿意，心想："你抢了我的地盘，然后还我，再逼我同盟不得叛秦，还要献出土地交换，这是什么强盗逻辑？"

但是魏王也没有办法，打不过秦国，也就只得同意结盟，并且献出了上郡的十五个县作为报答（注：上郡在现在陕西省榆林县东南）。就此魏国几乎尽失陕西之地。这使得张仪近乎完美地完成了任务，回到秦国就被任命为秦国国相。

周显王四十二年（公元前327年），秦国灭了义渠国，俘获了义渠王。

同时秦国又把焦邑、曲沃这两地还给了魏国，总之秦国就是这样来回戏弄魏国，魏国被耍得团团转。

周显王四十三年（公元前326年），赵肃侯去世，他的儿子，著名的赵武灵王继位。赵武灵王继位以后先去拜访了先君的贵臣肥义，增加了他的俸禄，这个肥义后来对于赵武灵王实施胡服骑射给了很大的帮助。赵武灵王还设置了"博闻师"官职三人，左、右司过三人。"博闻师"相当于"博士"高级参谋，"司过"是负责监督纠正君主过失的高级谏官。这几个人都相当于君主老师的职务，赵武灵王让他们来料理政事。

周显王四十四年（公元前325年），秦国称王。

卫平侯去世，其子姬嗣君立。卫国有一个在劳役服刑中的罪犯逃到了魏国，这个逃犯是个医师，负责给魏国王后治病。嗣君听说以后，派人拿了五十金要将这个罪犯买回，使者来回跑了五次，但是魏国还是不肯放人，嗣君于是提出以左氏邑来换回这名罪犯。左右都劝嗣君说用一座城市来换一个囚犯，这有必要吗？

嗣君说："这并不像你们所说的，如果小罪不治，大乱将起，法不立，诛不必，就算有十个左氏又有什么意义呢？为了国家的法立诛必，就算失掉十个左氏，对国家也是无害的。"

笔者以为这位嗣君还是很有想法的，很想要有所作为，可惜这个小小的卫国只是乱世战国巨浪中的一叶小舟而已，它的走向已经不是人力所能控制的了。

而魏王听说了嗣君的言论以后，说："嗣君是个明君，他的话不听不祥。"于是派人遣送回了那个罪犯，并没有要求卫国补偿。

周显王四十五年（公元前324年），由于张仪的死对头公孙衍在魏国，于是张仪加紧了对魏国的进攻。这一年张仪亲自率军进攻魏国，夺取了陕县（注：现河南省三门峡市以西）。

苏秦从赵国跑到了燕国以后也没有闲着，居然私通了已故燕文公的夫人。老妈和人私通，这件事被燕易王知道后大怒。苏秦很害怕，于是对燕易王说："臣在燕国无法帮助燕国，如果让我到齐国，就可以强燕。"

燕易王既不想把苏秦留在燕国，又不想杀了苏秦把后宫丑闻闹大，于是一拍即合。苏秦假装得罪燕王，投奔到了齐国，齐宣王任命他为客卿。苏秦于是说服齐王大兴土木，修建宫室、园林，使齐国上下流于自满，齐国的国政自此开始疲敝。

周显王四十六年（公元前323年），秦国的张仪和齐国、楚国的国相在啮桑相会，共同协商连横。

韩、燕在这个时候也纷纷称王，只有赵武灵王不肯，武灵王说："我们没有王的实，又何必要这个虚名呢？"还是让赵国的人称他为君。

周显王四十七年（公元前322年），张仪从啮桑相会回来以后，假装得罪秦国，从秦国辞去了国相之职，来到了魏国，担任魏国的国相。张仪想要魏国屈从于秦国，作为天下诸侯国的表率，但是魏王不听。于是张仪又偷偷叫秦国出兵攻打魏国，攻下了曲沃和平周两地，秦国在私底下给了张仪无数的财物。

十四、孟尝纳谏

周显王四十八年（公元前321年），周显王驾崩，他的儿子姬定立，是为周慎靓王。

燕易王去世，他的儿子姬哙继位。

齐宣王把薛这个地方封给田婴，号称靖郭君（孟尝君田文的父亲）。靖郭君对齐王说："各主管大臣给您的汇报，您应该每天亲自听他们报告，并且仔细复核。"这番话，以现在的眼光来看，也是属于比较现代化的管理模式。

齐王按照这个模式做了几天就觉得厌烦了，于是就把所有的事情交给了靖郭君去处理，自此齐国的大权就全部落到了田婴手中。

田婴想要在薛地建城，他的门客对他说："主公您没有看到海中的大鱼吗？它只要在海里，网不能围住，鱼钩不能牵住，一旦离开水，蝼蚁就能对付它。现在齐国就是您的水，如果您有整个齐国，又何必要薛地；如果您一旦失去了齐国，那么就算把薛地的城墙建到天上，又有什么用呢？"田婴于是不再修筑薛城。

田婴有四十个儿子，其中有一个是地位很低的妾生的庶子，叫田文。田文通晓智略，劝父亲散财养士，靖郭君觉得有道理，就让田文主持管理家中门客的事务，于是门客们争相和靖郭君说田文的贤明，劝靖郭君立田文为世子。靖郭君去世后，田文继薛公之位。他就是著名的战国四公子之首的孟尝君。

孟尝君继位以后，继续大量招募各国的闲散士族和有罪出逃之人，为他们添置财产，并厚加款待，还接济他们的亲戚。孟尝君门下收养的食客经常有数千人之多，他们都把孟尝君视为自己最亲近的人，于是孟尝君之美名重于天下。

这里说明一下，司马光对战国四公子非常不待见。他认为，四公子养士都是为了自己个人的私利，不是为了国家和君主，也不是为了天下之黎民苍生，所以，不值得宣扬。

臣光曰："君子之养士，以为其民也。《易经》说：'圣人养士，惠及万民。'贤者，他们的德行足以端正风俗，才能足以整顿纲纪，洞见足以明察秋毫，毅力足以结交天下之仁人志士。往大了可以利于天下，往小了可以利于一国。所以君子以丰厚的俸禄来供养贤者，是为了惠及天下万民，这才是养士的真正道义。而孟尝君养士，不考虑他们的智慧，不选择他们的为人，从自己的主君那里盗取俸禄来结交死士，藏污纳垢，提供虚名。向上欺瞒自己的主君，向下愚弄百姓，这是奸人之雄，算什么贤人啊！"

笔者这里要稍微为孟尝君开脱几句：在当时之天下，国与国互相兼并，以下犯上的叛乱时常发生，很多士族不得不脱离自己原来的家族，成为无业游士。就如之前段干木对魏太子击所说的，对于这些游士，遇到知己，遇到赏识自己的主君自然就尽心尽力，如果遇到不赏识自己的人，穿上鞋子继续云游天下。对于他们来说，自己的主君不一定非得是一国之君，一家之主、一国之大夫都可以是自己的主君。这一点非常像日本战国时期的情况，武士不一定效忠于某个大名，更不可能效忠于天皇，一个武士效忠于赏识自己的家臣也很正常。至于说藏污纳垢，当时正值乱世，所谓道德之士起不了大用处，有一定才能的爪牙之士才是打天下的实用之人。这也是曹操在汉末乱世之时的用人标准，即"唯才是举"，其意思就是，用人以才能为核心，并不是以德行为核心。

尽管不看好孟尝君养士的行为，但接下来司马光还是分享了孟尝君的一个善于纳谏的故事。

孟尝君曾经受邀出使楚国，楚王馈赠了他一座价值连城的象牙床。他派了一个名叫登徒直的门客，先把这个象牙床送回齐国。由于象牙床价值连城，而且当时处于乱世，想要保证这个宝物完好无损地送回齐国绝对不易。于是登徒直找到了孟尝君的另一个叫公孙戌的门客，向其请教。

登徒直说："象牙床价值千金，万一伤之毫发，我就算卖儿鬻女也不够赔的啊？先生您如果可以给我一个建议，让我不用去跑这趟差事，我愿意将祖传的宝剑赠予先生。"

公孙戍也算有点谋略，他答应说："没事，我帮你去跑一趟。"

公孙戍到馆舍见到孟尝君说："各小国之所以纷纷求见主公，并且把相印托付给您，是因为主公您可以振济贫穷、存亡继绝，天下人都仰慕您的仁义，敬佩您的清廉。今天您刚到楚国就接受了楚国的象牙床，这件事若流传出去的话，那些没钱的小国将如何看您？他们将如何接待您呢？"

孟尝君说："善。"于是就决定跟楚王说，退回象牙床。

这个公孙戍也沉不住气，他看到自己的计划成功了，于是就小步快走，想要到登徒直那里去领赏。能跟着孟尝君出使的，一般都是他的高级门客，孟尝君对他们还是很了解的，他一看公孙戍屁颠屁颠的样子就觉得奇怪。刚到中庭，孟尝君就把他叫了回来。

孟尝君说："先生您为什么趾高气扬，那么开心？"

公孙戍没有办法，只能如实地告诉了孟尝君。

孟尝君想了一下，他并不打算因此责备公孙戍，而是准备借这次象牙床事件给自己做一次营销。他让人在门上写道："只要可以宣扬我田文的美名，阻止我的过错，就算私下里得到好处也没有关系，只管来向我提意见。"

臣光曰：孟尝君可以说是善于纳谏的了，只要意见是对的，虽然怀有私心，也可以采纳，更何况是毫无私心的尽忠之言呢？孟尝君算是做到了兼收并举。

韩宣惠王准备任用公仲、公叔（韩国的王孙贵族）两人一起主持国政，他来问缪留的意见。

缪留说："不可以。晋国用六卿主政，后来被瓜分；齐简公任用陈成子和阚止，却被权臣所杀；魏国用犀首、张仪为相，河西之地尽失。如果您用两人主政，那么实力强的就会在国内拉帮结派，实力弱的就会想要寻求外邦的支持。群臣内有人结党欺瞒主君，外有结交外国以割地求荣，那么您的国家就危险了！"

缪留之言真是入情入理、一针见血，值得每一个管理者学习。管理者想要任用两个二把手的话，一定要善于控制他们之间的矛盾，不然的话很容易一个人在内部拉帮结派，另一个人在外部出卖利益，那样就危险了。

第三卷

周纪三

一、孰能一之

周慎靓王元年（公元前 320 年），卫国把自己君主的称谓更改为君，不再称侯了。之前在周显王二十三年的时候，他们就已经把自己从公爵贬为侯爵了。

卫国乃姬姓嫡系诸侯，西周初年，周公封其弟为公于卫。卫国起初受封于原商朝首都朝歌一带，春秋时期，爱鹤的卫懿公被蛮族狄人所杀，国家几乎被灭，后有赖齐桓公，迁都河南楚丘才得以续存，成了一个小国。此时卫国自降规格为君，相当于诸侯中的最低一级，公卿大夫中的最高一级。

正因为卫国有自知之明，知道在乱世之中退缩以自我保全，所以卫国是整个周代存国最久的一个诸侯国。西周初年封邦建国，直到公元前 209 年，卫君姬角被秦二世胡亥废为庶人，卫国才彻底消失，享国 907 年，传四十一君，存国时间比周王朝还要长。

这里还有一个有趣的插曲，西汉初期，卫国的后裔有一个叫姬满的来到了朝鲜一带。他率领千余人灭了商朝后裔受封的箕子朝鲜，建立了卫满朝鲜。卫满朝鲜后来被雄才大略的汉武帝所灭，建国接近百年。卫满朝鲜是朝鲜半岛历史中最早得到考古和文献证明的国家。基于箕子、卫满都是中原殷商和姬周的纯正血脉，所以韩国人一直把自己想象成中国文化的正统。

第二年，魏惠王薨，儿子魏襄王立。

魏襄王刚即位就和孟子见了一面。孟子对身边的人说："魏王看似不像仁君，无敬畏之心。"

孟子继续道："魏王问我：'天下如何才能安定？'我回答：'统一才能安定。'又问：'谁能统一？'我回答：'不好杀之人会统一。'他再问：'那凭什么不好杀之人能统一？'我回答说：'天下之人都支持他统一。大王您知道禾苗吗？若七八月间遇旱，禾苗将枯萎。上天动心，油然作云，沛然下雨，大雨滂沱，于是禾苗生机勃勃，一片葱郁。这是天意，这样的势头谁能阻挡？'"

孟子的儒家思想最突出的部分，就是把民众的意志上升到了最核心的地位，并且把君王的天命和天下人民的选择结合起来，在战国时期，孟子的思想很具有领先性。

可是生逢乱世，天下尔虞我诈，弱肉强食，孟轲和魏襄王讲这些道理，纯粹是对牛弹琴。所谓不滥杀人之人能统一，但当时之世，富国强兵已经是主流，仁义道德已无法说服国君。天子早就已礼崩乐坏，武力才是硬道理，所谓不滥杀之人能统一，是不符合当时各个国家的发展情况的。

不过好杀之人就算一时得利，也不能长久，如秦之二世而亡，天下终不属秦。这样说来孟子的思想在长远来看还是有其积极意义的。

二、再相强秦

周慎靓王三年（公元前318年），楚、赵、魏、韩、燕一起合兵攻打秦国，直打到了函谷关。领兵的是合纵派的扛旗代表魏相犀首公孙衍。虽然号称五国联军，但是真正出兵到前线的只是韩、赵、魏三晋。函谷关下，面对合纵之军，秦出兵迎击，大败联军。

孤舟以为，六国合纵，虽然偶尔也有大家积极努力、看似不错的局面，可是由于六国指挥不一，号令不齐，很容易被秦国逐点击破，然后全线溃败。再加上秦国有函谷天险，就算局势不利，只要依险而守，便可立于不败之地，这也算是老天给秦国的眷顾吧。

周慎靓王四年（公元前317年），秦国出兵报复五国联军，韩国首当其冲。秦大败韩军于脩(xiū)鱼（现河南省原武县东），斩首八万级，俘虏韩大将申差，各国震恐。

此时诸侯国之间的战争，杀戮之数已然巨大。春秋时期，战争的伤亡一般仅仅是几百上千而已。战国初期，战争伤亡虽有所上升，但也只是几千人而已。而此时，随随便便的一场战争，伤亡就可达七八万之众，可见战争已到了非常残酷的地步。

后世有学者考证了这些数字，普遍认为其中有水分。比如长平之战，史书记载白起坑杀赵降卒四十万。但就算把当时赵国所有适龄男子加在一起，也就四十多万。并且在考古过程中也无法发掘出四十万人的坑冢，所以说四十万更有可能是一个概数，具体的数量无法定论。

这一年又出现了一件大案：因和燕王之母搞出绯闻，逃到齐国的纵横家苏秦，在齐国又不消停，与大夫争宠，被人暗杀了。一代辩士之宗，头悬梁、锥刺股，配六国相印的名嘴苏秦，就这样不明不白地死了。

苏秦诞生之年不详，他早年游说周王和秦王不成，直到公元前334年游说燕文公成功，这样推断此时他也三十岁左右了。《资治通鉴》记载苏秦去世是公元前317年，五十岁左右。而《史记·苏秦列传》记载苏秦是在齐闵王年间被刺身亡，死时七十多岁。

笔者在这里更倾向于采纳《资治通鉴》的记载，理由有三：其一，如果根据《史记》的记载，苏秦在张仪去世之后还活跃于诸侯之间显得不合理；其二，如果苏秦七十多岁还和燕王太后搞暧昧，这也不合理；其三，如果按照《史记》记载，苏秦在齐国攻燕之时还活跃于齐国的政治舞台的话，一定有所表现，可是史书上却没有相关的记载。所以《资治通鉴》的记载更可信。

这里笔者和大家分享一个《资治通鉴》没有收录的小插曲，苏秦被刺，临死前对齐王说："请大王在臣死后，昭告天下说苏秦有叛国之罪，并将臣枭首分尸以示众，宣布将奖赏杀臣之人，这样凶手马上就会水落石出！"

果然诏书发出以后，派人刺杀苏秦的齐国大夫就向齐王去邀功。就这样，凶手自投罗网，苏秦很聪明地为自己报了仇。

苏秦死后破案和前文吴起伏尸报仇一样展现了二人的急智，可是《资治通鉴》并没有兴趣采纳这样的故事，因为对于司马光来说，苏秦、张仪、吴起等人自私自利，不讲道义，不顾天下之安危，毫无节操，是他老人家所不齿的。

苏秦被刺，公孙衍被击败，张仪从此"说"遍天下无敌手。他忘情纵横于诸侯之间，游说各国，坑蒙拐骗，无所不用其极。

张仪此时还在魏国做无间道国相，他对魏襄王说："魏地不满千里，兵不足三十万，地势平坦，无名山大川之险，又要分兵守卫与楚、韩、齐、赵之边界。如此，剩下能用来防守要塞的士卒不过十万，所以魏国历来是天下厮杀的战场。虽然各国约定联合抗秦，于洹水之盟，约为兄弟之邦，互相救援，然而同一父母所生的亲兄弟，有时还会为争夺钱财而互相厮杀，如此各国之间要靠反复无常的苏秦之流结成所谓的坚固同盟，这根本就是不可能的。"

分析了合纵同盟的不可依赖性以后，张仪开始恐吓魏襄王道："大王您不与秦国结盟，那么秦国就会发兵进攻河外，占据卷县、酸枣（卷县在今河南省原阳县旧原武西北；酸枣在今河南省延津县北十五里）；袭击卫国，夺取阳晋（阳晋在今山西永济市虞乡镇西南，又名晋城），切断您跟其他国家的接触。到那个时候赵国之兵不能南下，魏也无力北上，南北隔绝，联合抗秦就根本无从谈起，大王您的国家想要避免危机就不可能了。所以我希望大王您能深思熟虑，拿定主意，并且请同意让我辞去魏国的相位，回秦国去帮您筹划。"

魏王答应了张仪的建议，背弃了与其他诸侯国之间联合抗秦的盟约，派张仪前去秦国求和。

张仪回到了秦国，又担任了国相。

这也让我们看到了历史上这些纵横家，以自己的权谋与诈术，每到一国，基本上都可以靠三寸不烂之舌，为自己谋得一个好官职。而他们的任职不是为了自己的主君，也不是为了天下人之福祉，他们的各种算计，大部分为自己的功名利禄服务。

就像张仪在魏为国相，却是为了破坏魏国和其他诸侯国之间的合作，让魏国去给秦国卖命；而苏秦在齐也是为了削弱齐国，为燕服务。所以一个管理者，一定要想办法发现身边那些口若悬河、口不应心、钩心斗角的纵横家，然后把他们扔得远远的，决不能留在身边。

三、起兵平蜀

周慎靓王五年（公元前316年），巴、蜀两国互相攻击，均都告急于秦。巴国在现重庆一带，与周王室同为姬姓，子爵；蜀，蛮夷，现四川盆地成都、绵阳、遂宁一带，西周初随武王伐纣的主力军，故西周建国之时便被封为蜀王。华夏民族历来是同姓方可为王，外姓有功为公侯，只有番邦蛮夷化外之国可以为王。

巴、蜀是先秦时期西部仅有的两个相对文明的国家。但在中原各国看来，还是蛮荒的戎狄，而他们所居之处恰恰在秦国的西南大后方。所以从秦穆公称霸西戎开始，巴、蜀这些国家都奉秦为宗主国。

这一年巴、蜀二国又生嫌隙，秦惠王想借机出兵讨伐蜀国，但顾虑道路艰难，韩国又可能乘机侵扰，所以犹豫不决。大将司马错建议无论如何都要出兵伐蜀。这个司马错就是后来《史记》作者司马迁的先祖。

张仪说："不如去征讨韩国。"

秦惠王说："张先生，请谈谈您的见解。"

张仪陈述道："我们应该先亲善魏、楚，然后出兵黄河、伊水、洛水三川地带；攻取新城、宜阳，兵临东周王都；夺取周鼎，控制天下图籍；挟天子以令诸侯，各国不敢不从，此乃王霸之业。我等应到河洛去争雄天下，为何跑到远方去和戎狄小国纠缠，这和帝王的大业是南辕北辙的啊！"

张仪秉承了以中原为核心的传统华夏文明价值观，也符合他个人的声望追求。传统中国认为，只有取得了黄河、洛阳、河南天下正中心这一带的地盘，才能被称为天下之主。而像巴、蜀这些边陲戎狄，他们的地方再大、人口再多、物资再丰饶也是没有认同感的。

而司马错的意见是从一个军事家、政治家的角度去考虑，他所考虑的是秦国的长远利益，不会像纵横家一样，只看眼前的个人名望。

司马错说："张仪所说非然也。臣以为，若要国富，必先开疆拓土；若要军强,必使百姓富足;若要成就帝王之业,必树崇高美德。此三条件具备,帝王大业水到渠成。现大王之国,地小民贫,所以我等应先易后难。蜀乃偏僻之国,戎狄之首领,政治混乱,如同夏桀商纣。以秦大兵伐蜀,如驱虎入羊,定可轻松获胜。其地可广秦之疆域。其物可富秦之百姓。其民可强秦之大军。无须大的伤亡,便可使蜀国屈服。这样吞并一个国家,而天下不以秦国为强暴;获得最大的利益,天下也不以秦国为贪婪。一举多得,名和利双收,还能获得禁暴止乱的美誉,何乐而不为呢?如果攻打韩国,劫持周天子,恶名远扬,也不见得有什么实际的利益,而且会蒙受不义之名,那就危险了啊!请让我向您分析一下个中缘由。周朝廷,是天下的共主;齐国,是韩国的友邦。周朝廷自知将失九鼎,韩国自知将失三川之地,两国合谋并力,统一战线,一边寻求齐、赵之助;另一边化解与楚、魏之矛盾。周送鼎于楚,韩赠地于魏,若各国合兵,秦国危矣!不如伐蜀。"

司马错的策略很务实:第一,求稳。稳扎稳打,蜀国毕竟不是天下之焦点,而韩、周在天下之中,进攻一个蜀国肯定比与天下为敌要容易。第二,求实际。四川盆地物产丰富、人口密集,得之可以大大增强国力。第三,求长远。控制蜀国可以稳定关中平原的大后方,为秦国争霸中原提供源源不断的补给。

以先进之文化征服落后之蛮夷,是可以快速获得成功的,这是有巨大的实际利益的。若攻打天下共主,首先会失去道义上的支持;其次周王朝地狭人稀,夺取了也无太多实利;而洛阳易攻难守,得而复失也是个大概率事件。所以攻蜀绝对是正确的决定。

上述关于司马错所说将周鼎赠予楚国这里还有个典故。相传春秋时期,楚庄王曾经到洛阳,问九鼎之重量,大臣王孙姬满说:"周德虽衰,天命未改,鼎之轻重,未可问也。"

秦惠王很聪明,善于决断,他选择起兵伐蜀。只十个月便攻克了蜀国全境,然后降蜀王为侯爵,以陈庄为蜀相,自此蜀国为秦国所并。

吞并蜀国,臣服巴国以后,秦实力大增。

笔者在这里再补充一下巴、蜀之于秦国的战略价值:中国有两条最主要的河流——黄河和长江。黄河流域是华夏文明的摇篮，是当时社会政治、经济、文化的中心。秦国只要从咸阳东出函谷关，出太行山、崤山，一路往东可以横扫中原，攻略黄河流域。但若想攻打地处长江中下游地区的楚国，最好的战略，就是从蜀地出兵，历巴国，顺长江而下，直扑荆楚国腹心之地。可见，攻下蜀国，也相当于是为秦国以后的统一打下了基础。

四、糊涂禅让

苏秦死后，他的工作由其弟弟苏代、苏厉继承。二人继续游说、忽悠于各诸侯国君之间，也是天下闻名的纵横家。

燕国相子之通过和苏代结为亲家，妄图谋得燕国大权。

此时笔者再和大家回顾一下从春秋到战国的几个主要国家的基本情况。秦国自建立以来，一直是嬴氏在掌权，他们通过变法不断加强中央集权，所以大权从未旁落。晋本是中原长期霸主，因为大权旁落，六卿瓜分，最后被韩、赵、魏三家分晋。齐已经被田陈氏取代了姜氏。楚国因本就是南蛮，一直是芈熊氏在做国君。而七雄之中，只有燕国还是周初封邦建国的姬姓。而此时的燕相子之，也想学田陈氏，谋篡燕国大权。子之派苏代出使齐国，然后回来游说燕王姬哙。

燕王问："齐王能争霸吗？"

苏代说："不能。"

燕王又问："为什么？"

苏代回答说："齐王不相信臣僚。"

于是燕王就稀里糊涂地把大权交给了国相子之。

子之准备再加一把力，于是他找来了大臣鹿毛寿，让他对燕王说："尧是古之明君，因为尧能禅让天下于舜。大王若能将国家让于子之，那大王就可与尧舜齐名。"鹿毛寿能青史留名，也就是因为忽悠燕王这件事。

燕王于是就把国家政权全部交给了子之，从此子之就集燕国大权于一身。

子之继续安排人来煽风点火，他派人对燕王说："上古时，禹以益为接班人，又命儿子启之属下为官吏。禹想要传位于益，而启勾结部众，发动兵变，杀了益，夺取君位，建立夏朝。因此，天下人都说禹不地道，表面上说要把天下传给益，可实际上却安排儿子启取夺了王位。现在大王您虽说把国家交给子之，但是官员都是太子之人，同样表面上把国家传给子之，而实权还是在太子手里啊！"

　　这里笔者不得不费些笔墨来介绍一下关于尧、舜、禹的传说。之所以说是传说，而非历史，是因为虽然我们华夏民族都相信他们的存在，相信其中有很多史实的部分，但是由于缺乏文献和考古的支持，所以都不能认为是信史，而只能说是传说故事。从夏启开始中国就正式进入了家天下，天子的最高权力就在父子兄弟间传承。而这个益传说姓嬴，正是秦国的祖先。秦国的祖先被启所杀，然后开启了夏、商、周所谓的先秦三代，后来又是嬴氏终结了三代，开启了一个全新的帝国时代。若一切属实，这便是所谓的天道轮回吧。

　　燕王也是老糊涂，他于是下令将太子和官员们的印绶全都收了上来。将三百石以上俸禄的官职，都交给子之任命。子之面南而坐行国君之权力，而燕王由于年老不再参与国政，反而变成了臣子，国家一切大小事务都由子之来决定。

　　可见苏代之流的能力果然令人震惊。战国乱世，说服一位已在位七年、儿子都已经成年的老江湖让出整个国家，绝对比后世指鹿为马的赵高要能忽悠得多。

　　到了公元前315年，周慎靓王在当了六年周天子后逝世，他的儿子姬延即位，即周赧（nǎn）王。

五、燕国之乱

　　周赧王元年（公元前314年），秦国入侵义渠国，夺取了二十五个城镇。

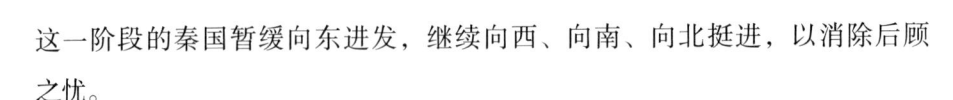

这一阶段的秦国暂缓向东进发，继续向西、向南、向北挺进，以消除后顾之忧。

由于秦国压力的减少，魏国人想松口气和东方几国搞好关系，于是背叛了和秦国的盟约。秦国也不含糊，出兵讨伐魏国，攻占了曲沃（在现在山西的中南部，春秋时晋国称霸中原的都城，三家分晋后属魏），然后把城中的百姓赶回魏国。随后在岸门（在今河南省许昌县河街一带）打败了韩国，韩国不得已将太子韩仓送到了秦国做人质，以求和好。

燕国的子之做了三年的国王，国内大乱。将军市被和太子姬平一起合谋攻打子之，夺回政权。

齐宣王派人对燕太子说："寡人听闻您愿重整君臣大义，讨伐逆贼。寡人愿听从太子的号令，与太子一起铲除乱臣贼子。"

于是燕太子聚集党众，派将军市被进攻子之，不克。这个市被也不是什么忠诚正直之士，居然被子之策反，反攻太子。双方激战数月，国内动荡，百姓震恐，死者数万。

齐王眼看燕太子无力夺回王位，于是命章子为大将，率五都的部队，再加上北方的部队，征伐燕国。而燕国由于内政混乱，再加上子之和燕王姬哙无道，毫无战意，守城士卒开城，放齐国军队入城。齐国轻轻松松就捕获了燕相子之，子之被处以醢（hǎi）刑，燕王也被杀了。

这里笔者和大家稍微介绍一下醢刑。醢刑是历史上著名的酷刑，就是将尸体剁成肉酱，传说由商纣王发明。著名的受刑人有：伯邑考，周文王的儿子；子路，孔子的大弟子，战死以后被处以醢刑；彭越，在起兵反汉被杀后被处以醢刑；来俊臣，武则天手下的酷吏，被武则天利用后所杀，然后处以醢刑。

此时，孟子在齐稷下学宫。齐王问孟子说："有人建议寡人不要攻占燕国，也有人建议寡人乘机吞并燕国。齐以万乘之国伐万乘之国，五十天克，非人力之所为，定是天意。天赐寡人，若不取，遭天谴，取之如何？"

齐王虽然名义上是帮燕太子夺回王位，但在攻占燕国之后，就想借机吞并燕国，所以迟迟不肯退兵，还把燕国的国宝重器全部运回了齐国。而一旦齐国顺利吞并燕国，那么齐国之实力就绝不在秦国之下，天下之势也很有可能从群雄逐鹿，变成秦齐的两强争雄，抑或有可能进入秦、齐、楚的三足鼎立之势，整个中国历史可能会被改写。

孟子的理论还是基于他一贯的民贵君轻思想。孟子回答道："吞并后如果燕国人民高兴，那您就去办，古代有这样做的，武王便是如此；吞并后若燕国人民气愤，那就不要去做，古代亦有先例，文王便是如此。齐以万乘伐万乘，百姓箪食壶浆以迎王师，非他，就是为了躲避水深火热的命运。若新君继续让百姓陷于水深火热之中，那百姓自然会寻求其他的命运。"

表面上看孟子的回答模棱两可：老百姓希望吞并就去吞并，若不希望就不要吞并，像没说一样。但是实际上他的观点已经很明确了，燕国的百姓是箪食壶浆请你来平叛的，不是请你来占领燕国的。现燕国战乱已平，百姓自然感恩，但是如果想要借机占领燕国，只怕百姓们是不答应的。但这样深刻的道理，齐王绝对是不懂的。

齐国吞并了燕国，诸侯国们坐不住了，于是各国一起谋划拯救燕国。此时齐宣王终于开始紧张了，他又跑来问孟子："各国计划合兵讨伐寡人，寡人应该怎么办？"

孟子看之前含蓄的说法齐王不懂，于是就很明确地回答齐王："想当初，商汤以七十里之地，就能号令天下；我还没有听说拥有千里之地还要怕人的，一定是大王您的治理出了问题。之前燕国统治者虐待人民，大王前去征讨，燕民认为您是拯救他们于水火之中，所以箪食壶浆来迎接王师。但您杀其父兄，囚其子弟，毁其宗庙，掠其国宝，夺其重器，怎可以这样呢？大王相当于把燕国人民又推入了另一个深渊，他们自然不答应。天下诸侯本就畏齐国之强大，现齐之土地倍增而不施仁政，自然会招致天下诸侯的讨伐。大王您应立即下令，释放燕国百姓，送回宝物，停止掠夺，重立燕君，然后撤兵，这样还来得及！"

孟子已经把话彻底挑明了，齐国现在没有能力吞并燕国，就不能一意孤行，必须要撤军。但是要把到嘴的肥肉吐出来，齐王怎能舍得？所以他并没有采纳孟子的劝告，而是准备豪赌一把。

不久，燕人纷纷起来反叛，齐国内忧外患。

齐王叹息说："我好惭愧，后悔当初没有听孟老夫子的意见，无颜见他啊！"

陈贾说："大王我去替您跑一趟，去孟先生那里挣回面子。"

于是陈贾跑去跟孟子辩论。

陈贾问道："先生您说周公是何许人也？"

孟子说："古之圣贤也。"

陈贾又说："周公派管叔监视商朝旧地，管叔却和商人一起反叛，难道周公预先知道管叔会反叛而派他去的吗？"

孟子说："周公预先不知道。"

陈贾道："如此说来，圣人也会犯错。"

陈贾的问题很鸡贼，他想借周公来为齐宣王开脱，圣人也会犯错，那么齐宣王犯错就很正常了。表面上对于齐宣王来说，有没有人替他开脱都无法帮他解决外部困境。但事实上，当时正处于战国乱世，各国都在用人，孟子又是儒家显学的嫡传代表，争取士人的认同，不论对当下抵御外敌或是将来寻求发展，都是至关重要的。

孟子说："周公，管叔之弟也；管叔，兄也，所以周公的错误是很正常的！况古之君子，有错则改之；现之所谓君子，有错则听之任之。古之君子，其过失如日食月食，万民可见；待到改正，民众则更加敬仰。现之所谓君子，不但听任错误不改正，反而寻找托词，给自己开脱。"

所谓圣人是不是会犯错，犯错了还是不是圣人，先秦各学派争论不休，儒家正统的司马光自然是站在孟子这边，所以就特别摘录了这一段。

而这一年齐宣王在内忧外患中去世，他的儿子齐湣王（即齐闵王）继位。

六、张仪欺楚

周赧王二年（公元前313年），秦国开始报复五家联军中最积极的赵国，进攻赵国，并俘虏了赵将庄豹。这次交战的核心地点是蔺地（现山西柳林县孟门），是赵国的门户，赵之名相蔺相如便出自这里。

攻打完赵国后，秦国担心齐国做大，于是又准备出兵攻打齐国。原因有两个：第一，齐宣王刚刚去世，国君新丧，主少国疑之际出兵，虽不道义，但是道义从来不是秦国考虑的重点；第二，齐国刚刚吞并燕国，不能让齐国慢慢消化，需要借燕民反抗之时机打击齐国，不让齐国做大。但是秦国出兵也有顾虑，一是路途遥远，二是因为齐、楚之间有和亲同盟条约，秦国当然也怕和齐、楚两个大国同时开战。

于是，秦国便派张仪前去楚国捣乱，这就是著名的张仪欺楚的故事。张仪作为战国时期有名的纵横家，要出了他坑蒙拐骗偷的一切卑鄙伎俩，这对于讲究儒家正统的司马光来说，是极度厌恶的做法。像张仪、苏秦这样的人，虽然能力很强，有很强的洞察力，可以把政治局势、天下形势，甚至每一个人的心理弱点都掌握得非常清楚，可是就因为他们有这样的能耐，而又常为达目的不择手段，做出的事情后果往往影响既大又广，这很容易造成整个社会信誉体系的崩塌。而回到现在，我们所面临的具体问题是，像苏秦、张仪这样的聪明人，从来就不缺，而脚踏实地做事情的人反而很少，因此当今社会的信用体系亟待加强。

回到历史中，我们且看张仪是如何忽悠楚怀王的：

张仪说："大王，如果您可以听我的，废除和齐国的盟约，张仪可以为您献上商於之地六百里，并且要求秦王把女儿嫁给大王做妾，秦、楚两国互相嫁女通婚，永结为兄弟之邦。"

历史上秦、楚是一直通婚的，电视剧《芈月传》就是讲了这方面的故事，而齐、楚也是长期通婚的。战国时期各国打来打去，通婚对于双方的邦交只起到表面上和睦的作用，并没有任何实质上的限制意义，最终外交还是看谁的拳头硬。但是，张仪拿出了商於六百里土地给楚王，楚王动心了。他无法抵御内心的贪欲，于是非常爽快地答应了张仪的请求。群臣来贺，只有陈轸表示伤心、哀痛。

《资治通鉴》里面没有介绍陈轸，笔者在这里稍微补充一下。陈轸，陈氏，舜帝之后，西周建国时被封到了陈国。后来，陈国的一个支脉流亡到了齐国，改为田氏，最后取代了齐姜成为齐国的君主。而陈国在春秋末年被楚国所灭，陈轸就是陈国的后裔，后来他游历齐、楚、秦三国，是战国时期著名的纵横家、谋士。

陈轸非常善于讲寓言故事，他最著名的寓言故事有画蛇添足、卞庄刺虎、坐山观虎斗等。这些典故都已成为汉语文化的组成部分，由此可见陈轸是个有趣的聪明人。

陈轸初到齐国的时候，一次楚国伐魏，楚国大将昭阳连破魏国八城，进而兵锋直指齐国。齐国当时之实力不如楚国，情况紧急。齐王于是派陈轸去游说楚将昭阳，希望楚国退兵。陈轸于是就和昭阳讲了画蛇添足的故事，劝昭阳说，你已攻破魏国八城，功劳巨大，如果再画蛇添足攻打齐国，一旦打败了齐国，以后你昭阳在楚国就危险了，很可能会遭人忌恨，身死爵失。所谓"战无不胜而不知止者，身且死，爵且后归，犹为蛇足也"。昭阳于是退兵。就这样，陈轸只用了只言片言就达到了目的。

陈轸还曾经在秦国做官。一次韩、魏交兵，打得不可开交，秦王准备劝阻，陈轸就讲了卞庄刺虎的故事，让秦王坐山观虎斗，等到韩、魏都精疲力竭的时候再坐收渔翁之利。所谓"两虎方且食牛，食甘必争，争则必斗，斗则大者伤，小者死，从伤而刺之，一举必有双虎之名"。

陈轸在秦国做官期间，和张仪是死对头，互相争宠。后陈轸争宠失败，张仪做了国相，陈轸便去了楚国做谋士。后还曾经作为楚使出访秦国，所以他对张仪的套路心知肚明，对楚王居然听信张仪的谎话表示非常痛心。

楚怀王觉得陈轸是针对张仪，怒道："寡人一兵未发，而得六百里土地，有何不妥，为何要表示痛心？"

陈轸说："大王您不要受张仪的欺骗，以我之见，商於之土地不可得，而齐、秦结盟，楚危矣！"

楚怀王问道："何故？"

陈轸回答道："秦之所以重楚，因楚齐之盟也。若楚背盟，与齐国闭关绝约，则楚孤矣。秦何必要将商於六百里之地给孤立无援的楚国呢？张仪到秦国，必会背弃许诺。到那时，大王北与齐断交，西与秦结仇，两国必联合发兵夹攻楚国，楚国危矣。依臣之见，您不如暗中与齐国仍修旧好，表面绝交，然后派人随张仪取地。万一秦国真割让土地，那时再绝交也不迟啊。"

哪知"天真烂漫无邪"的楚怀王早已利欲熏心，对于陈轸入情入理的分析完全置之不理，反训斥道："陈轸你赶快闭嘴！不要废话，看好了，等寡人去拿地。"

于是楚怀王将相印授予张仪，厚加赏赐，与齐国闭关绝约，并派一将随张仪至秦去取商於之地。

演技派的张仪，忽悠好楚怀王回到秦国，又马上自编、自导、自演了一场苦肉计：他假装从车上掉下摔伤，一连三个月都没有上朝。

楚王听说了以后，对左右说："是不是张仪觉得寡人还未和齐断交，所以不肯给我土地呢？"

于是"天真无邪"的楚怀王派遣勇士宋遗，借宋国的符节北上到齐国去骂齐王，齐王大怒。宋遗跑到人家的地盘去骂对方的国君，勇气实为"可嘉"。可怜他也算是条汉子吧，但他的结局可想而知，应该是被齐湣王烹煮而亡。宋遗在史书上也就此一闪而过。

说到齐湣王，这也是个傲娇好事的主，他的故事后面还有很多地方会讲到。齐湣王被骂以后立即折节，降低身份去讨好秦国，于是秦、齐二国交好。

此时张仪才上朝，他见到楚使以后，演技马上爆棚，故作惊讶地说："先生您怎么还在秦国？怎么还没有去接受秦国的土地呢？从这里到那里有整整六里的地方呢！"史书记载张仪还用手比画，表演得非常诚恳到位。

使者愤怒地说："之前您不是说好是商於六百里之地吗？"

张仪继续惊讶道："我张仪哪里有六百里商於的土地啊？那是秦王的土地，我哪里有权给别国？我能给的就是我张仪自己的封地六里，贵国一定是听错了吧！"

使者做梦也没想到，堂堂大国之相，居然可以瞪着眼说瞎话，明目张胆地耍无赖，于是就愤怒地跑回楚国，向楚怀王汇报。楚怀王大怒，准备发兵攻秦。

清醒人陈轸说："您可以让我说一句话吗？我们直接进攻秦国，不如赠送秦国一座名城，然后和秦国一起合力进攻齐国，这样我们虽然损失土地给秦国，但是可以从齐国那里找回损失。现在大王您已经和齐国交恶，如果再进攻秦国，我们同时和齐、秦二国交战，实在是太危险了啊。"

陈轸不愧为名士，在这种关键时候分寸还是不乱。但是"天真"的楚怀王早已变成了愤怒的楚怀王，完全听不进去。他派大将屈匄前去进攻秦国，秦国也派大将魏章起兵迎击。

秦、楚二军战于丹阳（大约在今河南省南阳市的西峡、淅川一带），结果楚军大败，带甲武士被斩首八万，大将屈匄及以下列侯、贵族被俘虏有七十余人，秦国借势夺取了汉中郡。

此时，愤怒的楚怀王像输红了眼的赌徒，准备压上所有的赌注。他征发国内所有的部队，再次进攻秦国，在蓝田（今陕西秦岭北麓，关中平原东南部）和秦国大战，结果再次大败。韩、魏听说楚国接连战败，准备趁火打劫，一起出兵向南进攻楚国，一直攻打到邓（今河南邓州一代）。楚国内外交困，没办法只能割让两座城市给秦国请和，这才撤兵去解邓之围。

这次楚国轻信张仪，几乎把底裤都输了。不但和齐国断了交，孤立无援，还丢失了汉中郡，部队也损失惨重，居然还被韩、魏趁火打劫，自此楚国开始慢慢走向衰落。在这之前楚国和秦国之间还是比较势均力敌的，但经此一劫，楚国的力量就彻底不如秦国了。

七、燕昭中兴

这一年，燕国终于赶走了齐国的驻军，燕国人一起推举太子姬平继位，是为燕昭王。昭王是在燕国被齐国几乎灭亡以后继位的，他凭吊死者、探访孤贫，与百姓同甘共苦，不惜重金折节以招募士人。

他问郭隗（wěi）："齐趁内乱而攻破燕国，寡人深知燕国国小力弱，不足以报仇。但是如果可以招募贤士，共同谋划，报仇雪恨，一雪先王的耻辱，我愿与他们一起分享燕国！您如果见到合适的人才，我一定要亲自去招揽、接待。"

郭隗给燕昭王讲了千金买马骨的故事。郭隗说："古时候有一个君主派一手下花千金去购买千里马，那个人找到了一匹已死的千里马，于是用五百金买下马头带回来。君主大怒。那个人解释道：'死马您还花五百金去买，更何况活的呢？天下人知道后，好马自然就会为您送上门来。'果然不到一年，这位君主就得到了三匹千里马。大王您现在打算招人才，那就请先从我郭隗开始，您只要优待我郭隗，那么比我贤良的人马上就会从千里之外赶来。"

于是燕昭王为郭隗翻建府第，尊他为师。果然各地的贤士都争相来到燕国，这其中就有一位超重量级人物——乐毅。乐毅是战国初年魏国名将乐羊子之后，他从中山国赶来，投奔燕国。乐毅是战国四大名将之一，诸葛亮的偶像。于是昭王封乐毅为亚卿，托以国事，位列国相。

这一年韩宣惠王去世，儿子韩襄王韩仓继位。韩仓就是之前韩国送给秦国做人质的那一位。

周赧王四年（公元前311年），蜀国相杀死了蜀侯。事实上，在战国时期，大夫的权力越来越大，杀死、流放国君，自立为君的比比皆是。

八、游说六国

秦惠王忽悠楚怀王上了瘾，他想要黔中这块地方，于是派人去跟楚怀王说："秦国愿意用武关之外的土地和您交换黔中的土地。"

楚怀王此时已经恨张仪入骨，恨不得生食其肉，活嚼其骨。于是楚怀王说："寡人不愿易地，愿拿黔中之地来换张仪一人。"

张仪听说以后，请求出行。秦惠王说："楚国恨不得要烹杀了先生您，您为什么要去啊？"

张仪说："没关系，让我去。秦强楚弱，楚国不敢对我怎么样。而且臣早就和楚国的宦官宠臣靳尚建立了很好的关系。靳尚他在侍奉楚国的宠姬郑袖，郑袖的话楚王没有不听的。"

郑袖是战国时期著名的美女，传说她还是诬陷、赶走屈原的元凶之一。张仪作为顶尖的说客，对人性的把握绝对是无敌的。他除了对天下局势了如指掌外，哪怕对于一国的朝堂内外、深宫大内、贤愚佞幸的情况也完全做到了了然于胸。张仪之前出使楚国，并没有待太久，可是他已经将楚国上下摸了个透，因此他才能做到游说国君算无遗策。

于是张仪欣然前往楚国。果然他一到楚国就被囚禁了起来，将被斩首。张仪于是让人传话给靳尚，让靳尚对郑袖说："秦王宠爱张仪，准备以上庸等六县和大量的美女来赎回他。大王看重土地又尊重秦国一定会交换，而且会善待秦国的美女，这样秦国的美女将会被宠幸，您就会遭到冷落。"

于是郑袖就日夜在楚王面前哭泣，说："当年张仪和楚国之争只不过是各为其主，现在大王您要杀了张仪，秦国必定震怒，我母子就会成为秦国人刀下的鱼肉，还不如让我们先迁居江南。"

楚王受不了郑袖的一哭二闹三上吊，于是就赦免了张仪，还厚礼款待。于是张仪借机游说楚王说："倡导各国合纵抗秦，无异于驱赶着羊群去进攻猛虎，这很明显是无法抵御秦国的。大王您若不肯服从秦国，秦国就会逼迫韩、魏两国联合攻击楚国，那楚国就危险了。秦国通过巴、蜀，备船积粮沿岷江而下，一天可行进五百里，不到十天就可以兵临扞关（今湖北省长阳县西）。扞关受威胁，则由此以东的各个城市都要修治整备，那黔中、巫郡便不再是大王您能控制的地盘了。秦国如果大举甲兵出武关，那楚国的北部就会成为绝地。秦国再向南攻击楚国，楚国的存亡只在三个月以内，而楚国等各国来救援要半年以上。坐等那些弱国来救，而忘记了强秦的威胁，大王您的想法很不靠谱啊。若您能诚心诚意听我的意见，我可以让秦、楚长为兄弟之国，不再相互攻伐。"

楚王虽然得到了张仪，但肯定是不愿意拿黔中来换的，于是同意了张仪的建议，和秦国结盟，放张仪回秦国。整个过程就相当于把张仪请来，好吃好喝好招待，玩了几天，签订了盟约，又放了回去，他想要报复张仪的目的完全没有达到。

张仪离开楚国以后顺便来到了韩国，对新上任的韩襄王说："韩国地方险恶多山，土地贫瘠，所产五谷不是豆子就是杂粮，国家的存粮不够支持两年，士兵不满二十万，而秦国却有甲兵百余万。崤山以东的各国士卒，需要披上盔甲才可以参战，而秦国的士兵个个赤膊就能上阵杀敌，左手提着人头，右手夹着俘虏。秦率领孟贲、乌获这样的勇士，来攻打不肯臣服的弱国，绝对是以石击卵，你们无一可以幸免。大王您如果不肯迎合秦国，那么秦国就会派出士兵占据宜阳，扼守成皋，大王的国家就会被一分为二，从此宫殿园林都不是您所能享有的。我为大王您考虑，您还不如服从秦国进攻楚国，这样既可以嫁祸于楚国又可以交好秦国。没有比这更给力的计策了。"

韩襄王于是就听从了张仪的意见。张仪也是够两面三刀，刚刚和楚国说了永结兄弟之邦，转头就把楚国给卖了。

张仪忽悠了一圈以后，回到了秦国汇报工作。秦王非常满意，封赏他6个城邑和武信君的爵位，又派他向东游说齐王。

张仪到了齐国那里，对齐湣王说："主张合纵抗秦的人，一定会对您说：'齐国有三晋为屏障，地广人多，兵强士勇，虽有一百个秦国，也将无可奈何。'大王必定欣赏这种说法，而不考虑实际情况。今秦、楚两国互相嫁女通婚，结为兄弟之国；韩国献出宜阳给秦国；魏国交出河西之地；赵王去朝见秦王，割让河间来讨好秦国。大王您如果不服从秦国，秦国将胁迫韩、魏攻齐之南；逼迫赵国大军渡过清河边境，直指博关，攻齐国之北。这样的话大王的临淄、即墨等心腹地带就不再是您的地盘了！一日之间全国都会受到威胁，到了那一天，您再想要结交秦国，也来不及了。"

齐王被张仪一通恐吓，只得采纳结交侍奉秦国的建议。

由上可以看出，张仪、苏秦他们之所以在游说的时候屡屡得逞，就是因为采用了一些偷换概念的方法。他们会先设立一个假设，然后在这个假设的基础上，分析得出一堆看似逻辑严密正确的结论，如果跟着他们的逻辑，很容易就会掉进他们的坑里。

比如，张仪在游说齐王的时候，会先讲秦、楚是婚姻之国，兄弟之邦，关系紧密，绝不会谈秦、楚之间如寇仇般的大战。同时也会说秦国可以驱使韩、赵、魏做任何事情，而虽然三晋畏秦如虎，但秦国真正想要驱使他们的部队全力来攻打齐国，这也是不现实的。但是这一套理论对于不明就里的人来说还是足够唬人的，所以齐王也被带入了坑里。

张仪从齐国出来，向西跑到赵国，对赵武灵王说："大王，你们赵国带头联合天下各国来抵抗秦国，使秦兵十五年不敢出函谷关。大王的威德行于山东，敝国非常恐惧，现在我们秦国秣马厉兵，时刻防备，不敢放松，唯恐大王您要来讨伐我们。现在我们秦国一举拿下了巴蜀，吞并了汉中，包围了两周，兵进了白马。秦国虽然地处偏远，可是对于赵国心怀愤怒已经很久了。如今秦国有一支残破之军驻扎在渑池，我们愿意渡过黄河、跨过漳水来到邯郸城下与您相会，希望用甲子会战（注：武王伐纣的时候，就是在甲子的清晨与纣王的军队会于牧野，武王一战击败纣王的军队，从此就奠定了整个胜局）的形式，和您一起重演武王伐纣的战争场面，因此特派我来通知您的左右。现在楚国与秦国已结为兄弟之邦；韩、魏已经俯首称藩；齐国献出了鱼盐之地；赵国已失臂膀，孤立无援，想要不遇到危险，怎么可能？如果秦国派出三员大将，率领三支大军，一支扼守午道，通知齐国渡过清河，在邯郸之东驻扎；另一支军队驻扎在成皋，驱使韩、魏进军河西；第三支军队驻扎在渑池，约定四国一起攻赵，赵国被打败后很有可能会四分五裂。我为大王您着想，不如与秦王结盟约，使两国永结兄弟之国。"

赵武灵王是山东诸国中反秦最为坚定的，但是好汉不吃眼前亏，也就接受了张仪的劝说。

最后张仪来到了最远的燕国，对燕王说："如今赵王已经去朝见秦王，并献出了河间的土地。大王您若不侍奉秦国，秦国就会派兵出云中、九原（注：云中在今内蒙古托克托县东北，九原在今内蒙古包头市西北），驱使赵国进攻燕国，到那个时候易水、长城可就不受您的控制了。况且现在齐国、赵国就像秦国的郡县一样听话，不敢妄自兴兵攻伐。大王您如果侍奉秦国，那么就可以永远不用担心齐、赵之威胁了。"

燕王于是听从了张仪的建议，献上了恒山脚下的五个城市向秦国求和。

张仪准备回国报告工作进度，还没有到咸阳，就听说秦惠王去世了，他的儿子秦武王嬴荡继位。

好勇斗狠的秦武王在当太子的时候就看不惯只会耍嘴皮子的张仪。继位之后，群臣纷纷上疏诋毁张仪。各诸侯国听说张仪与新任秦王不对付，于是就纷纷背弃连横合约，重新合纵结盟。

此时张仪已经从政二十多年，虽然历史上对于他的出生年份没有具体记载，但是估计他此时也已经有五十岁上下了，商鞅最后的遭遇肯定一直深深地刺痛着他，他需要为自己的退路着想了。

周赧王五年（公元前310年），张仪对秦武王说："大王，我为您考虑，最好山东各国可以发生一些事变，这样大王才能趁机多得土地。我因为破坏了齐、楚的盟约，所以齐王十分憎恨我，我跑到哪里齐国一定会派兵前去攻打。我请求您派我到魏国去，那齐国必定会派兵攻打魏国。趁着齐、魏打得难解难分的时候，大王您就可以借机出兵攻打韩国，进军三川，挟天子握天下之版图，成帝王之大业。"

张仪的聪明之处在于：当形势刚刚发生变化的时候，他马上就能为自己找到出路，逃离危险之地。像他这样的纵横家、策士只要君主喜爱，就有用武之地；一旦君主嫉恨，那么他们的能力反而会给他们带来生命危险。

秦武王答应了张仪，让张仪跑到了魏国，而齐国果然出兵攻打魏国，魏国十分惊恐。

张仪就对魏王说："大王您不用担心，让我用计帮您退掉齐兵！"

这一切都在张仪的计划之中，他早已派手下人打入楚国内部，搞定了楚国出使齐国的使臣，借使臣之口对齐王说："大王您这是在帮张仪啊。"

齐王非常之不解，问道："此话怎讲？"

楚国使者对齐王说："张仪离开秦国，本来就是他与秦王定下的计谋。秦国就是想要让齐、魏两国互相攻击，而秦国就可以借机夺取三川之地。今大王您果然派兵攻打魏国，这正是对内疲敝齐国，对外攻伐邻国，反而使张仪取信于秦国，您这买卖做得实在是太亏了啊！"

齐王听罢于是就下令退兵。张仪在魏国做了一年的国相，总算寿终正寝。张仪是纵横家中难得身居高位、左右逢源，最后还算落得个不错下场的，但是他诈欺楚国所用的方法还是让人感到不齿。

而法家就几乎没有好下场了，原因是他们不像纵横家那样主要通过外交坑蒙拐骗为自己的利益考虑，而是彻彻底底地为帝王卖命，做帝王的打手，为帝王之棍棒，其结果往往就会把自己的命也搭进去。

司马光对张仪和苏秦等纵横之士做了总结：张仪与苏秦皆以纵横之术游历于各诸侯国，获得富贵，天下羡慕，想要效法。又有魏人犀首公孙衍，也以能说会道闻名天下。其余像苏代、苏厉、周最、楼缓之流，纷纭而起，遍布天下。他们都以诡辩诈术互争高低，不可胜数。但当时天下最著名的还是张仪、苏秦以及公孙衍。

张仪、苏秦、公孙衍、苏代、苏厉我们之前大致介绍过，在此略微介绍一下周最、楼缓。

楼缓，战国时期赵国人，他的活动时期主要在战国中后期，长达近五十年，这个我们后续还会讲到，此处先按下不表。

周最，生卒年不详，齐国人，大约在秦昭襄王时代活动，曾经在齐国和秦国任职，能力很强，但私欲也很重，时刻不忘为自己谋私利，所以不成大事。

接下来司马光引用了孟子对纵横之士的评价。

有人问孟子说："公孙衍、张仪真乃大丈夫也！一怒而诸侯惧，安居而天下兵火息！"

孟轲说："这怎么能称得上大丈夫！大丈夫立天下之正位，堂堂正正做人，行天下之正道，得志便带领天下百姓同行正道，不得志便洁身自好独行。富贵不能淫，贫贱不能移，威武不能屈，这才算得上是大丈夫。"到了孟子这里，永远就是富贵不能淫，贫贱不能移，威武不能屈，这是他对于一个英雄大丈夫，或者是儒家对于每一个道德之士的要求。

接下来我们再看另一位大儒——扬子，也就是扬雄对于苏秦、张仪他们的评论。

九、扬雄其人

扬雄（公元前53年—公元18年），字子云，汉族，两汉交替时期儒学大家，西汉官吏、学者、汉赋四大家之一。少好学，口吃，博览群书，长于辞赋。汉成帝时任事黄门郎，王莽时任大夫，校书天禄阁。扬雄是继司马相如之后西汉最著名的辞赋家。唐朝诗人刘禹锡著名的《陋室铭》中有一句"西蜀子云亭"的西蜀子云即为扬雄。他模拟《易经》作《太玄》，模拟《论语》作《法言》等。

扬雄在中国思想史上的地位非常诡异，在南宋朱熹朱老夫子之前他是神一样的存在。

东汉著名的思想家、文学理论家王充称赞扬雄有"洪茂参圣之才"。

《汉书》作者班固称赞扬雄："用纳乎圣德，列炳于后人。"韩愈称赞扬雄："圣人之徒。"把扬子比为古之圣人。

柳宗元说韩愈："所敬者，司马迁，扬雄。"

我们中学课文里学的唐代大诗人刘禹锡的《陋室铭》中有一句："南阳诸葛庐，西蜀子云亭，孔子曰：何陋之有！"即把扬雄和诸葛武侯相提并论。

而《资治通鉴》的作者司马光先生更是推崇扬雄为孔子之后的第一"大儒"，其排名甚至超过了孟子和荀子。

司马光说："扬子云真大儒邪。孔子既没，后知圣人之道者，非子云而谁？孟荀殆不足，况其余乎？"所以《资治通鉴》中采用了很多扬雄《法言》中的评论，作为司马光老先生对很多事件的看法。

可是扬雄很无奈，他苟活于新莽篡汉的官场之上，这成了他的历史污点。其实这也不能怪扬雄，孔子生活在春秋乱世，没有侍奉周天子，周游列国寻求出路，也没有被批评。而扬雄所在的两汉交替时期，新莽代汉本来就不是他一介书生可以左右的局势，而他本人也并没有参与其中。只是到了晚年，因为他的一篇美化新莽的《剧秦美新》之文，给他带来了千古骂名。这篇文章前半部分是批判秦无道，后半部分是给新朝歌功颂德，因此引来了无尽的笔墨官司。

笔者以为，若从普通人的行为来理解，一位年近七十岁的老人，在动荡之世，为了生存做一些妥协，无可厚非，不至于因此而抹杀其一生的功绩。

但是到了南宋时期，我们的朱熹朱大圣人却有办法一棍子就把司马光先生眼中超越孟、荀的扬子云给打翻在地，使其近千年不得翻身。朱熹在他的《资治通鉴纲目》一书中，重新修订了司马光的正统观，加入了宋代理学的解释，不承认新朝政权，在三国时期以蜀汉为尊。在《资治通鉴纲目》一书中，他秉承了程朱理学一贯"饿死事小、失节事大"的观点，对扬子的死，他只用了六个字——莽大夫扬雄死，便将扬子钉在了历史的耻辱柱上，让其千年不得翻身。"莽大夫"是说扬雄是王莽的御用文人，按照宋明理学的正统观，扬雄的人品就已经被彻底否定了。而朱子按照春秋笔法用了"死"这个字，就算现代之社会"死"字用在有一定身份的人物身上，也是会显得相当贬义、无情的，一般只有对奸恶之徒我们才用"死"字。

《三国演义》的作者罗贯中先生借诸葛亮舌战群儒之口说："如扬雄以文章名世，而屈身事莽，不免投阁而死，此所谓小人之儒也；虽日赋万言，亦何取哉？"从这段话可看出，在罗老先生那里，好像扬雄没有"跳楼"自杀，就是小人之儒。

所以自从朱子以后，直到明清时期大力提倡程朱理学，扬子就更难以翻身。时至今日，我们在谈论到历史大儒、古之圣贤的时候，也很少提及扬子，岂不悲哉！

我们再说回《资治通鉴》，司马光引用扬雄在他的《法言》一书中对张仪、苏秦的评价：

有人问："张仪、苏秦学习鬼谷子之术，合纵连横，各自使中国得到十几年的安宁，是这样的吗？"

扬雄说："此乃骗人之诈术，圣人恶之。"

有人问："读孔子之书，而行苏秦、张仪之事，何如？"

扬雄回答："若有凤凰之嗓音却长着凶恶的羽毛，糟透了。"

再有人问："孔子的弟子子贡不也是这样干的吗？"

子贡，孔子的弟子，又叫端木赐，是孔子的几个主要弟子当中最有钱、最会钻营、最懂得做生意、社交关系最好，也最会混的一个。

扬雄回答说："若国家忧乱，不能解决，子贡就会为此感到羞耻；苏秦、张仪他们只会为了得不到富贵而感到羞耻，他们游说的目的完全不同，岂可同日而语！"

又有人问："张仪、苏秦能不蹈前人旧辙，闯出自己的一片天地，也算卓越之士吧？"

扬雄回答："古时圣王对于奸佞之人、无能之辈一定加以排斥，能说他们不考虑才干吗？但是像张仪、苏秦那种人，他们的确是有才能，但他们不是我辈需要追求的那种所谓'才干'。"

司马光引用了孟子和扬雄二人对于苏秦、张仪的论述，充分表达了他个人对于纵横家的意见。纵横家这些人的确是有能力和才干的，但这并不是有益的才干，而他们可能就是司马光在之前说的小人。这样的小人的确非常有能力，但他们才胜于德，他们人生的目标绝不是为了天下万民，只是为了他们的个人私利，为此他们甚至不惜去毁国破家，所作所为为君子所不齿。

十、武王举鼎

周赧王五年（公元前310年），秦王派使者甘茂把蜀国反叛的国相陈庄给杀了。

终于，山东诸国唯一一位可以和秦帝国一战的诸侯王，要开始崭露头角了，他就是赵武灵王。赵武灵王，姓赵名雍，是赵肃侯的儿子。"武灵"是他的谥号，关于这个谥号笔者有必要和大家分享一下。

武：率众以顺、保大定功、威强敌德曰武。这几点都是比较符合赵武灵王的，而且"武"字总体还是一个不错的谥号。

灵：乱而不损曰灵，是说在他的治理之下国家已经出现乱象，但总算国家还没有衰亡，这可不是一个好的谥号。历史上东汉后期的桓帝、灵帝都是有名的昏聩之君。赵武灵王的儿子给了他父亲这么一个谥号，说明他内心对父亲也是非常不满的。

起初，吴广有个女儿叫吴孟姚，史称吴娃。吴广听说赵武灵王做了一个奇特的春梦，于是把女儿献上。赵武灵王一看正是自己梦中的女子，于是宠幸吴娃，封为王后，就是惠后。这一年，惠后生下了儿子，名叫赵何，于是赵何也受到宠爱。

周赧王六年（公元前309年），秦朝第一次开设了丞相之职，任命樗（chū）里疾为右丞相。后来这个制度一直延续至汉朝。樗里疾是秦惠王的异母兄弟、秦武王的叔叔，被视为智囊。

周赧王七年（公元前308年），秦武王派遣甘茂约上魏国一起攻打韩国，并且派遣向寿为助手。甘茂派向寿赶了回去向秦王汇报说："魏国是否出兵，他们听我的，但是我希望大王不要出兵攻打韩国。"

秦武王在息壤这里迎接甘茂，问他为什么不攻打韩国。

甘茂说："宜阳乃大县，规模近于郡。今大王您让我跨越关隘，不远千里，前去攻打，这绝对不是一天两天能搞定的事情。我和您讲两个故事：之前鲁国有个和曾参同名之人，杀了人，有人告诉了曾参的母亲说曾参杀人了。曾参是孔门高徒，怎么可能杀人？他母亲自然不相信。可是先后来了三个人说同样的事情，曾参的母亲就扔下织布的机杼，据说越墙而走。又，当年魏文侯用乐羊伐中山，三年方下。乐羊回国，文侯给他展示别人的谤书，整整一箩筐，所以乐羊说破中山是文侯之功，非乐羊之功。臣甘茂来自山东，是外国人，樗里疾等人一定会以韩国之事攻击我。我之贤能不如曾参，大王又不如曾参之母那么了解信任我。而攻击我之人必不只三人，我怕大王会相信他们的话。那样我们进攻宜阳会前功尽弃，同时还背弃了与魏王之约，而我自己在秦国的前途也危险了。"

这个甘茂和樗里疾一样在秦国出将入相，对于秦国打通三川通道、削弱三晋有很大的功劳。他还有一个孙子，就是十二岁就拜相的著名神童甘罗。

攻打宜阳为什么要如此大费周章呢？宜阳，就在现今河南宜阳，离洛阳直线距离只有十九公里,可以说攻下宜阳就可以直接兵临洛阳,直抵东周王廷了。再者,对于韩国来说,宜阳是战国初年韩国建国时的都城,是韩国的命脉之所在,城高池深,绝对不易攻取。

秦武王说:"先生您放心前去攻打,寡人不会听信谗言,我可以和您盟誓!"

于是君臣在息壤立下盟誓,秋,甘茂率大军攻打宜阳。

我们这里分析一下,甘茂出兵之前和秦武王盟誓,绝对是聪明之举。对于一个领兵在外的大将来说,国内发生对于自己不利的谣言,几乎是必然的。而大将由于身在军中无法辩解,一旦君主产生了不信任,那么处境就危险了。而甘茂的方案非常符合现代管理学。首先,他先降低领导的期待,告诉武王,进攻宜阳是个旷日持久之战;其次,他把可能的不利言论先行提了出来,以降低谣言对自己的伤害;最后,通过以退为进的方式打消了君主的顾虑,这是非常有效的。

周赧王八年(公元前307年),甘茂出兵攻打宜阳,结果五个月没有打下来。果然国内包括右丞相樗里疾、公孙奭(shì)等人向武王进言说甘茂本是山东人士,所以他不愿意全力攻打宜阳。武王耳根子再硬,也架不住那么多嬴姓宗室在他旁边咬耳朵,于是他将信将疑,准备罢兵招回甘茂。

收到罢兵指令的甘茂,于是派人送了几个字给秦武王:"息壤在彼。"意思是说息壤还在原来的地方。秦武王恍然大悟,于是尽出国内部队,增加兵力前去协助甘茂。果然秦军一举攻下了宜阳,斩首六万,韩国震恐。宜阳守将、韩国国相、纵横家公仲侈出城投降,到秦国谢罪求和。

宜阳一役,是秦国向山东进发迈出的非常重大的一步。攻下宜阳以后,整个韩国以及周王朝都已无险可守,韩国被灭只在朝夕之间。

接下来我们再来讲讲秦武王。后来秦始皇统一天下以后,西汉大学者贾谊评价秦始皇"奋六世之余烈"。我们先来回顾一下已经介绍过的几位秦君:

秦孝公,嬴渠梁,任用商鞅变法,秦国开始强大。

秦惠文王,嬴驷,杀了商鞅,但是还是延续了商鞅的变法政策,任用张仪连横诸国,破坏了诸侯之间的合纵。

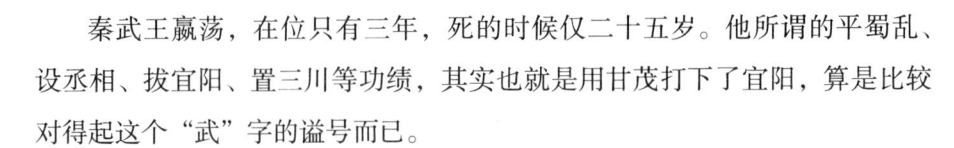

秦武王嬴荡，在位只有三年，死的时候仅二十五岁。他所谓的平蜀乱、设丞相、拔宜阳、置三川等功绩，其实也就是用甘茂打下了宜阳，算是比较对得起这个"武"字的谥号而已。

其他几位后面慢慢会和大家介绍。

由此看出，秦武王相比于前面两位君主，实则是一个能力平平的执政者，因为在位时间过短，没有什么大功，但是也没有时间让他犯下什么大错，所以被勉强列入了"六世余烈"之中。

秦武王唯一的爱好就是和别人比力气，他手下的那些力士，如任鄙、乌获、孟说等人，都是头脑简单、四肢发达之辈，但他们都得了大官。《资治通鉴》记载，在八月的一天，秦王与孟说比赛举鼎，孟说很牛，举起了巨鼎，秦武王却不行，经脉断绝而薨。这个另类的作死方法也算是古代帝王中的独一份儿了。

关于秦武王作死的方式，不同的史书有一些不同的细节描写。一种是说秦武王举鼎没举起来，被砸死了。还有一种比较离奇的说法是：秦武王打下了洛阳，然后到了王城学楚庄王问鼎的重量，问好还不信邪，还要举鼎试试，然后被砸死。总之秦武王是死于举重是没有疑问的，而他死了以后力士孟说之流亦被灭族。

秦武王因为死得比较早没有儿子，他的异母弟弟嬴稷在燕国做人质，秦国人于是把他迎接回来立为国君，是为昭襄王。昭襄王的母亲就是电视剧《芈月传》的主角芈八子，楚女，为宣太后。

十一、胡服骑射

说回赵武灵王，他准备向北攻略中山国的土地。中山国在战国初年曾经被魏文帝派乐羊攻了下来，但由于是一块飞地，与魏国主要领地并不相连，导致管理不力，所以很快又独立了。而中山国更靠近赵国，赵国对他们也已觊觎很久。

赵武灵王的大军向北一直打到了房子城，到了代地，直到大漠中的无穷；向西攻到了黄河，登上了华山的山顶。他与大臣肥义商议，让全国士大夫和百姓全部改穿短衣胡服，学习骑马射箭。

赵武灵王说："愚蠢之人定会嘲笑，但聪明之人是可以理解我的。即使天下人都嘲笑我，我也要这样做。我的目标是要把北方的胡人领地和中山国都夺取过来。"

于是赵武灵王带头改穿胡服，这就是著名的胡服骑射。

自从赵武灵王改变赵人的生活习惯，崇夷仿胡推行骑射以后，赵国的武力一跃成为三晋之中最强的，也成为战国中后期唯一还能和秦国一战的国家。此时的赵国也是名将辈出，包括赵奢、廉颇、李牧等，都是战国中后期赵国响当当的人物。

当然胡服骑射也不是一蹴而就的。在武灵王决定实行胡服骑射的时候，国中士人都坚决反对，包括武灵王的叔叔公子赵成，很多贵族都因此称疾不朝。

于是赵武灵王就派人对赵成说："家事听从父母，国政服从国君。现寡人向士人们推广改换服饰，而叔叔您不同意，我担心天下人会有非议。治理国家不变的原则是利民为本；从政也有基本常规，就是要听从命令。宣传教化要先针对下层平民，而推行新政必须先取信于显贵近臣，所以要完成胡服功业，一定需要叔父您作为榜样啊。"

公子赵成说："臣闻中厚是圣贤教化下的礼仪之邦，礼乐教化，四夷宾服，是他们所效仿的。大王您想要舍弃这些，去学习远方蛮夷，改变自古以来的圣王之道，违逆士人之心，我非常痛心。希望大王可以深思熟虑，再好好考虑一下啊！"

公子赵成表达的是中原士人一贯的重华夏轻夷狄的思想：华夏是上国之邦，礼仪、文化都是受天下人仰慕的。而远方的蛮夷，他们的文化是落后的，与畜生无异，怎么可以学他们呢？

使者将赵成的话回报武灵王，武灵王听后便亲自登门解释，苦口婆心地分析为什么赵国要改变风俗，穿胡服。

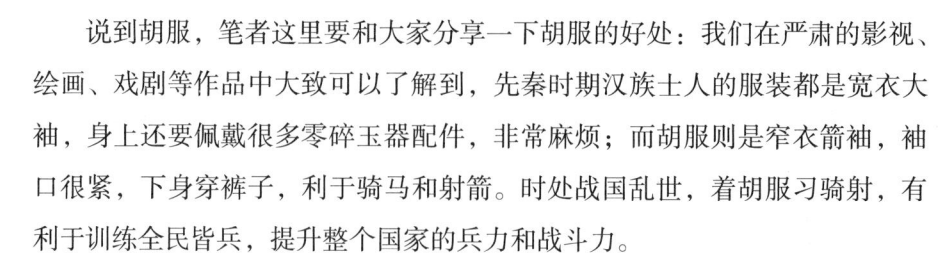

说到胡服，笔者这里要和大家分享一下胡服的好处：我们在严肃的影视、绘画、戏剧等作品中大致可以了解到，先秦时期汉族士人的服装都是宽衣大袖，身上还要佩戴很多零碎玉器配件，非常麻烦；而胡服则是窄衣箭袖，袖口很紧，下身穿裤子，利于骑马和射箭。时处战国乱世，着胡服习骑射，有利于训练全民皆兵，提升整个国家的兵力和战斗力。

赵武灵王说："赵国东有强齐和中山，北有燕国和东胡，西有楼烦和秦国，南有韩魏。四面环敌，若无强大的军备，如何守得住国土？之前就连中山小国都借助齐国支持，屡次侵犯我边疆，侵扰我百姓，还引水灌我都城。若无社稷之福，祖宗神灵保佑，几乎国家不保，先王深以为耻。故寡人变胡服习骑射不是寡人喜爱胡风，而是为了防备四方侵扰，以报中山之仇怨。而叔父您只顾顺应中华风俗，害怕承担异服之恶名，却忘记了您和先王所经历的耻辱，我非常失望啊！"

赵国地处三晋边缘，既不是三晋中的强国，更不用说和秦、齐、楚等大国相比，而且还夹存于中原民族和北方游牧民族之间，如果赵国只因循中原之文化，害怕移风易俗，只怕会更快地被淘汰。赵武灵王也不是继位以后马上就想到变革，也是因为连年征战不利，屡次被秦国击败，这才痛下决心，准备利用赵国的地理优势，进行军事改革。

赵国地处胡夏之交，文化交融，有马匹上的优势，却乏人口、兵车和装备之利。若因循春秋兴起来的战车和步兵相结合的战术，绝不是中原国家的对手。但若采取胡服骑射，除了提升华夏士兵的战斗力，更大的好处是可以给少数民族提供文化认同感，吸引大量的胡人加入赵国部队，大大地提升赵军的战斗力。

赵武灵王一席话，声情并茂、入情入理。公子赵成听了后幡然醒悟，欣然从命，亲自着胡服入朝。于是赵国颁布了胡服令，全民习骑马射箭，这使赵国之武力冠于山东诸国。

周赧王九年（公元前306年），秦武王离世以后，他的弟弟秦昭襄王嬴稷继位。秦昭襄王在位五十六年，算得上秦历史上非常有作为的君主。他任用范雎、魏冉、白起等一时之俊杰，加强武备，提升农业，富国强兵，在长平一战中彻底打败了赵国，为后来秦王嬴政一统天下打下了最坚实的基础。

秦昭襄王任命向寿去安抚刚刚攻下的宜阳地区。向寿是楚国人，襄王小时候的玩伴，母亲芈月的亲戚，所以襄王继位以后就重用向寿。向寿被苏代忽悠，忌妒甘茂在秦国的地位，是反甘茂的代表人物。

此时秦昭襄王继续派遣甘茂进攻魏国，为了避免双线作战，甘茂建议秦王将武遂归还给韩国，向寿、公孙奭（shì）（即秦贵族嬴奭）表示反对，未能成功，于是二人更加怨恨甘茂，屡次在秦王面前进献谗言中伤污蔑甘茂。向寿、公孙奭、樗里疾和甘茂之间的矛盾，代表了秦国亲族贵戚和山东六国士人之间的矛盾，这个矛盾冲突还将一直贯穿下去。

甘茂之所以建议把武遂归还给韩国，目的很明确。这段时间秦对外战争的主要策略是蚕食周边国家，所以几乎每年都要和周边国家作战。但是为了避免双线作战，最好的方式是在攻打一个国家之前先和其他周边国家结盟。结盟的方式也很简单，之前我打下来你五座城池，要结盟了就还给你两座，然后去打其他国家，如法炮制，逐步蚕食邻近之国。甘茂也是这个意思。

甘茂的想法得到了秦王的支持，于是领兵进攻魏国。但是由于得罪了贵戚，甘茂内心非常恐惧，不得不中途放弃了攻击魏国的蒲阪，逃走了。樗里疾于是就和魏国讲和罢兵，甘茂乘乱逃到了齐国。

说回赵武灵王，赵王攻略中山，一直打到了宁葭关（现河北省石家庄市鹿泉区一带）。接下来又转向西，攻打胡地，一直打到了榆中（现甘肃省中部，关中平原的北部），胡王献马来投。打通甘肃中部，对于赵国来说战略意义重大。众所周知，秦之所以可以在乱世称雄，除了变法革新之外，最重要的就是因为秦国有地理上的优势。

关中之地东有函谷关，南有武关阻隔。中原再强大，哪怕六国联军，只要打到函谷关就会一筹莫展。所谓百二秦川，就是说哪怕有百人进攻，只要两人就能守住，是真正的形胜之地。它保证了秦国后方不被攻击骚扰，可以稳定地生产和补给。而关中地区地形上的威胁主要来自北方和西北。汉朝时期，匈奴只要有一点风吹草动，整个长安城都会非常紧张，而这次赵武灵王相当于打开了秦国北边的门户，而赵国又是坚定的合纵派，所以秦国紧张了。

赵王从甘肃回来，马上就派著名的纵横家楼缓出使秦国，派仇液出使韩国，派王贲出使楚国，派富丁出使魏国，派赵爵出使齐国。然后又派代国的国相赵固去主持胡人的事务，召集胡兵。赵国此时的内政外交活跃有效，不仅和周边的国家建立了很好的邦交关系，同时也开始了对胡地的一些攻略，扩大了赵国的地盘，增加了战略纵深和战略后方，获得了最重要的战略装备——战马；同时还从胡地吸引人口，扩大兵源。要知道，人口是战乱年代的第一生产力。可以说，整个北略过程，大大地提升了赵国的军事实力。

这一年楚国重新和齐国、韩国建立了盟约。

周赧王十年（公元前305年），赵国继续攻打肘腋之患——中山国，中山只好献出四个城邑来求和。

十二、穰侯掌权

这时的秦国又冒出了一个牛人——魏冉。这一点我们不得不佩服秦国，其由于地处崤山以西，和中原有相当的距离，所以在文化、思想、政治各个方面都落后于中原各国，但是秦国历来就注重从山东引进人才。秦穆公时期引入了百里奚，秦孝公时期引入了商鞅，秦惠文王、秦武王时期又吸收了像甘茂、张仪这样的奇才、怪才，绝对是能人辈出，都能为秦所用。

而昭襄王继位之初，宣太后掌权，此时秦国政治舞台中心的厉害人物是魏冉。魏冉是魏国贵族所生，所以叫魏冉，是宣太后芈月公主同母异父的弟弟。除了魏冉，宣太后还任用同父弟华阳君芈戎，同母弟高林君和泾阳君。而宣太后的母亲也是一位奇女子，嫁了很多贵族，生了一堆异姓兄弟姐妹。几个兄弟之间，魏冉的能力最强，秦武王在位之时就担任要职。武王死后各个兄弟争夺王位，只有魏冉独立扶持昭襄王。昭襄王即位以后就任命魏冉为将军，守卫咸阳首都。昭襄王继位之初，由于大权掌握在宣太后一人手中，所以秦国贵戚联合作乱，但都被魏冉镇压。魏冉也是个狠角色，他借这个机会，把对昭襄王王位有威胁的秦国公子们全都处死，由此魏冉威震秦国。

周赧王十一年（公元前304年），宣太后安排秦国和楚国重新结盟，并且让秦国把上庸一地归还给楚国，宣太后也算为娘家谋了些福利。

但是秦国攻击其他国家的动作并没有减缓。

周赧王十二年（公元前303年），秦国攻下魏蒲阪（在今山西省运城永济）、晋阳（在今山西太原）、封陵；又顺便把之前送给韩国的武遂（在今山西省临汾市西南）抢了回来。

周赧王十三年（公元前302年），齐、韩、魏三国联兵攻打楚国，楚国只得送太子芈横去秦国做人质，秦国出兵救楚。秦大兵一到，齐、韩、魏三家联军顿作鸟兽散。

芈横也不消停，在秦国做人质期间，与人私下决斗，错手杀了秦国大夫，怕承担罪责，于是就逃回了楚国。

周赧王十四年（公元前301年），秦国进攻韩国夺取了穰地（在今河南邓州），封给了魏冉作为封地，于是魏冉也被称为穰侯。

蜀国人宁辉反叛秦国，秦派大将司马错前往平叛，诛杀了宁辉。司马错的一生都和蜀地紧密相连，他后来就死在了成都。他的后代有著名的成都人司马相如，司马迁也隐晦地称自己为司马错之后。

因为楚国人质的叛逃，秦、楚之间盟约破裂，于是秦国联合了韩、魏、齐三国一起进攻楚国，在重丘（在今河南省沁阳县）大败楚军，杀楚将唐眛，夺重丘。

而此时，赵国继续包围中山国，中山国君逃到了齐国，中山国的灭亡也就只是个时间问题了。

十三、中山谜团

遵循《史记》的内容，《资治通鉴》一书对于中山国的介绍也非常少，非常隐晦、神秘。按照中山国的体量来说单独立个《世家》什么的也还是可以理解的，但是司马迁为什么没有这么做呢？可能的真相是：这个中山国和司马家有非常重大的关系。这里笔者试图为读者揭开中山国的神秘面纱：

中山国大概位于现在河北石家庄和保定市之间，西周时期这一代居住的都是戎狄。在东周景王初年（约公元前544——前533年）中山建国，初称鲜虞，还曾多次和晋国交战，实力也不俗。春秋末期鲜虞改国名为中山。

战国初年（公元前408年）魏文侯派遣大将乐羊子攻打中山国，历经三年终于在公元前406年灭了中山国，杀了国君中山武公。

到了周安王二十四年（公元前378年），中山武公的小儿子姬桓带领族人复国，并自称中山桓王。中山复国以后接连打败了魏国，稳定了国势，并且在燕相子之乱时，派遣相国司马赒出兵夺取了燕国几百里的土地，实力大增，号称有兵车九千乘。这里九千其实只是个概数，是为了说明实力仅次于七雄的万乘之国。

相国司马赒去世后，他的儿子司马熹袭爵。司马熹重文抑武，虽然思想上没有错，但是明显不适合乱世，所以中山国的军事实力大损，因此被罢免。但是司马熹私通赵国，通过赵武灵王向中山国施压，得以恢复相位。复相以后的司马熹，为了讨好赵国，出卖中山国利益，排斥名将，赵国乘机多次出兵蚕食中山，直到最后彻底占领了中山国。被司马熹排斥的名将中就包括乐羊子后人战国名将乐毅，他跑到了燕国，成就了几乎灭齐的伟业。而这个出卖中山国的司马熹就很有可能是司马迁的先祖。由于司马熹出卖了中山国，在独尊儒术的汉武帝时期绝对是重大污点，司马迁为了避祖宗之讳，所以对中山国的记载讳莫如深。

以上是最近学者根据中山国的出土文物和西汉刘向的《战国策》相结合做出的一些猜想，笔者在此拿来和大家分享。

周赧王十五年（公元前300年），秦宣太后让次子泾阳君嬴芾去齐国做人质，以此结交齐国来一起攻打楚国，斩首三万众，杀楚将景缺，夺襄城（在今河南省襄城县）。楚王惊恐，只得将太子送往齐国做人质，请齐国帮助斡旋让秦国罢兵。

十四、赵国主父

由于《资治通鉴》是一本编年体的史书，所以根据时间进展，几条故事线会同时交错展开，这对于一些读者来说，或许了解一整个事件和人物会有些困难，但是这样有利于横向了解当时整个天下局势的变化。

周赧王十六年（公元前299年），赵武灵王因宠爱吴娃，爱屋及乌，宠爱小儿子赵何，想要趁自己在世的时候把国君之位传给赵何。

五月，武灵王将国君之位传给了赵何。赵何在祭祀宗庙之后继位临朝治理政事。原赵何宫中的属官都被任命为大臣，任命肥义为国相，尊他为国师。赵武灵王自称为"主父"，提前退位是为了想扶持小儿子登基，并帮助他坐稳江山。

赵主父让赵何治理国事，还有另一个目的，就是让自己可以腾出手来处理军事上的事项。他有一个庞大的计划，就是从云中（在今内蒙古托克托县）、九原（在今内蒙古包头西）出兵，向南袭击秦朝国都咸阳。于是赵主父自己扮作使者前往秦国，去侦查秦国山川河流地貌。

笔者之前和大家分析过八百里秦川的地理优势和风险。一个风险来自于北边的少数民族，像后来的匈奴、鲜卑等，因为从北向南进攻到关中平原，相对来说距离较近，并没有太大的阻隔；另外一个风险是从巴蜀由南向北进攻关中平原，成功的案例就是后来的汉高祖刘邦，包括蜀汉的丞相诸葛亮想要一统中原北伐时也是走的这一条路。这两条路实际上是进攻秦国比较现实有效的方法，如果赵武灵王能够在北方胡地扎根，并且能有效地实施从云中和九原出兵去牵制秦国后方，那么秦国向东统一中原会困难许多。因为一旦秦国的大兵东出函谷关，关中空虚，赵主父只要从北向南进攻秦都咸阳，那么秦国派向山东的军队想要回救都来不及，所以秦国必须要保留一支强大的军队守住后方，那样势必影响东路军的力量。

赵武灵王混在使者里面，秦王没有察觉。事后秦王觉得赵使团中有一个

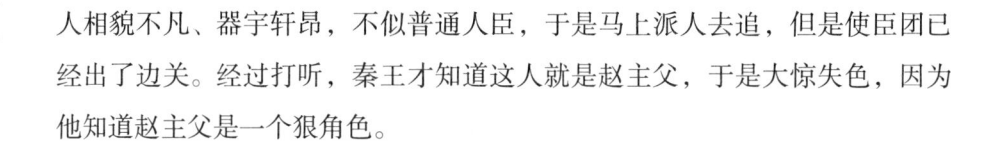

人相貌不凡、器宇轩昂，不似普通人臣，于是马上派人去追，但是使臣团已经出了边关。经过打听，秦王才知道这人就是赵主父，于是大惊失色，因为他知道赵主父是一个狠角色。

十五、怀王入秦

秦国继续欺负楚国，又攻打下了八座城市。秦王于是给楚怀王写信，内容为："想当初，寡人与大王约为兄弟，互相盟誓，大王派遣太子到秦国做人质，关系融洽。现如今大王的太子杀我重臣，不来谢罪反而不辞而别，寡人愤怒，这才出兵。现在寡人听说大王派太子到齐国去做人质，来请求齐国和解。秦、楚接壤，互为姻亲，只要我们和睦，便可以号令天下诸侯，寡人愿与君王在武关（在今陕西省商洛市西南）相会，当面约定同盟，这是寡人内心之愿啊！"

楚怀王见信非常害怕，左右为难。想去又怕落入圈套，楚怀王已经被秦国出卖了好多次了；想不去，又怕秦国恼怒，会被打得更惨。所谓弱国无外交，秦强楚弱，留给楚国的谈判余地自然非常之小了。

楚国大臣昭雎说："大王您绝对不能去，我们应该发兵守住关隘，此乃上策。秦乃虎狼之国，有吞并天下诸侯之心，决不可相信他们。"

大臣们纷纷反对，而楚怀王的小儿子熊兰却劝楚怀王入秦。

笔者以为，当时之楚国，储君在外为质，而熊兰居然还劝国君亲自到秦国的地盘去和信用为零的秦国盟会，一旦发生变故，则其他王子就有了机会，由此我们不得不以小人之心去猜度熊兰的动机不纯。然而，天真的楚怀王还是听从了小儿子的建议来到了秦国。

楚怀王一到秦国，秦王就原形毕露：原来秦王先派了一位将军假扮秦王，在武关伏兵，楚怀王一到就闭关，劫持他向西到了咸阳，还让楚怀王以臣子之礼来拜见秦王，要挟楚怀王，让楚国割让巫县和黔中郡来换。这是中外世界历史上罕见的卑鄙无耻行径，是赤裸裸的绑架、勒索。虽然楚怀王也不是什么英明之君，但是他愿意踏上秦国的国土，只身犯险来争取哪怕是片刻的安宁，就说明他还是有担当的。所以楚国后人给他的谥号是"怀"，"慈仁短折曰怀"，这也是后世对楚怀王的同情。

后来到了秦末天下大乱之时，楚人又立了楚怀王的孙子牧羊人熊心为楚怀王，就是为了怀念被秦国骗去的楚怀王。

楚王坚持双方需要先行盟约，然后以盟约的名义出让土地。这盟约虽然不平等，但是无论如何也是正式的外交上的谈判，以土地换和平，也算有理有利有节。虽然盟约内容落了下风，但是就当时的天下形势来说，向秦国割地求和也是无奈之举，如此是可以向楚国百姓和天下诸侯交代的。但是秦国人不讲信义惯了，所以也更加不会相信别人，非要楚怀王先让出土地再行盟约。

楚怀王十分愤怒，他大义凛然地说："秦国欺骗绑架寡人，还强行要寡人先割地，我决不答应。"于是楚怀王中断了和秦国的谈判，被秦国扣留软禁了下来。

楚国大臣们听说国君被挟持，举国震惊，大家一起商议说："君上被扣秦都，秦要挟割地，而太子尚在齐为质，若秦、齐联军，楚国危矣！"

这时楚国有人提出拥立其他王子为君，这其中可能就有熊兰一党。而贵族大臣昭雎说："大王与太子都被困于诸侯国，如今若要我背弃大王的意思，立其他庶子，我决不答应。"

可能熊兰不是怀王嫡子，昭雎一句话就把他的继位之路给堵死了。于是楚国只得准备文书说怀王已死，要去齐国迎接太子回国继位。

齐湣王召集群臣商议立楚国太子之事。有人建议说不如扣下太子，要求楚国割让淮北之地。

齐相说："不可，若我等不放楚太子的话，楚国就会另立一个国王，那我们手上有的就只是一个只吃饭不干活的无用之人。对于我们来说，他一点用都没有，而且我们还会被天下人责备为不义之国。"

主张留下人质的大臣说："不然，若楚立新君，则以人质去谈判。若楚割让下东国，我们就替他杀了楚太子；若他不肯我们就和其他诸侯一起立太子为楚王，分裂楚国。"这个计策虽然可能有效，但是由于过于不义，所以没有被齐王采纳。

最终齐王采纳了国相的意见，归还了楚太子，楚国便立太子熊横（芈横）为楚王，是为楚顷襄王。而熊兰因为在楚国势力根深蒂固，于是被任命为令尹，相当于楚国的丞相，集军政大权于一身。熊兰起先在张仪欺楚的时候，接受张仪的贿赂，站在张仪一边排斥屈原。在顷襄王继位以后又诋毁、排斥屈原，以至于最后屈原被赶出楚国，忧愤而死。

这是中国历史上几次著名的国君被挟持的事件之一。历史上中国人在处理这个问题上还是比较成功、有骨气的，很少会出现因为国君被掳而无条件听从勒索的情况。

楚国在新王继位以后，按照正常外交礼仪向秦国汇报："有赖社稷保佑，楚国已经有新君。"

秦王大怒，发兵出武关击楚，斩首五万取十六城。虽然楚国守住了国格和正义，但是在军事实力上他们绝对不是秦国的对手，秦国是予取予求。

十六、公孙龙子

秦王听说孟尝君很厉害，就让同母弟泾阳君为人质去换孟尝君到秦国来。对于齐国来说，既然人家已经派了一个王子为人质来，那么他们就不得不把孟尝君送了过去。孟尝君一到秦国，就被任命为丞相。

周赧王十七年（公元前298年），有人和秦王说："孟尝君相秦，一定以齐之利益为先，秦之利益为后，不值得信任。"

于是秦王就立楼缓为相，将孟尝君关起来准备杀了他。接下去的事情想必读者都耳熟能详了，那就是著名的鸡鸣狗盗的故事，这里就不再赘述了。

接下来讲的是战国四公子的第二位：赵武灵王之子、赵惠文王赵何之弟——赵胜，他被封为平原君。平原君爱士，门下食客数千人。其中有一位著名的逻辑学家、哲学家，战国时期名家的代表人物公孙龙，平原君待他为上宾。

公孙龙，和惠施一样属于名家中的佼佼者。公孙龙是伟大的形而上的思辨专家，他在形而上学的成就可以和同时代的希腊哲人们遥相呼应。但是中国历史一直以来追求的是实用主义，很少在形而上的、逻辑的思辨上有过高的追求，所以名家在中国思想史上的地位一直不高，他们的作品大多遗失，只有少量的记载出现在其他诸子的著作中。

公孙龙善为坚白同异、白马非马之辩。离坚白大致的观点就是，没有坚硬的白石头，一个石头坚硬是属于触感的，白色是属于视觉的，所以坚硬和白色是分离的，因此叫离坚白。"白马非马"是分析一般与个别关系的理论，强调"白马"（个别）与"马"（一般）的区别。具体名家的辨析非常精深，感兴趣的朋友可以参考冯友兰先生的《中国哲学史》去研究一下。

笔者以为公孙龙很有可能是从古希腊"穿越"到了东方中国的，他的思想观点是诸子百家中最接近古希腊智者派的。他还是中国历史最早提出了"名"的绝对性概念的学者，这是最接近古希腊哲学家柏拉图"理念"的概念。只可惜公孙龙他们生在了讲究实用主义的东方，自然他们的思想和观点就慢慢被边缘化、被遗忘了。

此时孔穿从楚国游历来到赵国，孔穿是孔子的六世孙，家传的儒家大师。平原君让孔穿与公孙龙辩论奴婢有三个耳朵的观点，这个具体是怎么辩的，由于史料的缺失，笔者也不是很清楚。总之，公孙龙的辩论内容十分精妙高深，逻辑严谨缜密，就连孔门嫡传的孔穿也无法对答，没几句就败下阵来告辞了。

第二天孔穿再去见平原君，平原君说："先生您昨天听到公孙先生的辩论一定觉得很精彩吧，他的论述头头是道，先生觉得怎么样？"

孔穿说："是阿，公孙先生口吐莲花，几乎真让奴婢长出了三只耳朵。可是话虽如此，实际上是不可能的！我想请教您，现在论证三个耳朵十分困难又不真实，证明是两只耳朵容易而确实，不知您将选择容易真实的还是困难虚假的？"

平原君一时哑口无言，第二天他见到公孙龙，就对公孙龙说："先生您不要再和孔穿辩论了，他的理胜辞，您的辞胜理，最后您肯定占不了上风。"

在道理上来说孔穿所言完全正确，我们做事情也好，做学问也罢，向确信实际的方向去努力肯定是容易的，而且容易获得成功。可是在辩论这件事情上，孔穿不去研究对方逻辑的漏洞来加强逻辑分析，反而拿所谓的事实来反驳，这就不符合辩论的精神了。要知道公孙龙在中国历史上鼎鼎大名，而孔穿虽为孔子嫡传之弟子却是默默无闻，如果不是这次他和公孙龙的互动，蹭了对方的人气，那么我们也将不会在史书上看到多少关于孔穿的记载。就因为孔穿的这种过于强调实际的态度，致使后世之中国思想，过于重实用而缺少理性和开拓性的思辨，导致了系统性学科知识难以建立。

这时候齐国的邹衍经过赵国。邹衍即邹子，齐国人，是战国时期阴阳家的代表，也是五德终始学说的创始人，在百家争鸣的齐国稷下学宫也是旗帜性人物。平原君让公孙龙跟邹衍论"白马非马"一说。

邹衍对赵平原君说："我不愿意跟他辩论这样的论题。所谓辩论，应该区别不同分类，使它们互不侵扰；排列不同的观点，使它们有序不会互相混淆。表达自己的意见和观点，清晰自己的理念，让别人清楚地理解，而不是让别人越听越糊涂。如此辩论的胜者才能坚持自己的立场，不胜者也能从中获取想要追求的真理，这才是可行的、有价值的。如果用烦琐的文字、花哨的修辞、怪异巧妙的比喻来偷换概念，让人无法理解核心义理，这是对大道有害的。而那些自以为有道理、喋喋不休、咄咄逼人，逞口舌之快的行为更是有失君子风度的，我邹衍是不奉陪的。"

在座的那些门客平时就看公孙龙不顺眼，今天终于有人帮他们出头了，于是群起而攻之，都跟着附和，大声叫好，"坐皆称善"。

不管这些名家贤士之间如何互相不服气，但平原君的门下食客中还是有很多能人的，这个笔者会慢慢和大家分享。

第四卷

周纪四

一、客死他乡

周赧王十八年（公元前297年），楚怀王从咸阳逃了出来，准备逃回楚国。但是被秦国人发觉了，在通往楚国的交通要冲上设下重重关卡，准备将其抓回秦都。

楚怀王虽然年纪大了，但脑子还很好使，腿脚也麻利，他知道去南方楚国的路上肯定关隘重重，于是他折向北，抄小路逃到了赵国边境。可惜正好遇到赵主父在代郡视察，赵国无主，赵国的边境官员不敢擅自做主收留。

历史就是这么的吊诡，笔者以为，以主父之宏量，一定可以收容怀王，并送怀王回楚。那么楚、赵联合同心，合力抗秦，击楚则赵军自代出兵攻秦之背后，攻赵则楚军响应，或许可以延缓六国之命十年。可惜主父不在国内，楚怀王只能走其他道路。他准备逃到魏国，但是在路上被秦国军追上，又被押送回了秦都。

周赧王十九年（公元前296年），楚怀王在秦国忧愤而死。楚怀王的一生也是一个悲剧，他之前被张仪欺骗可以说是咎由自取，而后来只身赴秦还算是有担当，努力逃出秦国看守也算是有一定的勇气和谋略。可是当时天下之势又有谁敢为了道义而得罪强秦呢？所以最终客死他乡，也是战国这个时代的悲剧。

楚怀王死后，秦国人还算是有最后的一点人性，将其尸体送回了楚国。楚国人纷纷哀痛悲戚不已，各诸侯国君也都兔死狐悲，对秦国非常不满，"诸侯由是不直秦"。

秦国的暴行激怒了各国，齐、韩、魏、赵、宋五国一起联合攻打秦国，一直打到了盐氏（今山西运城）而还。而秦国对于瓦解诸侯国的联军早就有了一套行之有效的方法。秦国先把武遂一地还给了韩国，然后把封陵一地还给了魏国，与韩、魏和解，韩、魏一撤军，联合部队也就名存实亡了。

二、沙丘之变

讲回武灵王赵主父，他将王位让给赵何以后，就安心地去视察边疆，攻城略地，四处征战，不再担心内政琐碎，还在西河会见了新归降的楼烦王，合并了他的部队。

这一年〔周郝王十九年（公元前296年）〕

魏襄王去世，子魏遫立，是为魏昭王。

韩襄王去世，子韩咎立，是为韩厘王。

周郝王二十年（公元前295年），刚刚因为五国伐秦而归还了一个城池给魏国的秦国，又乘魏国新丧国君的机会，派将军司马错进攻魏国的襄城。

赵主父与齐、燕一起灭了中山国，把中山国最后的傀儡王迁出都城，彻底吞并了中山国。赵主父回国以后论功行赏，大赦犯人，设酒庆祝，全国欢宴，此时赵主父的威名也达到了他人生的顶峰。

赵主父明锐、果敢、有担当、有执行力，还有创新精神。从这些特点可以看出，他是一位优秀的君主。但是所谓人无完人，赵主父也有不听劝阻、刚愎自用等缺点，他因为自己的一意孤行，例如，废长立幼、提前让位等种种违背常理、夸张的行为，最后使得赵国一步步走向衰亡，这不得不说是赵主父咎由自取。

赵主父有多"作死"？从下面这件事情上读者诸君或许可以窥探一二。

一日朝堂上，赵主父看长子赵章（安阳君）颓丧地向弟弟赵何行君臣大礼，作为父亲他内心不忍。史书记载赵章长得很像主父，所以向来得到宠爱，但是后来由于吴娃受宠，主父移情赵何。现吴娃已去世，没有了母亲的加持，赵何所受的宠爱就减弱了，主父的内心又转向了长子，不忍长子屈于弟弟之下。可怜天下父母心，赵主父于是不顾反对，将长子封到了代郡，号为"安阳君"，并派遣田不礼做安阳君在代国的国相。相当于将赵国一分为二，赵主父这样做，可想而知，赵王赵何的内心一定是不满的。

安阳君素来内心骄傲，不甘心居于人下，更是不服自己的弟弟。但是现在父亲还在，他也不敢轻举妄动。

大臣李兑对肥义说："公子赵章壮而有野心，做太子多年，手下党羽众多，有做大之心。代相田不礼残忍志骄，二人相互勾结，必有阴谋。小人有了欲望，就不会深思熟虑，会不计后果、不计利害得失，我觉得灾难马上就要发生了。先生您身居赵国国相之位，权力很大，一旦发生变故您将成为攻击目标。何不称病让相位于公子赵成，以躲避灾祸？"

肥义说："当初主父将赵王托付于我时说过：'不要改变你的法度，不要改变你的思想，要坚守一心，至死效忠。'我再三拜谢，牢记于心。如果担心不测而放弃我的坚持，我做不到。在誓言和生命之间，我愿坚持誓言，放弃生命。您对我的好心建议我非常感激，但是我已有誓言在先，决不放弃。"

李兑知道肥义已抱必死之心，流泪说："好吧，先生勉力而为吧！只怕明年我们就无法再见（吾见子已今年耳）。"泣涕而出。

李兑的确是一个聪明人，他非常准确地看出了赵国看似平静的局势中存在的重大潜在危机，甚至可以预言到危机马上就要到来。而肥义却也是铮铮铁骨，他接受了主父的幼子之托，坚定誓言，鞠躬尽瘁，以报主恩。

当然聪明的李兑也留了后手，他多次跑来见公子赵成，一起商量防备赵章和田不礼之事。

肥义对赵王的侍卫大臣信期说："公子赵章与田不礼表面恭顺而深藏祸心，内得主父欢心，外则凶暴残酷，一旦他们假托主父之命发动叛乱，就危险了。我内心忧虑，夜而忘寐，饥而忘食，盗贼就在身边，不可不防。今日起，有任何主父之命召见大王的，一定先让去试探，我若回来没有异象，您再带大王前往；我若迟迟不归，您一定做好准备，守护大王！"

肥义愿为君主以身试险，果然大忠臣也！

但是不管是李兑也好，肥义也罢，他们都没有去劝谏赵主父，因为他们都看得出，赵主父内心对长子非常愧疚，任何人如果说赵章要谋反，都很可能会被赵主父理解为是在挑拨赵王父子、兄弟之情。

史书给我们的好处是，在数千年之后，我们还可以以旁观者的身份，通过"上帝视角"去经历、审视、哀叹这一出出的悲喜剧。

我们继续来看赵国这出悲剧的走向。

上面说了，赵主父觉得哥哥是安阳君，弟弟是赵王，让哥哥向弟弟俯首称臣，接受训示，感到可怜。于是他想彻底将赵国一分为二，让赵章代郡称王，和赵何平起平坐，但是被国相肥义以国无二君、民无二主的名义坚决制止，所以这个想法只能暂时搁置。

一日，赵主父和赵王出游沙丘（今河北广宗县大平台村），二人住在两个行宫内。赵章和田不礼趁主父和赵王均不在都城，守卫不严，乘机率领门客作乱。果然如肥义猜想，他们假借主父之命，召见赵王。肥义先去探听，刚一进门，就被赵章等人杀死。于是赵章下令，让门客们进攻赵王的宫殿。肥义的死为赵王争取了时间，他的手下看到肥义没有回来，马上派人去都城求救，同时派人守住宫门抵挡赵章手下的进攻。

公子赵成与李兑时刻防备叛乱，他们马上率军从国都邯郸赶来，以赵王的名义调动四城的军队镇压叛乱。赵章人单势孤，抵挡不住赵国正规军队的进攻，被击败后只得逃到主父的行宫。赵主父把他接进自己的宫殿，想要庇护他，而赵成、李兑一不做二不休，顺势包围了赵主父的宫殿，逼迫赵主父交出公子赵章。杀死赵章以后，赵成和李兑商量说："因赵章作乱，我等兵围了主父，已是犯上作乱，一旦我们撤兵，一定会被主父灭族！"

于是他们下令继续包围主父的行宫，宣布宫中只要晚出来的就灭族。于是行宫中的宫女、宦官、侍从纷纷出逃。而主父想要出来，却被挡在宫中，主父没有人服侍，也没有吃的，只能自己去捕捉鸟雀。就这样，战国时期山东诸国最雄才大略的君主之一，因胡服骑射而英武盖世、名垂千古的赵武灵王，顽强而又悲惨地活了三个多月后，如此窝囊地被儿子和叔叔饿死在了沙丘宫中。

平定叛乱之后，赵王大赏群臣，公子赵成接肥义之位担任相国，称"安平君"，大臣李兑被任命为司寇。惠文王赵何年幼，政权都掌握在了公子赵成和李兑手里。

兵变的沙丘宫在武灵王之前的七百年前曾见证了商纣王的酒池肉林，又在几十年以后见证了"千古一帝"秦始皇死后的沙丘政变。因为这三位帝王，这里也成了历史名城。

武灵王的死让我们想起了另外一位著名的君主：春秋首霸齐桓公。齐桓公姜小白不听从管仲死前的建议，在名相管仲去世后，任用易牙、竖刁等奸佞，被关在了一个宫殿里面，也是被活活地饿死了。一直到死后身上发了蛆、长了虫子，才被侍卫发现而掩埋。

直到赵主父死透了，《资治通鉴》用了"定死"两字，赵国才发丧各国。而随着赵主父的去世，赵国也从巅峰开始走向衰落。

司马光总结道：主父初以长子章为太子，后得吴娃，爱之，为不出（宫殿）者数岁。吴娃生子何，乃废太子而立之。吴娃死，爱弛，怜故太子，欲两王之，犹豫未决，故乱起。

如果我们是对史书持怀疑论者，可以从结局的获利者来分析另一种可能性：赵成和李兑怕将来赵章做大，会影响赵王之位，于是提前借赵王父子出城的机会，合谋杀死了公子赵章，囚禁了主父，然后控制了赵何，把持了朝政，并且把脏水扣在了赵章头上。

当然，笔者的阴谋论纯属假设，只是提供给了读者另一个看待历史事件的角度而已。

历史的真相究竟如何，已经不得而知了。但赵武灵王在两个儿子之间摇摇摆摆、朝三暮四，才是他不得善终的最根本原因。

三、杀人魔王

周赧王二十二年（公元前293年），韩国派大将公孙喜联合魏国攻打秦国。这里《资治通鉴》有个错误，公孙喜其实是魏国的重要将领，职务是犀武，他就是纵横家犀首公孙衍的弟弟。这次韩、魏还联合了东周天子军队一起向秦国进兵。

穰侯魏冉推荐了左更白起给秦王，让他代替向寿领兵。从此战国第一杀人魔王白起就正式登上了历史舞台。白起在伊阙（在今河南省洛阳市龙门镇）和韩、魏、周的联军对垒。在对垒的过程中，白起将他的军事指挥艺术发挥得淋漓尽致，他利用联军之间互相观望、指挥不一的机会，先派少量部队牵制联军主力韩军，然后集中优势兵力猛攻魏军。魏军溃败，韩军侧翼暴露，秦军两路夹击，又一举击溃了韩军。这一战秦军大败韩、魏、周联军，斩首二十四万级。韩、魏、周联军全军覆没，活捉并斩首了魏军大将公孙喜，攻下了五座城市。

这是战国以来最惨烈的一场战争，整整杀了二十四万人。而这个纪录还将被白起不停地改写。伊阙一战，韩国精锐尽失，魏国一蹶不振，东周本来就没多少的家底统统打光，秦军东进中原腹地的道路彻底被打开。

白起又称公孙起，是秦国不多的来自本土的名将，与廉颇、李牧、王翦一起并称战国四大名将，且位列四大名将之首。

笔者以为，白起位列四大名将肯定没有问题，但是吴起、乐毅二人的功绩也绝对不在这几人之下，吴起更应该位列榜首。如果按照军事思想、统御力、战斗力以及战功等综合能力来考量，那么笔者给战国名将们的排序是：吴起、白起、李牧、乐毅、王翦、廉颇、孙膑。如果非要列四大天王的话，王翦、廉颇、孙膑可能就无法位列其中了。

白起因为伊阙之战的赫赫战功，被秦王任命为国尉，相当于秦国的兵马大元帅。

这个阶段秦国与韩、魏之间的战争已经达到了白热化，同时北边赵国给了秦国巨大的军事压力，为了避免多线作战，秦国主动寻求与楚国和解。

秦王威胁楚王说："楚国背弃和秦国的盟约，所以秦国准备率领诸侯各国一起来讨伐楚国，大王请准备好部队，我们痛痛快快地干一仗吧！"

楚王恐惧，不得已重新与秦国和亲。

周赧王二十三年（公元前292年），转过年来，楚襄王就从秦国迎来了新娘。

对于这件事，司马光老先生再也忍不住了，骂道："甚哉秦之无道也，杀其父而劫其子。"因为这种所谓的跨国婚姻，其实并没有我们想象的那么美好，大国派来的公主不管血统是否纯正，年纪多大，脾气如何，长得怎样，都是必须要做正妻，而且生了孩子是要做太子继承人的，如果将来儿子继位了，更是要做太后的。原来的老婆孩子怎么办？但大国是不会在意这些的。更何况秦国欺骗、囚禁楚怀王，害楚怀王客死异乡，这样的仇怨即使是举国与之一战也不会有人有异议的，而现在还要娶仇人的女儿，是可忍孰不可忍？

所以司马光继续骂道："楚国也太不争气了，忍杀父之仇还要娶仇人的女子！呜呼，如果楚国君王有道，任用合适的人才，秦国再强，也不会被欺负到这个地步啊！所以荀子说得好：'国有道，善治理，百里之地皆能独立；不善治理，若楚六千里之地也是被仇人驱使。'所以君主不寻求正确的治国之道，只知扩大势力，追求利益，这是国家危亡的原因。"

当然荀子老先生说的也只是一个理论，实际上很难落地。因为当时楚国与秦国之间，无论是从军事、政治、外交还是经济上来说都处于绝对的劣势。楚国要想生存下去，必须要首先稳定内政，然后再坚定地东和燕齐、北结三晋，多方合作，才有可能和秦国相抗衡，也才有可能抵挡秦军东进的步伐。若想单独以楚国之力和秦国一对一地对抗，那绝对是以卵击石。

这一年，秦国国相魏冉因病辞去职务，以客卿寿烛为丞相。转过年来，寿烛被罢免了，魏冉复位丞相，封于穰，又加封了陶，被称为穰侯。自此，穰侯所拥财富日益增多，可比肩秦王室。

周赧王二十五年（公元前290年），魏让河东地四百里、韩让武遂地二百里于秦。可怜的韩、魏只能通过割让土地，如同吸毒般来寻求短暂片刻的安宁。而此时秦国的势力已经彻底从西河向黄河的东边进发。

我们把目光转向西方，看看欧亚大陆另一端的局势变化。征服了整个希腊和地中海沿岸的马其顿国王亚历山大大帝，在公元前323年得了恶性疟疾死了。历史上有一种说法，假设上帝再给亚历山大大帝二十年的寿命，那么整个世界史可能会被改写。亚历山大大帝很有可能就会跨过中亚，进而兵发地处东亚的中国。在中国西部的秦国就会首当其冲，以当时秦国的实力，即使能够抵挡住亚历山大的进攻，也会造成腹背受敌，双线作战，后方不稳，那么秦国统一中国的历史也就会被改写。

当然历史不接受假设。因为亚历山大的去世，整个世界又进入了另一个状态。这时候欧洲已经形成了三个王国：一个是马其顿王国，一个是托勒密王朝统治下的埃及王国，还有一个就是塞琉西王朝。这个时候西方已逐渐从希腊时代开始进入到罗马时代。

让我们再把目光转回到当时的中国，此时的中国正处于战国中期，战乱频仍，各国局势动荡不安。

周赧王二十六年（公元前289年），魏国的卑躬屈膝并没有换来长期的和平，才一年不到，秦国又派大良造白起和客卿司马错一起进攻魏国，夺取大小城池六十一座。自从秦国起用了白起这个杀人魔王以后，山东六国的噩梦是一夜也不能停息。我们如果单纯以战功论，白起当得起战国第一将，但在军事理论、战争哲学、政治理论、制度管理等方面，他和吴起相比还是有很大的距离。白起最主要的功绩就是在战场上砍人头，这方面他的战绩几乎无人能敌。

四、桀宋之亡

周赧王二十七年（公元前288年），十月冬季，秦王在西称帝，为西帝。他想约齐湣王一起称帝，共同讨伐赵国。因为秦、齐两国正好在中国的东西两端，其他诸侯国夹在当中，故此时秦国的主要战略是远和强齐，近攻三晋。自楚怀王以后，楚被秦国连哄带骗欺负得不行，已经衰落，此时实力上秦、齐是最强大的。秦国想拉齐国一起称帝，这个地位已经要高于夏、商、周三代的君王，比肩三皇五帝了。而秦国边上，唯一对秦腹地有牵制作用的是赵国，秦国希望和齐国联合东西夹攻赵国，目标是一举将赵国打残，以永远地解决秦国北部边境之患。

此时，恰好战国名嘴苏秦的弟弟苏代从燕国到了齐国，齐湣王问苏代："秦特使魏冉到访，他请我们和秦国一起称帝，先生以为如何？"

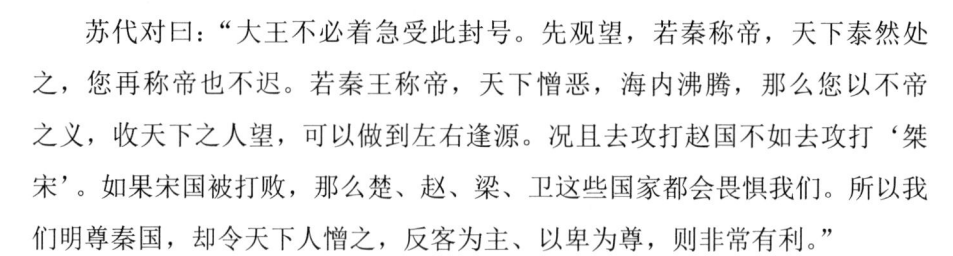

苏代对曰："大王不必着急受此封号。先观望，若秦称帝，天下泰然处之，您再称帝也不迟。若秦王称帝，天下憎恶，海内沸腾，那么您以不帝之义，收天下之人望，可以做到左右逢源。况且去攻打赵国不如去攻打'桀宋'。如果宋国被打败，那么楚、赵、梁、卫这些国家都会畏惧我们。所以我们明尊秦国，却令天下人憎之，反客为主、以卑为尊，则非常有利。"

苏代，这个二代的纵横名嘴，实力还是很强的，以退为进、以卑为尊的谋略也足够高明。齐王听从了苏代的建议，称帝二日后就放弃帝号，并且派遣使者到秦国还礼。秦王也很聪明，知道齐国葫芦里卖的什么药，也就去了帝号，重新称王。

苏代这里提到了"桀宋"，这是有背景故事的。此时的宋朝国君是宋康王，商朝人后裔，从西周分封开始就位列公爵，在诸侯之中等级最高，但是实力却相对弱小。但宋国却一直有一颗想要放飞翱翔的心。西周刚刚建立，就有商人的后裔和管叔、蔡叔联合反叛，被周公平灭；春秋时期宋襄公一心想要称霸，却被楚国所败；到了战国中后期，宋国只剩一小块地盘了，但是称霸之"心火"还是在熊熊燃烧。宋康王回光返照，对外四处讨伐，对内又为所欲为，所以被称为桀宋。

周赧王二十九年（公元前286年），秦将司马错攻击魏国的河内（在今黄河以北，这里笔者科普一下，中国史书上讲左右内外，实际上是以君主面南背北的角度来看的，所以"内"是北，"外"是南；"左"为东，"右"为西，和我们现在地图的上北下南左西右东是相反的），魏国不得已献出旧都安邑求和，秦国把城内的人民都驱赶回了魏国，占领了安邑。

插播了秦、魏之间的事件以后，接下来我们继续讲宋国是如何走向"桀宋"的。起因是宋国有一只山雀生了一只鹞子，宋公袭商人好鬼神的文化，派史官去占卜，占卜的结果是大吉，所谓"小而生巨，必霸天下"。宋康王大喜，于是起兵灭了滕国（在今天山东滕州一带）；后又进攻薛地（薛是孟尝君的封地，是齐国的地盘），攻取了五座城池；向南击败了楚国，取地三百里；向西击败了魏国，与齐、魏为敌，号称势均力敌的国家。当时之天下敢同时和齐、楚、魏三雄开战的，除了秦国也就是宋国了。

宋国连战告捷，宋康王非常自信他将称霸。于是为早日完成霸业，就射天笞地，砍倒祭祀的社稷神坛烧毁，以表示威服鬼神。日夜在宫中饮酒，下令要全国人齐呼万岁，全国没有人敢违令，所以天下人称他为"桀宋"。

由此可以看出，宋康王也并非真正意义上的无道，也没有让民不聊生，他的暴虐根本无法和桀纣相比。他最大的问题就是太自大，忘记了自己真实的身份和实力。

齐湣王听了苏代的建议，乘机起兵攻打宋国，宋的军民弃都城不守，四下逃散。就这样，宋国被轻而易举地攻下，宋王逃到了魏国，死在了温地。

周赧王三十年（公元前285年），秦通过连年对三晋的进攻，终于打通了通向齐国的道路。这一年，秦国试探性地进攻了一下齐国，攻下五座城池。但当时进攻齐国对秦国来说是非常不划算的事情。因为齐国离得太远，攻打齐国的话，中间的韩、魏、楚随时有可能从侧翼进攻，切断秦军的补给线，那时秦军就非常危险了。而当时秦国之所以劳师动众远征齐国，纯粹是为了穰侯魏冉个人的私欲。其原因是，穰侯的封地在穰、陶两地。穰在现今河南邓州一带，它几年前就被秦国从魏国手中夺了过来；陶在今天山东菏泽市定陶区，号称是尧帝建国的都城，交通便利、四通八达，被司马迁称为是"天下之中"。陶在当时还是齐国的地盘，是秦国给魏冉的空头支票，穰侯魏冉想要拿下这块封地必须要从齐国虎口夺食。所以魏冉的攻齐之战，纯属是用秦王的军队去打他自己的地盘。

五、乐毅拜将

说回《资治通鉴》，齐湣王灭宋国以后变得非常狂妄，似乎宋康王的邪火都蹿到了他的脑子里。他像桀宋一样四处出击、八面树敌：向南进攻楚国，向西进攻三晋，并想要顺势灭掉东周，自立为天子，他早已将苏代给他的暂时不要出头的建议抛到了九霄云外。大夫狐咺义正词严地进谏，被斩首暴尸街头；大夫陈举直言劝谏，被杀死在东门之外。于是整个齐国震怖，人心离散。

此时，齐国的仇敌燕国开始崛起。燕王姬哙的儿子燕昭王励精图治，日夜安抚教导百姓，燕国日益富足。在得知齐湣王杀了狐咺、陈举大失人心以后，燕昭王觉得时机已经成熟，于是跟乐毅计划，谋划进攻齐国，为父报仇。

从中山跑到燕国的客卿乐毅说："齐乃是霸国之余业，地大人众，不易独家攻打。大王若一定要出兵，不如趁齐国四处树敌之机，联合赵、楚、魏三国，一起讨伐。"

燕王于是派乐毅去游说赵国；派其他使者联系楚国、魏国。然后让赵国去向秦国解释伐齐之利，请秦国暂时不要出兵，让赵、楚、魏可以安心进攻齐国。秦国乐得看到诸侯各国火并，自然答应了赵国的请求。而诸侯各国也都非常痛恨齐王之骄横残暴，纷纷与燕国一起合谋伐齐。当然各诸侯国最痛恨的还是秦国，不过大家都知道，也都试过，即使他们联合起来也打不过秦国，所以就只能退而求其次，联合起来攻打齐国了。

周赧王三十一年（公元前284年），燕王倾全国之兵，以乐毅为上将军。秦国派了尉斯离率军队与韩、赵、魏会合，赵王把相国大印授给了乐毅，由乐毅统一指挥秦、魏、韩、赵、燕五国联军，一起向齐国进发。齐王也不含糊，集中了全国所有的兵力进行抵抗，双方在济水西岸大战，齐军大败。齐国面对联军的强攻，并没有表现出像秦国那样的长袖善舞，也没有先从外交上把各个国家分化瓦解，而是同时跟五国大军正面作战，结果可想而知，自然惨败。

击败了齐军主力以后，乐毅便退回了秦、韩的军队，令魏国的军队进攻宋国，相当于把宋国让给了魏国；让赵国的军队去收复河间，把河间这个地方让给了赵国；然后自己率领燕国军队长驱直入，深入齐国。

谋士剧辛劝说道："齐大，燕小，靠五国之力我们才击败齐国。此时应当攻取边境城池，充实我国领土，此乃长久之计。现如今我燕军过城而不攻，一味深入，既无损于齐又无益于燕，反而与齐国结下仇怨，乐将军日后必将后悔啊！"

剧辛是战国中后期燕国名相，法家代表人物之一，在燕昭王时期主持变法，使燕国的实力得到了很大的加强，燕国这才有实力统领五国之军，与齐国一战。剧辛给乐毅的建议相对来说还是比较稳健的，毕竟齐国强大不容易一口吃下，蚕食获得一些实际利益也是一个不错的提案。

而乐毅的想法是趁齐国内忧外困的千载难逢之机，直捣黄龙，一举灭齐。

乐毅分析道："齐王自持武功，好大喜功，刚愎自用，谋不下议，废黜贤良，信任谗佞，政令暴戾，百姓怨恨。现齐之部队均已溃散，若我军乘胜追击，齐之国内必生叛乱，齐国可图也。若我等错过时机，待到齐王悔过，痛改前非，体恤臣下，安抚百姓，我们就难办了。"

乐毅对局势的分析比剧辛还是要高上一筹，是看准齐国此时内忧外困，一定要趁这个机会将齐国彻底消灭。不然待到齐王悔悟，君臣一心，国力恢复，燕国必不是齐国的对手。

于是乐毅就下令快速进军，深入齐国腹地。齐人果然发动叛乱，整个国家无法正常调度，齐王出逃。乐毅率军攻入齐国都城——临淄，将所有宝物、祭祀用品、社稷重器等运回到燕国，此时，齐国基本上就已经灭亡了。而燕王也亲自到济水去慰劳军队，犒赏士卒，封乐毅为昌国君，将他留在齐国，继续攻掠没有攻克的城市。

六、穷途末路

齐湣王逃到了卫国，此时的卫国已是第三等级的诸侯国，也是齐国的附属国。所以虽然是面对战败的齐王，卫国国君还是礼节性地让出了宫殿给齐王住，并且提供日常的用度。但是从齐湣王出逃卫国这件事可以看出他的情商真是不寻常的低，国家都被消灭了，都城都被占领了，他没有留下为先王的社稷死战，反而在逃难之时还在逞大国上君的威风，傲慢不逊，卫国人于是群起攻击齐王，齐王只得逃奔邹、鲁这些小国。

然而非常神奇的是，逃命中的齐湣王居然还能时刻保持着他的骄傲，跑到哪里都盛气凌人，根本不像是一个亡国之君，而此时乐毅的大军又在紧紧追赶着他，所以邹、鲁两国关起门来拒不接纳。齐王见此，只得逃奔到了莒地（今山东省莒县），暂时安顿了下来。

楚原本是和诸侯国一起商议讨伐齐国的，但是在局势未明朗之时，大军迟迟没有出动。楚国根本没有想到齐国那么怂，一眨眼都城就被攻下了，几乎灭国。于是楚国赶忙派大将淖齿率军来救援齐国。对于楚国来说并不想看到一个过于强大的燕国，淖齿因此被任命为齐相。史书记载淖齿在齐国，齐湣王继续用自己的优越感傲慢地对待淖齿，而淖齿私下勾结燕国准备反叛楚国，平分齐国，自己在齐国称王。

淖齿于是抓住了齐湣王，数落他的罪状道："千乘（今山东省高青县高城镇北）、博昌（今山东博兴县湖滨镇寨郝村南）这两个地区，方圆数百里之地，雨血沾衣，大王知道吗？"

齐王说："知之。"

淖齿又问："嬴（今山东莱芜市）、博（今山东泰安市泰山区）地崩泉涌，大王知道吗？"

齐王说："知之。"

淖齿又问："有人堵着宫门大哭，却不见人影，搜查却找不到人，离开时又响声可闻，大王知道吗？"

齐王说："知之。"

淖齿说："血雨沾衣是上天的警告；地崩泉涌是大地的警告；人堵宫门而哭是人心的警告。天、地、人都在警告，而大王却不以为戒，不知悔改，你是死有余辜！"

淖齿于是在莒城虐杀了齐湣王。史书记载，淖齿抓住了齐湣王后，把齐湣王的筋给活活抽了出来，当作绳子把齐湣王悬吊在房梁上，齐湣王疼痛一晚上，活活疼死。历史虽然对于齐湣王死法的描写未必是事实，但是他被淖齿所杀是毋庸置疑的。

齐湣王，也称齐闵王，根据谥法：慈仁不寿曰闵，只是说了齐湣王非正常死亡，这算是齐国后人对他的客气评价了。按照实际情况，齐国是在齐湣王手中彻底走向衰败的。

此时司马光援引了荀子的观点解释了以王道、霸道或权谋治理天下的不同结果。荀子论述道："国乃利益和权势的集中体现。得道之人，有国是大安乐、大荣耀，乃善之源头；无道之人，若把持了国家，则是大危险、大累赘。像齐湣王这样的无道之人，有国还不如没有。因为作为一名国君，一旦局势到了不可控制的地步，这时候想要退回做一名凡夫俗子也是绝不可能的。齐湣王、宋康王便是这样的无道之人。所以用礼义治理国家的，可以为王者；以信誉治理国家的，可以称霸；以权谋治理国家的，国破身灭。"

荀子虽然在人性的观点论上和孔子、孟子有很大的差异，并且他的礼治思想中有很大一部分带有法家的色彩，但是大部分学者还是把他与孔子、孟子并称为儒家三圣，是因为荀子关于治理天下还是强调以礼治国，而不是通过严刑峻法，这更接近儒家思想，所以冯友兰先生认为荀子是儒家的现实主义代表。

司马光继续引用："'治国提倡礼义，就无人可以加害。行一不义之事，杀一无罪之人，而得天下，仁者不为。'君主只要坚守高洁的志向来维护国家，国家便固若金汤。这样的君主，他所任用来治理国家的也一定是忠义之士，所制定的法律也是义法，国家的志向也就是义志。君主以礼义为则，选择品德高尚的人作为臣子来制定基本方针，基本方针确认则国家安定，国家安定则天下安定。所以，以国家的名义来推行礼义，一日而天下皆知，如商汤和周武王，他们就是以提倡礼义而称王的，这就是以王道治国。"

"若道德不够完善，礼义未达至善至美，只要天下治理条理清晰，赏罚分明，取信于天下。政令一出，不管成功失败都不欺骗百姓；条约缔结，不管有利无利都不欺骗同盟邻国。这样的国家，能够军队强大，城池坚固，敌国畏惧，盟国信任。这样的国家即使是地处偏僻也可以威震天下，春秋五霸就是例子。也就是说国家提倡信誉，则可以称霸，这就是所谓的以霸道治国。"

后世荀子的学生以为天下已礼崩乐坏，以礼义治国的思想已经无法后退实现，所以强调向前看，以信誉、以法治国，这也是荀子的学生走向法家的原因。后世中国2000年帝王所采用的治国之道，基本上也是以法家的霸道为核心，在外面加上一层儒家温情的外衣，外儒内法而已。

"如果君主带领国家追逐功利,不伸张正义,不遵守信用,唯利是图。对内不惜为一点小利而去欺骗百姓,不好好治理自己有的东西,却常常觊觎别人的东西;对外为了追求更大的利益而不怕欺骗友邦。以这样的方式治理国家,那么官吏百姓也都会以奸诈之心来对待君主,上欺其下,下欺其上,那么整个国家就会人心离散,毫无凝聚力。到了这一天,敌国会轻视,盟国会怀疑,权谋越发实施,国家就会越发危险,直至走向灭亡,齐湣王和孟尝君便是这样的例子。"

"齐湣王、孟尝君想要强大齐国,但是他们不提倡礼义,不修明政教,不以信誉来管理天下,而只是想依赖穷兵黩武,以权术来管理国家。虽然齐国强大之时,南可以打败楚国,西能够抵御秦国,北可以战胜燕国,在中原能够灭了宋国,但是待到燕、赵一旦联军进攻,便势如破竹、摧枯拉朽,很快就国破君亡,后世也无任何的同情,只有死有余辜的评价。造成这个结果没有别的原因,就是因为齐湣王、孟尝君不崇尚礼义,而沉溺于权术所导致的。"

这里司马光通过荀子对齐湣王案例的分析,引用了荀子的治国理念,说明治国的道理。所谓治国也好,治理企业也罢,最重要的是要建立礼义体制,而不能靠玩弄权术。礼义管理就是建立以道德为核心价值标准,来规范行为的管理制度。礼是行为准则,义就是道德的标准。大家以这个行为准则和道德标准去运行一个国家或者一个集体,那么它的基础一定是雄厚的。如果靠不择手段、玩弄权术,那么最终结果就会导致人心崩塌、上下离散,走向失败。所以贤明的领导必须认真辨析,慎重选择制定正确的礼义制度标准。所谓善择者制人,不善择者制于人。

七、另立新君

我们继续来看燕、齐之战。这一次战争中最重要的人物就是乐毅。乐毅除了在齐国攻城略地以外,还注意收买人心。他听说昼邑(在今山东临淄高阳乡）人王蠋非常贤能，于是下令围绕昼邑三十里周围军队不得进入，然后派人来请王蠋，王蠋辞谢不往。

燕人威胁说："你要是不来，我们就在昼邑屠城。"

王蠋叹息说，"忠臣不事二君，烈女不更二夫。国破君亡，我既无力保全国家，也无力保存地方，与其苟且偷生，不如一死。"

于是把脖子系在树上，自尽而死。齐湣王虽然昏庸残暴，但是齐国百年的基业，近千年的传承，无论百姓还是士族，对国家还是有相当的认同感的，这也是后来田单可以复国的基础。

燕军乘胜长驱直入，齐国大小城市望风溃散。乐毅整肃军纪，禁止侵扰掳掠；同时礼遇士人，寻访隐士高人，重礼聘请；减轻税赋，去除暴政，改革旧制。齐民喜悦，人心逐步稳定，乐毅在齐地有了很高的威望。

燕国相对于齐国来说是弱国、小国。对于弱小的国家，进攻像齐国这样的大国时，必须要借仁义之名以有道伐无道，才有可能成功。笔者以为，在攻略齐国的过程中，乐毅可能是有私心的，因为燕王在出兵之时曾经说过，谁可以帮他报了杀亲之仇，他愿意平分天下，出让整个齐国。乐毅可能是很天真地相信了燕王的话，所以他在攻略齐国的时候不重一城一地之得失，而在意收买笼络人心，处处彰显仁义之师，这也为他后来的悲剧埋下了伏笔。

乐毅兵分数路：左军、东路军走胶东、东莱一线；前军，沿泰山脚下向东到达渤海，攻略琅琊；右军、西路军沿着黄河、济河而下，驻扎在阿县和鄄，与魏军会合；后军，沿着北海巡抚千乘地区；中军驻扎在齐国原都城临淄，镇抚全国。他还到城郊祭祀齐桓公和管仲，并寻访贤良，表彰品行高洁的士族，修理之前齐王的陵墓，进一步收买人心。

为了收买士族，乐毅还给了很多齐国人燕国贵族的封号。赐封君，赏贵族称号，在燕国给予食邑的齐国人就有二十多人，有爵位的上百人。所以乐毅仅用了六个月的时间就攻下了齐国七十余城，然后把它们都设置为燕国的郡县来治理。

周赧王三十二年（公元前283年），秦、赵会于穰，这个穰就是魏冉的封地。同时秦又攻打了魏国的安城，兵至魏国都大梁而还。此时秦国兵锋已直指魏都，虽然秦国还没有直接进攻，但是魏国已无任何纵深保护，魏国灭亡已是早晚之事。

齐国在"淖齿之乱"后，淖齿四处追杀齐国的王族成员，齐湣王的儿子田法章更名改姓，躲在莒城的太史家为佣。太史的女儿看到田法章相貌雄伟，有贵族之气，故认为他不是普通人，而怜惜于他，经常从家里偷衣服、食物出来，供养田法章，久而久之，两个人就私通了。

王孙田贾是齐王的随从，当时年仅十五岁，在乱军中与齐王走失。

他的母亲对他说："你早出晚归，我就一直倚门而望，等你回来。你现在侍奉大王，大王走失了，你不去找回，还有什么脸面回家？"

在英雄母亲的激励下，王孙田贾跑到市场大呼："淖齿祸乱齐国，虐杀大王，欲与我一起诛杀淖齿的祖露右臂！"

市场上跟随他的有四百人之多，他们一起进攻淖齿，把淖齿给杀了。淖齿作为楚国的将领，假借协助齐国之机做了齐国国相。在名义上他是齐相，齐湣王就是他的主君，虐杀主君，这无论在哪里都是不得人心的。

杀了淖齿以后，齐国的大臣们四下搜寻齐王的后代，准备另立新君。田法章不知内情，担心被害，因此一直藏匿在太史家，不敢现身。过了很久才敢说出自己的身份，于是齐国的大臣们就拥立他为齐王，坚守莒城，以抗燕军，同时向整个齐国的士族百姓宣布："新君已经在莒城继位。"于是齐国的各方豪杰纷纷向莒城会聚。

莒城在齐国还是非常有地位的，当初齐桓公小白还是公子的时候就曾经在此地避难。公元前431年莒国被楚国所灭，后来齐国从楚国这里夺回了莒地，并且把该地设置为齐国的郡县。如今在齐国最危难之时，莒地又成了新一代齐君的避难之所。

八、好察微隐

周赧王三十二年（公元前283年），这一年卫嗣君去世，他的儿子卫怀君继位。卫嗣君就是那位刚继位时欲拿五十金向魏国追回逃犯的国君,那时的他还获得了邻国的尊重。但是卫嗣君在位时喜欢刺探他人隐私,这种领导在现今社会也是非常多的,他可能本意并不坏,只是缺乏安全感,内心总觉得别人有什么事情瞒着他,所以想方设法想要试探手下的忠诚度,这就是所谓的"好察微隐"。

下面我们就通过几件事情来看看卫嗣君是如何"好察微隐"的。

有个县令非常简朴,他褥子下面的席子都破了,这个事可能被卫嗣君的"特务们"知道了,于是汇报给了卫嗣君。卫嗣君就主动赏赐了这个县令一领新席子,县令大惊失色,以为国君能掐会算,料事如神。

卫嗣君还曾经实施过钓鱼执法。他曾派人经过关卡,主动用金钱贿赂掌管关卡的官员,然后把该官员召来质问,说:"有客人过关时给了你金钱,你快把贿赂所得退回去。"该官员非常惊恐,这可能是史书上记载最早的钓鱼执法案例。

卫嗣君喜欢泄姬,器重臣子如耳,但又害怕因此而受到泄姬、如耳的欺瞒,于是又提拔了一个叫薄疑的臣子来与如耳相竞争,另外又宠幸魏妃来与泄姬争宠。卫嗣君美其名曰可以让他们互相参照,共同进步,实际上是为了相互制衡。

司马光于是又引用了荀子对卫嗣君的评论。

荀子说:"卫成侯和卫嗣君是只知聚敛计较,不知笼络人心的小气君主。子产知道笼络人心,但是政治治理能力不够;管仲是政治治理的高手,但是没有做到倡导礼义。所以提倡礼义的人可以称王于天下;政治治理优秀的人可以使国家强大;笼络人心的人可以使国家安定;而只知道搜刮聚敛的人最终只会灭亡。"

上面荀子提到的几位,管仲想必大家都比较熟悉了,笔者这里就不再赘述。子产是春秋时期郑国人,杰出的政治家、思想家。他在政治上主要的贡献有:第一,推行土地改革,按亩收税,确立土地私有制。第二,修改兵役制度,将原来只有国人也就是都城市民才有资格服兵役,扩大到所有百姓中去,增加了兵源,提升了国家的战斗力。第三,在法律上首先推出了"铸刑书"，把法律条文铸在鼎器上，制定了中国第一部成文法典。第四，在舆论教育上，他不禁"乡校"，广开言路，不杜民口，允许普通士人和庶民畅所欲言，允许正常的文化和思想传播交流，提供了民众沟通宣泄的场所。这是荀子夸子产会笼络人心的主要政策表现。第五，在思想上，他破除鬼神迷信，提倡薄葬。孔子后来"敬鬼神而远之"的思想就主要传承自子产。第六，个人作风上，他提倡廉洁为民。作为郑成公儿子的子产，虽然执政郑国二十年，但是他去世时家无余财，只能薄葬。民众自发要厚葬子产，但是被子产的儿子拒绝了。史书记载子产去世后，郑民尽哀，三月不行乐，人民争相用金银为他殉葬。

子产在统治上第一个提出"宽""猛"相济的策略。"宽"强调道德教化和怀柔，"猛"强调严刑峻法和暴力。后来的儒家主要继承和发展了他"宽"的思想；法家主要继承和发展了他"猛"的思想。所以子产在中国思想、政治史上都是一个划时代的人物。但是毕竟郑国只是个小国，那时候又活在楚、晋争霸的夹缝中，所以在实际治理和执行上，肯定不能和帮齐桓公打下一片霸业的管仲相比。但是对后世中国的思想、文化、哲学理论的发展，直至对后来璀璨的百家争鸣的影响力来说，子产的作用是要大于管仲的。

随着《资治通鉴》一书的展开，司马光老先生介绍的道理也从纲领性向现实性和可操作性上推进。荀子这里说的意思，就是告诫管理者们管理的重点：首先是建立礼义道德标准；其次是建立良好的政治和管理制度。如果以上两点都做不到，也要努力去笼络人心。如果君主只知道玩弄权术，斤斤计较、挖空心思地去和手下钩心斗角，耍小聪明，或者总喜欢抓细枝末节，本末倒置，甚至采用钓鱼执法的手段去试探手下，那么终会走向崩溃的边缘。

九、周不可图

周赧王三十四年（公元前281年），秦兵继续进兵攻打赵国，攻下了石城。

楚国因为一直受秦国的欺负，这时候想要雄起一下，于是与齐、韩一同商议伐秦，并想趁机灭了周王朝。

这里笔者有疑虑，此时的齐国就剩两座被乐毅包围的孤城，哪有实力和楚国联军去周天子那里打秋风呢？

我们姑且保留疑虑，说回《资治通鉴》，周赧王派东周的武公对楚国的令尹昭子说："周不可图也！"

楚国的令尹昭子说："我国没有想要图谋算计周王啊！但是，就算我们有，为什么说周不可图呢？"

看到这里很多朋友可能会迷糊，为什么周王朝会有个东周的武公。笔者也是翻了很多资料才理清当时的周王朝和东周之间的关系，这里和大家分享一下。

首先，我们一直说的和"西周"对应的"东周"，是后世对于平王动迁、定都洛阳以后的周朝的一个称呼，分为"春秋"和"战国"两个阶段。但是在《春秋》《左传》《战国策》《史记》《资治通鉴》这些史书中都没有这个称呼。其次，《战国策》中讲到的东周和西周是在战国时期因为周王朝内部分裂而建立的两个周国。

西周末年，平王东迁洛阳，洛阳也就成了王城之所在。到了春秋末期，周考王十五年（公元前425年），周考王把仅存的河南这一带的土地，统统封给了自己的弟弟，建立了新的周公国，他的弟弟就是周桓公。这次分封以后周王室就彻底没有土地了，连洛阳也封出去了，周考王自己也只能寄居在周公国的洛阳王城。但是这还没完，周桓公传位到孙子周惠公的时候，惠公的弟弟姬根在公元前367年联合韩、赵的势力在东部争位，又建立了另一个公国，也叫周公国，都城在巩地（在今天河南巩义市）。由于巩义市在洛阳以东，所以在当时被称为东周，在洛阳的就是西周。于是战国时期周公国被分裂为西周公国和东周公国。由于这两个公国都是从西周公国分裂出来的，都自视正统，因此一直打来打去纷争不断。

当时之天下，不只是秦国有吞并周王室的野心，实际上众多诸侯国，包括齐、楚国，都有灭周天子之心。第一，是因为洛阳处于天下之中，是兵家必争之地，而却放在于一个所谓的周王室（周王室在当时的号令已经起不到任何作用，对国家也是毫无控制力）之中绝对是浪费了这个好地方。第二，如果可以取代周王室，得到所谓的大禹治水时流传下的九鼎，就有机会称天子，号令天下。

东周武公对昭子说："西周现在的地盘，拼拼凑凑加起来也不过百里之地。得其地不足以使哪个国家富强（不足以肥国），得其民众也不足以扩大军队（不足以劲兵）。即使这样，一旦进攻西周那就是犯上作乱，是弑君谋逆之举。可是都这样了，为什么还有人惦记着去攻打西周呢？那是因为西周有夏、商、周三代以来传下来的传国重器。打个比方，就像老虎的肉腥臊难吃还有利爪，但是人们还是想要攻击猎取，就是因为想要得到美丽的虎皮。如果美丽的虎皮长在弱小的麋鹿身上的话，那攻击麋鹿的人肯定是攻击老虎的人的万倍，麋鹿早就灭绝了。若楚灭西周，夺取了国之重器，那么楚国就成了诸侯们的眼中钉肉中刺了。如果这时诸侯一起伐楚、裂楚足可以肥国；掠其民足以劲兵；讨伐楚国，还可以获得尊王的美名。所以您若想要谋逆周天子，抢夺国宝重器，那么重器还在运往南方的途中，诸侯们讨伐的大军就会到来。"

东周武公的一席分析，虽然听上去让人感觉很无奈，但是也还是很在理，昭子也不得不接受。当时的天下除了秦国，没有任何其他国家有实力吞天下之重器，所以楚国相当明智地放弃了进攻周王室的计划。

这也告诉我们一个道理，很多人都喜欢追求更高的职务或者名分。但是有一个基本原则，在自身不够强大的时候，千万不要因过高的职务或虚名让自己成为众矢之的，因为矛盾核心所带来的压力是需要靠自己的实力来化解的。

周赧王三十五年（公元前280年），秦将白起继续进攻赵国，斩首两万级，攻取了光狼城。

觊觎国之重器的楚国，也免不了被攻击的命运，秦国派遣大将司马错发陇西兵，向蜀国借道，进攻楚国，攻下了黔中地区，楚不得不献出了汉北以及上庸两地来求和。

周赧王三十六年（公元前279年），楚国求和也没有用，秦国又换了更猛的杀人魔王白起继续攻打楚国，接连攻下了楚国好几个郡和城市。

此时的秦国一边在攻打楚国，另一边又派使者通知赵王，约赵王渑池相会。赵王遂行，蔺相如相随。廉颇送到边境，约定若三十日不还，则立太子为赵王，以绝秦望。可见当时诸侯国在和秦国交往的时候，都以楚怀王的悲惨遭遇为先例，做好了最坏的打算。

接下来发生的"渑池相会""负荆请罪"的故事，已是尽人皆知，在此笔者就不再赘述。

十、齐国队长

我们把视线转回到齐国，这里齐燕之间的战争还在如火如荼地进行，齐国需要一个队长，一个超级英雄式的人物带他们走出灭亡的深渊。

像一切超级英雄大片一样，英雄的出身也是和其他凡人没什么两样。田单本是齐国都城临淄的一个小官吏，他的职务大概相当于现在的市场管理员或者说是城管队长，并且还负责一些物价、治安之类的管理工作。

田单首先展示的是他的超凡逃跑能力，在燕军攻打安平（今河北省衡水市）时，田单正好在安平，他让家里人用铁皮包上车轴再出逃。到了城破之时，齐国百姓四散奔逃，人们争相逃出城门，但很多因为车轴互相擦碰而折断，车辆因此损坏而被燕军所俘。只有田单一族因为用铁皮包车，使得车轴受到保护而没有断裂，得以逃出安平城，来到即墨。

此时燕国已经打下了齐国几乎所有的地盘，齐国只剩下两座城池还未被攻下，一个是新齐王所在的莒城，另一个就是即墨。乐毅集结右军、前军包围了莒城；集中左军、后军包围即墨。即墨大夫出战身亡，为国捐躯。

即墨人说，安平之战，田单一族因为以铁皮包车轴得以保全，可见田单多谋略、知兵法，于是就一起推举田单为守将来抵挡燕军。

乐毅接下来的所作所为就有些令人琢磨不透了。他在六个月的时间内连着攻下齐国七十余城，却在最后两座城池前被阻挡了三年多而没有攻下。而一般围城之战，如果不能快速攻下，就会采用重重围困，或者派遣间谍内应，或者采用其他方法，如水攻、火攻之类，总之不会让城里人的日子好过。但是乐毅却下令解围退至九里之外安营扎寨，深沟高垒，根本不像是势如破竹的大军，反而像是势均力敌的决战。

在围城战中，乐毅还发扬了战国时期难得的人道主义精神，他宣布："城中的百姓可以自由出入，不必担心被抓捕，穷困者要予以振济，支持他们重操旧业，以安抚新占的地区。"

这种方式攻城，就像没有攻打一样，百姓继续安居乐业，双方军队相敬如宾，结果过了三年，城未攻下。

燕昭王手下有个谋士对他说："乐毅智谋过人，伐齐，半年之间克七十余城，现在只有两座城市未被攻下。乐毅之所以三年不攻城，是想借助自己的兵威收服齐人之心。现齐人之心已服，但其未发动进攻，是因为他的妻子儿女还在燕国，有所顾忌。但是大王要知道，齐国多美女，时间一久，乐毅早晚将有新欢，对妻子儿女不再眷顾，那时候我们就再也无法控制住乐毅了，希望大王早做打算。"

笔者认为，这个谋士的评价其实非常有道理。乐毅以燕国之力，半年之内破强齐七十余城，他的战斗力在战国历史上绝对是前无古人后无来者的。而他的部队在齐国三年，军事上都没有遇到任何大的波折，说明军事上他操作游刃有余，根本没有什么可以影响到他的行动计划。如果他真要攻城，再坚固的城池，再高涨的决心，只要围起来，切断补给，不用说三年，只消一年，城内必定会到"人相食"的地步。有人说乐毅的目的是想要收买人心，可是收买人心应该是君主做的事情，乐毅作为大将的任务就是攻城略地，然后请燕王前来收买人心。更何况城未被攻下，哪有所谓人心的问题，所以乐毅一定是有私心的。

我们稍微分析一下乐毅的心理，他的内心可能有灭齐之三不可：

第一，出兵之前燕王许我裂土分封，如果我打下齐国，班师回国，燕王收我兵权，不答应当初的承诺怎么办？所以在燕王正式任命之前，不可灭齐。

第二，现在我在齐国没有自己的势力，就算我打下齐国，被封爵位，但是燕兵都有自己的妻儿老小，他们一定是不肯和我长留齐国。一旦燕军撤回，我在齐国岂不是成了众矢之的？轻松就会被干掉。所以在实力未强、羽翼未丰之前，不可灭齐。

第三，最坏打算，若灭了齐国，功高震主，燕王起于燕国危难之际，为人坚忍如古之勾践，会不会兔死狗烹被灭族呢？我灭齐之后是要做范蠡还是文种呢？我都不甘心啊，所以为了自身安全，不可灭齐。

相信乐毅手下也是有能人给他分析过，所以乐毅站在人生的十字路口，对于灭齐可能带来的自身危害是有一定预判的。接近一百年以后，有另一位战神和乐毅一样，在齐国这片土地上，站在了人生的十字路口上，他就是韩信。韩信为了一饭之恩和汉王站在了一起，给自己酿下了悲剧。而此时的乐毅无法做出选择，他只能犹豫、惶恐、彷徨。

此时，聪明的燕昭王和后世的刘邦一样做了一个明智的选择：稳住乐毅，消除他内心的疑虑。

燕王布置了盛大的酒宴，拉出了"污蔑"乐毅的谋士，责备道："先王不贪恋土地，愿意让出整个国家来礼遇贤士。但是因为作为继承人的我德运不济，带来坏运，发生祸乱，以致大业不成。齐国无道，乘燕之动乱，残害先王。寡人继位以来，对此痛入骨髓，这才广延群臣，外招宾客，为先王报仇。不管是谁，只要能完成心愿，我愿与他平分燕国。现乐先生为我大破齐国，坏齐之宗庙，为寡人报了先王之仇。齐国本来就应该归乐毅先生所有，不该再属燕国。若乐先生拥有齐国，与燕国成为平等的国家，永结同好，共同抵御各国的来犯，此乃燕国之福，寡人之心愿也。你怎敢污蔑乐先生呢？"所谓"齐国固乐君所有，非燕之所得也"。

于是燕王当众处死了劝谏的谋士。

燕王这段话中最有意思的是为老爸开脱的语言艺术了，把老爸的责任扛到自己运势上，这是儒家所谓的为尊者讳，是孝的一部分。

燕王赏赐乐毅妻子王后及儿子公子服饰；准备了君王的车驾、乘马以及随从车辆，派国相把这些都送到乐毅这里，直接立乐毅为齐王。

乐毅自然十分惶恐，不敢接受，一再拜谢，誓死效忠燕王。从此齐国人也尽服乐毅的德义，各国畏惧他的信义，没有人再敢来算计乐毅。

可是好景不长，燕昭王薨，燕惠王立。

燕惠王当太子的时候就跟乐毅不对付。而齐国队长田单听说燕惠王继位，于是就跑到齐国实施反间计，宣扬："齐王已死，仅剩二城池未克，只是因为乐毅与新燕王有过节，怕被诛杀不敢回国，所以想要假借伐齐之名，在齐国称王。现齐人未服，故留下二城不攻，待到齐人归服，然后起事。现在齐人不惧乐毅，只怕燕国换将，若换将，即墨城危矣！"

反间的内容和之前燕昭王手下那个谋士给出的建议完全相同，关键是听的人不同。惠王不是昭王，他心里面没有所谓复国报仇之心，对齐国也没有那么大的仇恨。惠王最关心的是自己的权力和利益，以及对燕国的控制，最担心的是乐毅做大做强，动摇自己的宝座。于是燕惠王就很"心甘情愿"地中了齐国的反间计，派骑劫代替乐毅为将，下令召乐毅回国。乐毅长叹一声，自知一旦回国，燕王必不会善待自己，若就此起兵可能也得不到足够的支持，还落得一个叛变的恶名，于是带领全家老小逃奔到了赵国。

乐毅带兵伐齐三年多，很多人已经倾心于他的人格魅力，所以乐毅被罢免以后，燕军人心浮动，愤愤不平，军心涣散。

去除了乐毅以后，田单需要考虑的就是提升整个齐国百姓的自信心和战斗力，准备与燕军决战。鉴于当时人们的思想水平，用迷信的方法去忽悠是最有效的。

首先，田单和百姓说以后家里开伙食的话，一定要先去祭祀祖先。于是每到饭点，飞鸟就集中在即墨城上空盘旋入城，燕国人大惊失色，以为即墨城有神灵庇护。被围三年，即墨城还有粮食来喂鸟，老百姓还有精力祭祀祖先，而不是去抓老鼠、挖树根。从这个场面我们即可看出，之前乐毅的围城是多么的不靠谱，他根本没一举拿下即墨城，而是放任即墨城百姓自由地在城外耕种，取日用品，也没有派人混进城去搞破坏。

田单装神弄鬼道："将有天神下凡，助齐人复国！"

田单的一个士卒，看出了田单的花活，胆怯地说："就这个，那我都可以当天神啊！"

他知道自己胡言，怕挨田单打，于是起身便跑，田单赶忙追上去，拦住了那个士卒。

士卒胆怯地说："将军，我……我开玩笑的啊，您别当真啊。"

田单说："嘘……都别说。"

田单让他面东而坐，自称神师，每次出门都带着，奉若神明。

田单又散布谣言说："齐国人最怕的是当了俘虏，要被割鼻子。若燕军把齐国俘虏都割了鼻子，作为肉盾打头阵的话，即墨城中的人马上就会被吓跑。"

燕国人也很奇怪，很喜欢按照田单的计划走，果然割了齐国降卒的鼻子。城中士兵果然害怕了，不是害怕地逃走了，因为齐国只剩二城，早已无处可逃，齐国将士坚定了必死的信念，生怕被俘。

田单又使出了一个很损的招数，他散布消息说，齐国人最怕燕军毁了郊外的祖坟，但燕军却照做了，齐国人在城上远远看见了以后都痛哭流涕，争相求战，怒气倍增。

田单知道这时的军士已可以死战，于是带头拿起工具，和士卒一起筑城，并且将自己的妻妾也编进军队，一起劳动。

接下来田单将所有的食品犒劳将士，让精兵伏在城下，留老弱病残和女子守城，然后派人去向燕军诈降，燕军中计都欢呼万岁。

为了把假降之戏做足，田单在城中向百姓募集金千镒，大概相当于三四十公斤的金或者铜，让即墨城的富豪带出城外，送给燕军大将，希望投降后不要劫掠。燕将大喜，立刻应允。

燕军戒备松懈，田单于是在城内搜掠到一千余头牛。一个被围了三年的城市，居然还有一千多头牛，这绝对是围城战中的一个奇迹，要知道一头牛的伙食差不多是普通人的十倍，这也反映了乐毅围城之诡。

十一、火牛破敌

接下去火牛阵的故事大家早已耳熟能详。田单命人给牛披上绸布，画上五彩龙纹，在牛角上绑上短刀，牛尾绑上沾满油脂的苇草。到了晚上，趁夜色，将苇草的一头点燃，让牛从城墙上早就挖好的几十个洞穴中冲出，并且安排了五千敢死队，紧跟着发疯的牛群从城墙中冲出。

牛尾被烧，牛群发疯似的冲向燕军大营。燕军惊恐，暗夜中看到牛身上的花纹，以为神鬼之兵从天而降，碰到非死即伤。再加上城中的老弱敲锣打鼓，声动天地，顿时燕军大乱，纷纷败逃。

齐军趁乱杀死燕军大将骑劫，一路追亡逐北，所过城邑，纷纷叛燕，再度归齐。田单的军队越聚越多，乘胜追击，燕军接连受挫，望风而逃，一直逃到了黄河边，被燕国占领的七十几座城都恢复了接受齐国号令。于是田单到莒城迎接齐襄王回国都临淄，襄王册封田单为安平君。

齐襄王复国以后立太史敫的女儿为王后，生太子田建。

太史敫也非常有意思，女儿当了王后他非但没有惊喜，反而说："吾女不经明媒正娶，私定终身，非吾种也。"

至此太史敫终身不见王后，但王后并不为此而失去做儿女应有的礼数。

十二、忠臣去国

我们讲回乐毅，乐毅逃到赵国，赵王封他于观津地区（在今河北省武邑县东南），对他尊宠有加，并派他来防备燕、齐两国。事实证明，这是一个非常睿智的安排，一项很完美的计划，因为没有人比乐毅更熟悉燕、齐两国的情况，也没有人比乐毅在此二地更有威望。

燕惠王吃了败仗，这才想起乐毅的好处，派人去责备乐毅说："乐将军您听信谣言，以为与寡人有嫌隙，所以抛弃燕国去了赵国，您这样为自己打算也就罢了，但如何报答先王对您的一片恩情呢？"

燕惠王此时已经充分认识到乐毅的能力，知道让他跑到敌国对燕国太危险了。如果真的哪一天乐毅带兵攻燕国的话，只怕没有人能够抵挡得住。

乐毅对于燕惠王的想法心知肚明，他回答道："从前伍子胥的建议被吴王阖闾采纳，吴王的势力一直扩展到了楚的都城郢都。而继任夫差不听伍子胥的话，把伍子胥的尸体装入皮囊抛进江中。夫差不知伍子胥之计是吴国成功的根本，所以对于杀伍子胥毫不后悔。而伍子胥因未能看出两位吴王的不同气量，以至于尸沉江底，悔恨不已，怨念不散。故建功立业以显先王之德，此乃臣之上策；受侮辱诽谤，辱没先王之英明，是臣所畏惧的，故臣离开燕国，就是怕辱没先王之名；若因受不白之冤，而谋算燕国，于道义不合，臣绝不会去做的。臣听说，古之君子与人断交，也决不出恶言；忠臣去国，也不会为了自己的名声去辩解诋毁故国。我乐毅虽然不才，也时刻向古代君子学习，请大王明鉴。"

乐毅很清楚燕王是怕他于燕国不利，所以拿先王来压他。乐毅也清楚作为一个刚刚离开原国家的高级将领，他可能会受到新国和旧国双方的猜忌，所以有必要来为自己澄清。拿到现在来说，我相信我们每个人在面试新工作的时候，都会被问到为何离开原公司的问题。类似的问题乐毅是这样回答的："古之君子，交绝不出恶声；忠臣去国，不洁其名。"这样的回答可以说是给了我们应对这类问题的一个标准原则，对现今社会也非常有借鉴意义。

燕王虽然没有办法召回乐毅，但还是很聪明地封乐毅之子乐间为昌国君。乐毅也为燕、赵睦邻而往来于两国，最后死于赵国，谥号为望诸君。

乐毅虽然叛逃了燕国，但是他并没有因此与燕国结为仇怨，而是照样成为友好的邻邦。这是非常难能可贵的，很值得学习。

乐间后来曾被燕国派去攻打赵国，战败后投降做了赵国的将领。燕国几次三番趁赵国奄奄一息的时候出兵赵国，却从未获胜，可见赵之军事实力，此乃后话。

十三、田单相齐

田单出任了齐国的国相,当然国相一职也是非他莫属,因为齐国得以再造,田单发挥了超级英雄的作用,居功至伟。

田单在任国相的时候,一冬过淄水(今山东省淄河),见一老汉渡水,冻得直哆嗦,已不能前行,田单便解下裘皮大衣给老者披上。

齐襄王听说以后内心厌恶,自言自语道:"田单施恩于人,怕是觊觎王位,寡人若不早做打算,只怕会有变故。"

前文说过,田陈代齐,就是他老田家靠收买齐国的民心,篡夺大权,到最后将老姜家的人赶到了海岛之上,篡取了齐君之位。所以老田家的人对于掌权者收买人心,历来是担心的。

襄王说完,往四下张望,只看见殿下有个穿珠子的仆人。

襄王于是问道:"你听见我说的话了吗?"

那个说:"听见了。"

"你以为如何?"

仆人回答:"大王我有一借鸡下蛋之计,您何不把此事变成自己的善行?您可以嘉奖田单的善行。下令说:'寡人忧民之饥,田相国就收养供食;寡人忧民之寒,田相国就赠裘衣之;寡人忧民之劳,田相国也忧虑伤心,正符合寡人之心意。'如此这般,只要田单有善行,大王就去嘉奖,那田单之善行也变成大王之善行了。"

齐襄王听完大喜,连声说好,于是赏赐了田单牛、酒。

过了几天,穿珠人又来见襄王说:"大王应该在朝会之时,当着群臣之面,亲自致谢慰问田相国,然后下令布告全国寻找贫困户,予以收养,提供衣食。"

齐襄王全都照做,然后派人到街头巷尾去打听,果然听到大家都说田相国爱民,都是由于齐王的指派和教诲。

大臣爱民、收买民心的事件，在春秋战国时期经常发生，君主自然是非常担心的。然而如果大臣对百姓恶劣，君王当然也会担心，因为这又会影响到君王的统治，所以大部分一把手是很难对二把手建立起彻底的信任的。

这里齐襄王给了世人一个不错的示范，当时之齐国，士庶皆知有相国，不知有齐王。若齐襄王显示出对田单的不满，或者让田单感觉到威胁，那么齐王自己也可能会有危险。他最好的方法就是把忌妒心理变成积极向上的正能量，与田单一起分享美名。

这一年，田单向齐王推荐了一个能人——貂勃。

这个貂勃有个著名的奸佞祖先，就是齐桓公末年三佞之一的竖刁。刁是姓，竖是宦官的称呼。竖刁是中国史书记载的第一个有名有姓的寺人宦官，第一个自宫者，后世用竖来称呼宦官，就是从竖刁开始的。竖刁是个美男子，他将自己阉割了入宫侍奉齐桓公。齐桓公非常感动，对管仲说："竖刁不惜腐身侍我，他爱我。"

管仲却说："人无不有爱惜自己身体的，如果连自己的身体都不珍惜，怎么可能爱惜自己的君主呢？"

果然管仲死后不久，竖刁纠结易牙、公子开方叛乱，囚禁了齐桓公，将堂堂春秋首霸饿死在宫中，世子也被驱逐出齐国，齐国霸业一世而亡。

貂勃有这么一个见不得人的祖先，而自己却是一个不折不扣的贤人。

田单推荐貂勃，但是齐王有九个受宠幸的臣子想要中伤田单。他们想先铲除田单的羽翼，于是对齐王说："燕攻齐时，楚王曾派军支援，现齐国已定，社稷已安，何不派使者前去楚国道谢？"

齐王问："谁合适？"

九人曰："貂勃合适。"

于是齐王派遣貂勃出使楚国，楚王予以热情款待，几个月不放他回去。

让貂勃出使楚国，是为了调虎离山，乘貂勃不在齐国之时，九人一起对齐王说："以貂勃一人之身，而受万乘之楚王的重视，这难道不是倚仗了相国的权势吗？况且安平君与大王之间的权力几乎没有差别，实力不相上下。安平君心怀不良之志，他安抚百姓，怀柔异族，礼贤下士，结交外邦，其志不在小，望大王明察！"

过了几天，齐王说："召相国'单'来！"

先秦时期，一般君王对国相非常尊敬，不会用"召"这样的词；而且中国古代叫人一般不直呼其名，直接叫名字"单"，是把他当罪人来看。所以田单惊恐，摘下帽子，光着脚，赤裸上身前去向齐王请罪。

虽然田单位高权重，但他对齐王还是非常忠心的，并没有因为猜忌而起兵作乱。

过了五天，齐王说："相国你没有得罪寡人，寡人只是要你守臣子之礼，寡人守君王之礼而已。"齐王也就是借机敲打敲打田单，刷刷存在感而已。

貂勃终于从楚国回来复命，齐王设宴招待。酒酣耳热之际，齐王又喝道："召国相'单'来！"

貂勃一听便知情况不对，于是离开座位下拜问道："大王自比周文王如何？"

齐王只得道："我不如也。"

貂勃说："我就知道您不如周文王，那您比齐桓公如何？"

这时齐王心里肯定有一万只羊驼在奔腾，但是没有办法，他只能说："我不如也。"

貂勃说："是的，我也知道大王您不如齐桓公。但是周文王得到姜子牙就尊他为太公；齐桓公得到管仲就尊他为仲父。您现在得到安平君却直呼其名'单'，您怎么能说这样的亡国之言呢？况且自开天辟地以来，有哪个臣子的功劳可以与安平君相比？当年先王不能守齐国之社稷，燕人兴兵攻打，大王您躲在山中不肯出来，是安平君以即墨三里之城，五里之郭，残兵七千，活捉燕军大将，恢复齐千里之地。以当时之形势，若安平君不去迎接大王，自立为王，天下没有人可以制止。然而安平君根据道义，派人修栈道木阁到山中去迎接您和王后，大王您才得以返回临淄城，君临齐国。现国已定，民已安，您却直呼安平君'单'，就算黄口小儿也做不出这样的事情啊！您应该马上杀了九佞，向安平君道歉，不然的话齐国就危险了。"

貂勃之言，齐王肯定不爱听，但是也没办法，毕竟江山的确是田单帮他打下来的。田单内有民望，外有楚援，若今天与田单闹翻，只怕鹿死谁手犹未可知。貂勃的话软中带刺，态度明确，几乎是半劝谏半胁迫。直呼其名只是一个象征意义，从规矩来说君主是可以这样做的，但是从礼节上来说，直呼有功于国之国相绝对是非常粗鲁的，更何况从实力上来说齐襄王也远远不够。若田单真想一脚将齐王踢开，绝对是轻松就可以做到的。在这种情况下，齐王是没有理由，也没有能力去怀疑田单的。

齐王不得已，只能杀了九佞和他们的家族，并加封安平君夜邑（今山东莱州市）一万户的采邑。

解决了与齐王之间的矛盾以后，田单准备攻打狄城（今山东省高青县东南），那里还有一些残存的燕军势力。他去征求鲁仲连的意见。

鲁仲连是齐国著名的思想家、政治家、说客、大儒。孔子的六世孙孔斌在担任魏国国相的时候，曾经和魏安厘王讨论起当世之君子。孔斌说当世没有君子，若退而求其次的话，鲁仲连算一个。所以鲁仲连在战国中后期，就是天下闻名的一代大儒。

鲁仲连说，"将军攻狄，不能下也。"

田单非常不解地问："我当年在即墨，率领残兵败将都可以击破万乘的燕国，光复齐国的疆土。现在怎么会打不下一个小小的狄城呢？"

说罢，田单也不答谢，上车直奔狄城而去。果然如鲁仲连所料，连续攻打三个月不能攻克。连当地的小童都在歌谣中讥讽田单，不能攻下小小的狄城。

田单惊恐，去请教鲁仲连："先生早日说我攻不下狄城，请问有什么可以教我的吗？"

鲁仲连说："将军在即墨的时候，坐则手编竹筐，站则手拿铁锹，带领士兵一起唱：'我等将无家可归，宗庙社稷都将败亡！今日我等能否活下去，就看我们自己的了。'将军那时候有必死之心，士卒无偷生之念，所以听见您的号令莫不挥泪奋臂，欲求死战，您这才能够打败燕军。现在将军您东有夜邑之俸禄，西面有淄水上之游乐。腰系黄金带，遨游于淄水、渑间。您有的只是生活的快乐，而无死战之心，所以我断定您无法取胜。"

田单说："好，那我田单现在就下决心死战，是先生您给了我这样的志气啊。"

第二天田单振奋精神，亲临城下，立于矢石之地，亲自击鼓进军，狄城乃下。

由此可见，率军作战不管在任何时候、任何状态下，将领是非常重要的。"跟我上"，还是"给我冲"，其效果也是完全不同的。将有必死之心，兵无贪生之念，战斗力就可以得到大大提升。创业也是一样，但凡成功的案例，都是领导人和普通员工同甘共苦，奋战在第一线，这样才可能带领整个团队获取胜利。

我们再讲一下孟尝君的晚年，想当初齐湣王灭了宋国以后，想除掉在薛地的孟尝君。孟尝君于是投靠了魏国，在魏国为相，与各国一起联军打败了齐国。齐湣王死后，齐襄王复国，而孟尝君独立于各国之间，无所依属。齐襄王因为新继位，实力不强，害怕孟尝君，便与他和好。孟尝君死后，他的几个儿子争夺权力。齐、魏趁机合兵攻下了薛地，孟尝君一族被灭，绝嗣。可怜孟尝君作为战国四公子之首，狡兔三窟，显达诸侯，死后却变无根之浮萍，无法保留自己的宗庙社稷。

其他战国四大公子也大都类似，他们的势力、权力，俨然已经凌驾于君主之上，几乎都遭到了君王的信任危机。个别因为外忧重重，缓和了内部矛盾，像赵之平原君，暂时躲过了劫难。但是像孟尝君、信陵君、春申君，终因为和君王之间的矛盾不可调和，而不得善终。

春秋战国时期处于贵族分封社会向中央集权士族知识分子管理的过渡阶段。在这之前的西周时期，君主把国家之位传给嫡长子，又把很多土地封给其他的儿子或宗族成员，这些人就作为贵族执掌朝政。随着贵族的权力代代相传，他们的实力慢慢就会和君主接近，分庭抗礼，甚至出现凌驾于君主之上的情况。

到了战国时期，迫于外部的竞争压力，为了加强军备，各主要诸侯国都经历了变法革新，努力加强中央集权，削弱贵族势力，在这个过程中君主和贵族豪强之间的矛盾也被激化。这个过程中失去特权的贵族被降格为士人，游历于各诸侯国之间，推销自己的主张。而君主也为了更好地控制权力，慢慢开始排斥贵族，任用士人，最终获得成功的也是中央集权制度最完善的秦国。

十四、蚕食山东

周赧王三十七年（公元前 278 年），战国杀人魔王秦大良造白起进攻楚国，攻占了楚国旧都郢（yǐng）城（今荆州古城东北 3 千米处），焚烧了夷陵。夷陵这一兵家必争之地正式登上历史舞台。楚军四散奔逃，楚襄王于是不再迎战，把国都向东北迁移到了陈地（今河南省淮阳市），和其他山东五国越挨越近。秦国于是就把郢城改为南郡，封白起为武安君。随着楚国的被迫东迁，秦国的势力也开始慢慢向长江中下游渗透。

周赧王三十八年（公元前 277 年），武安君平定了巫、黔中，设置了黔中郡。这一年魏国的魏昭王去世，他的儿子魏安釐（xī）王继位。

周赧王三十九年（公元前 276 年），魏安王封他的弟弟魏无忌为信陵君，自此信陵君正式登上了战国的政治舞台。笔者以为，信陵君在战国四公子之中无论品格、德行、能力都是最出色的。

周赧王四十年（公元前 275 年），秦国相穰侯魏冉进攻魏国，韩国派暴鸢率军救魏。结果魏冉大破韩军，杀死四万人。暴鸢逃往开封，魏国只好献出八座城池求和。魏冉继续攻打魏国，赶走了魏将芒卯，进军北宅（今河南郑州市以北），魏国也只好割让温邑（今河南温县西南）再行求和。

现在简单介绍一下暴鸢，他也算是战国时期韩国的名将，曾经在公元前 299 年与齐国、魏国一起攻打楚国，击败楚军，俘虏楚将唐眛。另外，他还参与过伊阙之战，被秦国打败，而最惨的是这次救魏之战，几乎被打得全军覆没。

战国中后期的战争主线，就是秦国不停地向山东进军，诸国不停地割地赔款，以土地换和平，但土地换来的最多只是短暂的和平。随着不断地割地赔款，使得本国土地越来越少，战斗力也越来越弱，而敌人的实力却越来越强。因此从这时候看韩、赵、魏的灭亡其实已经是板上钉钉的事情了。可是即便到了这个地步，韩、赵、魏三国之间还是无法形成作战的统一态势。

周赧王四十一年（公元前274年），魏国重新和齐国合纵。秦穰侯攻打魏国，拔四城，斩首四万级。

周赧王四十二年（公元前273年），三晋非但不能同仇敌忾，反而互相又打了起来。这次是赵、魏联合欺负最弱小的韩国，进攻华阳（今河南省新郑市北），华阳离韩国的都城新郑已经非常之近。韩国人向秦国求救，秦国本着坐山观虎斗的心情并不出兵。

韩国国相于是对纵横家陈筮说："事情已经非常危急，您虽然生病了，但是还是希望可以连夜奔走一次，救韩国于灭亡之际。"

陈筮（shì）到了秦国，拜见魏冉。

魏冉冷笑说："事情危急了吗？所以让您来。"

陈筮却说："不着急。"

魏冉心想你明摆着没有出路了才来找我，现有又摆什么谱，很生气地问："怎么会不着急呢？"

"韩国要是真被逼急了，转投其他的国家就好了。就是因为还不算紧急，所以来向秦国求救。"

"好，我这就出兵。"

陈筮的谈判策略还是非常有效的，不管将来如何，至少这次借兵的目的是达到了。在这个案例中，陈筮的处理方式给了今人一个很大的启示，即在和别人谈判的时候切记，不要站在自己的立场上去谈判，这样无法抓住对方的痛点，而应该从对方的需求出发，如此才会一击即中。陈筮从秦国的需求出发，击中了秦国的痛点，即如果此时秦国不出兵相救，韩国要么会被魏、赵吞并，要么会向东或向南请求齐国、楚国的帮助，这肯定是秦国所不愿意看到的。所以秦国马上出兵，武安君白起以及客卿胡阳率军救韩。八天以后秦军到达，秦军的战斗力自然是赵、魏联军所难以抵挡的。秦军在华阳城下击败魏军，魏将芒卯败逃，俘虏赵、魏三员大将，斩首十三万级。白起又与赵军大将贾偃交战，在黄河中淹死了赵兵降卒二万余人。

这个芒卯是战国时期魏国的将领，也是个纵横家。他起先是在秦国，然后在秦国的资助下当上了魏国的司徒，作为与秦国的交换，他逼迫魏国割让了长羊、玉屋、洛林三地给秦国，换取魏、秦国一起出兵攻打齐国，得了齐国22个县。总之纵横家就是在各诸侯国之间游历，为自己寻求富贵显达。华阳城一战，芒卯为魏军大将也是由孟尝君田文推荐的，但这一战失利以后，芒卯也就彻底从史书上销声匿迹了。

魏国的大夫段干子建议魏王割让南阳（今河南南阳）给秦国以求和。

纵横家苏代对魏王说："段干子想掌握秦国的相印，秦国想占据魏国的领土。段干子和秦王互相勾结，出卖魏国土地，魏国的土地很快就会被秦国蚕食干净。我们用土地去向秦国求暂时之和解，相当于抱薪救火，薪不尽，火不灭。"

这就是成语"抱薪救火"的来历。

魏王说："话虽如此，但是事已至此，已无法改变了。"

苏代只能又说："下棋时之所以重视枭子（关于枭子的意思，大概是围棋打劫的子，具体意思笔者查了很多资料也没有找到），就是因为枭子这个棋在方便时可以吃子，不方便时可以停止。那大王您的智谋为什么还不如下棋的时候灵活呢？"

魏王到底还是没有听苏代的话，割让了南阳以求和。

此时的魏王其实已经失去了对国家的控制，秦国的压力实在是太大。献地求和是死，不献地求和也是死，饮鸩止渴虽然无用，但是至少也可以解得一时之渴。

这一年韩王去世，继位的是韩桓惠王。

韩、魏都已经臣服于秦国，秦国就派武安君白起联合韩、魏一起进攻楚国，大军还没有出发，楚国的使者——战国四公子之一的春申君黄歇正好出访到了秦国。

黄歇（即春申君）听说此事，担心秦国乘胜一举消灭楚国，于是急忙上疏秦王说："臣听闻物极必反，冬天、夏天的交替便是如此。极致则危险，如同垒棋子一样，随时会倒塌。今秦国之地遍及天下西、北两端，这是自古以来的国家从未达到过的。我们楚国三世以来先王都不忘与齐国接壤，以帮您切断合纵的要点。大王如今您派盛桥在韩国掌权，盛桥逼迫韩国割地给秦国，大王您不动甲兵，而得百里土地，您可谓才能超群！大王又出兵攻打魏国，封堵魏国都城大梁之门户，攻下河内，夺取燕、酸枣、虚、桃等地，进入邢丘，魏兵云集而不敢前救，大王可谓战功天下无敌了！您休整军队，两年后再举兵复出，吞并了蒲、衍、首、垣等地方，兵临仁、平丘，小黄和洛阳两地只能婴城自首，魏王臣服。"

接下来《资治通鉴》的原文是："王又割濮、磨之北，注齐、秦之要，绝楚、赵之脊。"（笔者觉得司马光在采集这段文字时有遗漏，造成误读）笔者这里援引《战国策·秦策四》的原文："王又割濮、磨之北属之燕，断齐、韩之要，绝楚、魏之脊。"

黄歇的意思是："您这时候又割让濮、磨（今河南东北部）之北的土地于燕国，切断齐、韩的联系；断绝楚、魏联系的核心。"

黄歇继续说道："天下诸侯五合六聚而不敢来救，大王的威名可以说是天下无双了！大王您现在如果可以保全功业坚守威势，收敛攻取之心而实施仁义之事，消除后患，夏、商、周三代的君王、春秋五霸也不配和您并列（'三王不足四，五伯不足六'）。"

春申君不愧为战国四公子之一，口才绝对是超凡入圣的。他为了劝秦王不要出兵楚国，大上迷魂汤，说秦国的实力和威仪早已超过三王和五霸，前无古人，是为了给后文铺垫，希望秦国可以收手不要再打了。这是很好的沟通技巧，今人应该学习借鉴，当我们为了达到自己的目的要去劝阻别人的时候，一定要先说对方是如何如何正确、如何如何伟大，然后再用"但是"转回到自己想要表达的意思上。

春申君接下来开始用"但是"："但是大王如果想倚仗军事强大，趁击败魏国之势，想要一举使天下人臣服，我担心会后患无穷啊！《诗经·大雅》上说：'靡不有初，鲜克有终。'（意思是：刚开始做的时候都能有一个好的开始，但很少有人能坚持到最后，多用以告诫人们为人要善始善终。）"

"当年吴王夫差听信越国之言，出兵伐齐，虽在艾陵击败了齐国，但是却被越王勾践在三江之滨擒杀。智伯信任韩、魏两家，联合进攻赵国，围攻晋阳时，胜利已指日可待，韩、魏却突然反叛，杀智伯于凿台之下。现今大王担心楚国未灭，而想要灭楚强韩、魏，臣深深地为大王您不值啊！楚是秦之援手，而其他邻国是您的敌人。现在大王您相信韩、魏之友善，就如同吴国信任越国。我担心韩、魏表面上卑躬屈膝，实际上是为了欺瞒您啊。为什么这么说呢？因为秦国对韩、魏没有恩德，只有世仇。那韩、魏两国，父子兄弟接连而死于秦军之手，已累有十世了，所以韩、魏才是秦国社稷之忧啊！现在大王想要支持韩、魏去攻打楚国，您实在是大错特错啊！"

黄歇的第二步是偷换概念，实际上出兵楚国是秦国胁迫韩、魏一起参战的，根本不是韩、魏撺掇着秦国攻楚的。借韩、魏一百个胆子也不敢一边在被秦国欺负的同时还敢去得罪楚国。虽然楚国实力远不如秦国，但是欺负韩、魏还是轻轻松松的。这里黄歇偷换这个概念是为了实施第三步，把秦国的注意力转移到韩、魏身上，来暂时缓解楚国的压力。

黄歇继续道："如果秦国要出兵攻楚，您准备从哪里出兵呢？大王是不是要向韩、魏这样的世仇去借道？若借道，那么大军出发的第一天，您就要担心部队被韩、魏截断归路，无回兵之日了。大王如果不向韩、魏借道，势必只有通过水路，沿长江而下。但这里经过的都是广川、大河、山林、深谷等不毛之地，就算战胜了楚国，大王您徒有破楚之名而无得地之利啊！并且大王您只要一发兵攻楚，韩、赵、魏、齐四国一定也会起兵响应。在秦、楚两国交兵难解难分之时，魏国将会出兵攻楚之北部，以前宋国的地方会被魏国夺去；齐从楚之东北方进军，泗上之地就会被齐国夺去。这些国家夺去的都是四通八达、平原肥沃之地。如果这样的话，天下的国家就没有比魏、齐更加强大的了。"

这里黄歇用了非常夸张的方式表达，解释说秦国进兵楚国不可能得太大的利益，最大利益会被魏、齐所占。这里的描述极度夸张，因为就算魏国可以拿下故宋之地，齐国可以拿下泗上之地，对这两国的实力增强也非常有限。但是黄歇的目的是引导秦国接受秦、楚连横对付其他国家。

黄歇继续道："臣为大王考虑，您不如亲善楚国。秦、楚一旦联合起来对付韩国，韩国必定拱手前来朝见，那样您就可以吞并韩国，让韩王成为您的关内侯。若大王您派遣十万大军屯驻新郑，魏国肯定会惊慌恐惧，这样魏国也会变成您的附属关内侯。大王您只要亲善一个楚国，两个万乘之君就会拱手投降；齐国西边的土地也可以唾手可得，大王您的土地可以联通东海和西海，绝对可以号令天下，从此燕、赵不再和齐、楚往来。收服韩、魏以后您可以进兵燕、赵，使燕、赵、齐、楚不能相互沟通，这样您就可以一举威胁燕、赵、齐、楚四国，它们立马就会向您臣服。"

所以黄歇虽然本质上是基于楚国的利益，努力地想要延缓秦国进攻楚国的计划，但是因为他的建议基本符合秦国远交近攻的策略，所以被秦王采纳，后世的秦始皇也是通过这个步骤平定天下的。

秦王听从了黄歇的建议，暂时制止了武安君出兵楚国，劝退了韩、魏的军队，派黄歇回去，约亲于楚，重新跟楚国结盟。

第五卷

周纪五

一、智将赵奢

周赧王四十四年（公元前的271年）。

赵国在战国中后期名将辈出，赵奢就是其中的杰出代表。赵奢起初担任赵国的农业部官员，收租税收到了平原君赵胜家。平原君家不肯缴税，于是赵奢将平原君掌管税务的九个人绳之以法，都枭首示众。平原君大怒，准备杀了赵奢。

赵奢说："君上，您在赵国是贵公子，今日若您不奉公，则法会削弱；法削则国弱；国弱则诸侯群起而攻之，从此再无赵国；无赵国，君上安得富贵？若以您之尊，奉公守法，则上下平，上下平则国强，国强则赵固，那时您作为赵之贵戚，天下谁人敢轻视呢？"

平原君非常赏识赵奢的贤能，于是把他推荐给了赵王，赵王就用赵奢来治理全国的赋税。赵奢秉公执法，从此国家赋税公平，征收顺利，民富而国实。

赵奢早年曾经跟随武灵王参与胡服骑射的改革，在"沙丘之乱"以后，受赵成、李兑排挤而亡命入燕，后来李兑失势，他又回到赵国做了一个中下层官吏。

周赧王四十五年（公元前270年），秦国进攻赵国，包围了阏与（è yǔ，今山西和顺）。然后赵王召了廉颇和乐乘来问是否可救。乐乘是乐毅的后代，从燕国攻赵被俘，后投降了赵国。二将都说道远险阻不能救，赵王不得已又问赵奢。

赵奢道："道远路狭，如同二鼠斗于小穴之中，勇者胜。"

于是赵王就令赵奢率军前去救援。但是赵奢带兵出发，离开都城邯郸才三十里就停军驻扎，然后跟军中说，有任何人敢以军事进谏的，以死罪处。

此时秦国又派遣了一支奇袭部队进攻武安城，驻扎在武安城西。武安（在今天已经属于河北省邯郸市下属的县级市）离邯郸不过咫尺之遥，一旦秦军攻破武安，兵锋就可以直指邯郸。这支奇袭部队的目的就是为了牵制赵军主力，而秦军的主力还在包围阏与，准备一举拿下阏与要塞。

秦军列阵大喊大叫，武安城内屋瓦为之震动。赵军中有人实在忍不住了，跟赵奢说应当急救武安，被赵奢斩首。赵奢军队坚守了二十八天不动，增修营垒，摆出一副要严守邯郸门户的架势。

此时秦国一间谍潜入赵军，被赵奢发现，赵奢佯装不知，好吃好喝好招待。间谍回去报告秦国大将，秦国大将胡阳十分高兴，说："赵国果然被我们的奇袭部队牵制，援军离开国都就按兵不动，还增修营垒准备固守，阏与一定是我们的了。"

赵奢放走了间谍以后，就下令部队偃旗息鼓，卷起盔甲悄声急行。《战国策》记载二日一夜而至，《资治通鉴》中记载是一日一夜就到了。笔者以为，河北武安和山西沁县直线距离不到二百公里，赵军如果以骑兵为主的话，轻装一天一夜勉强可以到达；如果是步兵部队，一日一夜跑二百公里，基本上在路上就要跑死一半人。

赵军在离阏与五十里的地方驻扎，等到秦军发现，赵军的营垒工事都已经建好。此时秦军主将听说赵军救援已到，急忙披甲前来迎战。而此时赵奢军中有个军士许历求见，说要提出军事建议，赵奢就把他召了进来。

许历说："秦人意想不到赵军会突然到达，但是他们以逸待劳，前来气势正盛，将军您一定要集中兵力，排出紧密的战阵，不然必败。"

赵奢说："敬听您的教诲。"

许历以自己违反了不得以军事进谏的军令，请赵奢处死自己。赵奢那时候驻扎在邯郸城外，不许大家进谏是为了麻痹秦军，此时第一步策略已经完成，军队已经到了秦军主力的眼皮子底下了。

所以赵奢说："邯郸那次军令已经结束，先生您只管提出您的建议。"

许历便再次进谏："先占领北山居高临下的必胜，后到者必败。"许历也因为这次进谏名垂青史。

赵奢点头称是，于是马上派了一万人前去北山。赵军先到，秦军后到，双方为争夺北山发生激战，赵军拥有地利，秦军无法攻上。于是赵奢指挥全军居高临下猛击秦军，秦军大败，赵奢解了阏与之围，然后班师回邯郸。

经此一战，赵王封赵奢为马服君，赵奢得以晋升战国名将之列，与廉颇、蔺相如同位，又封许历为国尉。马服君赵奢的后代就改姓马，即伏波将军马援以及三国时期马超的祖先。当然他还有一个纸上谈兵的儿子赵括，最终坑了赵国，这个事情我们先按下不表。

二、范雎入秦

此时的秦国，国政被宣太后芈月以及穰侯魏冉把持。穰侯向秦王推荐了一位名叫灶的客卿，穰侯派他率军进攻齐国，夺取了刚、寿两地用来扩大自己陶邑的封地。

此时魏国中大夫须贾有一位门客叫范雎（jū），范雎跟从须贾出使齐国。齐襄王也不知道听谁说的，知道范雎非常有才，便私下赐予黄金、牛肉和酒。须贾以为范雎私通齐国，于是回国就向相国魏齐告发了范雎。魏齐大怒，鞭打范雎，直到肋骨打断了，牙齿打掉了，范雎装死，魏齐命人将其卷在席内，扔到厕中，让喝醉了的门客在他身上撒尿，以惩戒后人，不敢再胡言乱语。

也是范雎命大，待所有人都走了，他对看守说："如果您能放了我，我必有厚谢。"

于是看守问魏齐是不是要把撒满尿的烂草席扔掉？魏齐早已喝醉，根本没有心思想到草席内还有人，更何况对于贵公子出身的魏齐来说，他也根本没有把范雎的生死放在心上，就这样范雎终于逃脱出了魏齐的魔爪。

魏齐酒醒之后，想要派人把范雎找回，但此时范雎已经藏匿在朋友郑安平家中，改名换姓叫作张禄，魏齐搜寻不得。

郑安平也因为帮助了范雎，待到范雎在秦国显达后被封为将军，这是后话。

恰好秦国外交官王稽出使到魏，范雎深夜前去求见，王稽深叹范雎之才，于是暗中将范雎装上车，偷渡回了秦国，推荐给了秦昭襄王。范雎是在商鞅以后，秦国从魏国偷去的又一位奇才，说偷去也好，挖去也好，抑或说是吸引去的也罢，总之商鞅是战国中前期秦国最重要的谋士，而范雎是战国中后期秦国最重要的谋士之一。

秦昭襄王初次准备在离宫召见范雎，范雎假装不识道路，走入宫中小道。秦王的车乘正好出来，宦官见范雎于是怒而驱赶，大呼："大王驾到！"

范雎故意说："秦国哪里有什么大王，秦国只有太后和穰侯而已。"

秦王隐隐约约听到此话，心中一动，马上就让左右的人退下，然后下跪（这里讲下跪是坐下来的意思，因为秦汉时期还没有板凳、马扎这类坐具，当时的人都是跪坐在席上说话）。

秦王问道："先生有何可以教导寡人的？"

范雎是心理学的高手，他已经成功吸引了秦王的注意，现在他继续吊秦王的胃口，连续三次顾左右而言他，只说："是，是，是。"

秦王不耐烦了，说："先生您终究不肯教寡人吗？"

范雎这才说："臣安敢不说？但是臣只是一个流亡之人，和大王没有任何交往，而我要向您陈述的都是国家大事，关系到的都是您的骨肉至亲。我即使愿意效劳说出忠言，但是也无法知道大王是不是能真心接受，所以您问了我三遍我都不敢回答啊！我知道，很有可能我今天说的话，明天就会成为处死我的理由。不过死没有什么可怕的，只要对秦国有帮助，臣死得其所。怕只怕，在我死之后，天下人杜口裹足，不肯再为秦国卖命。"

范雎的语言很有技巧，我们在推销自己的观点或者想法的时候要记得做营销和铺垫，充分地管理好对象的期望值。范雎三次说"是"就是在卖关子、饥饿营销，吊秦王胃口。同时范雎也担心太后和穰侯势力过大，也先要为自己留条后路。

秦王赶忙说："先生，您这是什么话！今日寡人有机会得以聆听先生您的教诲，是上天的恩赐，事无大小请悉以教寡人，不要再怀疑。"

范雎又拜，秦王亦拜，然后范雎说："以秦之强大，士卒之勇武，消灭诸侯绰绰有余。这就像派韩卢那样的猛犬去追击坡脚的兔子一样轻松（韩卢是战国时期韩国名犬，黑色，善捕猎）。而秦国却坐守关外十五年，不敢派兵出崤山以东，此乃穰侯为国谋划不忠，也是您策略失误。"

秦王再拜说："寡人愿闻失策之处。"

范雎说："穰侯越韩、魏而去攻齐国之刚、寿绝非好计策。当初齐湣王向南进攻楚国，破军杀将，辟地千里，却没有得到任何土地，难道是他们不想要吗？当然不是，而是形势上不允许。而诸侯一旦看到齐国衰弱，马上就起兵进攻，大破齐国，使齐国几乎灭亡。所以齐攻楚，实际上是肥了韩和魏。今大王不如远交近攻，得寸则王之寸也，得尺亦王之尺也。今韩、魏处于中原核心，天下之枢纽。大王想要称霸天下，一定要占据中原地带，以此为交通枢纽，来威慑楚、赵。楚强则攻赵，赵强则收楚；待到楚、赵皆已臣服，齐国必定害怕；齐国臣服以后韩、魏就将彻底被我们俘虏了。"

秦王听罢大喜，曰："善。"于是拜范雎为客卿，和他一起参谋兵事。

"远交近攻"是范雎给秦王的最重要的战略，它大大地提升了秦国向山东诸国开拓的进度。之前秦国对于山东诸国进攻总是东一榔头西一棒槌，没有集中的策略，虽然每一次进攻都能有所收获，但是缺乏集中度，消耗过大，成果也被大打折扣。现在范雎给秦王的建议就是先联合楚、燕、齐，和他们建立盟友关系，不再出兵，一起重点进攻韩、魏。一旦韩、魏被灭，秦国拥有天下之正中，然后再向北、向南、向东扩展，则事半而功倍。

周赧王四十六年（公元前269年），秦继续派胡伤进攻赵阏与，还是未能攻克。之前秦、赵阏与之战，秦军被赵奢打败，这一次秦军再次失利。在战国中后期，能够在战场上一对一打败秦国的只有赵国。赵国军事实力强大有几个原因：第一，赵武灵王胡服骑射，打下了坚实的基础；赵军训练有素，并且有很多胡人在编，一定程度上解决了兵源问题。第二，赵国拥有其他中原国家稀缺的战略装备——马匹，当时虽然马镫还没有发明，骑兵的冲锋作用不能发挥，但是马匹的存在对于军事运输、调动、后勤补给可以提供巨大的支持，这也是赵国勉强可以与秦国一战的装备。第三，赵国在战国中后期名将辈出，如赵奢、李牧以及廉颇，一时之间齐聚赵国，这绝对是赵国之幸。真正使赵国失去战斗力的是长平之战以后，这个先按下不表。

周赧王四十七年（公元前268年），秦王完全按照范雎的谋略操作，先结盟楚、齐、燕、赵，然后集中兵力强攻韩、魏。

周赧王四十九年（公元前266年），秦国又攻打下了魏国的邢丘，范雎日益得到重用，于是他准备找个机会将政敌魏冉扳倒。

范雎找到机会跟秦王说："臣居山东时，只听闻齐国有孟尝不知有齐王；秦国有太后与穰侯不知有秦王。有名号不代表就是君王，必须要有相应的权力。能执掌国政的称为王，能改变国家利害的称为王，能控制生杀大权的称为王。现在太后擅自专权不顾大王，穰侯擅自出使也不报备，华阳君、泾阳君处事决断无所忌讳，高陵君自由进退也不请示。有这四贵，国家想不危亡是不可能的。有这四贵之威势，天下人根本不知还有秦王的存在。"

"穰侯之使者控制外交，出使遍天下，与各国一起决断诸侯事务，征讨敌国无人敢不听。如果战胜了，他就把利益收归自己的封地陶邑；如果战败了，便结怨于百姓，嫁祸给国家。臣听说枝叶过于发达，就会损伤树干；封国过于强大，就会威胁国都；大臣过于尊贵，就会影响君主权威。当年淖齿掌管齐国，箭射齐湣王的大腿，把齐王抽筋吊在宗庙的梁上，整整折磨一夜才死。李兑掌管赵国，囚禁赵主父于沙丘宫百日，直至主父饿死。如今我看四贵也正像淖齿、李兑一样。夏、商、周三代最后的灭亡，都是因为君王把大权授给了臣下，以为自己可以花天酒地地玩乐，不曾想臣下嫉贤妒能欺上瞒下，只为一己之私利，不为君主考虑，而君主也不觉悟，以致最后失去了天下。现在秦之大小官吏，甚至是您的左右都是丞相之人。大王您独坐于朝堂，我深深为您感到担心，只怕您百年之后，拥有秦国的就不再是您的子孙了。"

范雎的"危言"对秦王来说心理震动巨大，于是他毅然废黜太后，驱逐穰侯、高陵君、华阳君、泾阳君这些外戚于关外，以范雎为丞相，封他为应侯。

史书记载，魏冉被驱逐回陶邑之时，装载他个人财宝的车子有一千多辆，奇珍异宝可比肩国库，但大部分被守关扣下，秦王也靠着打击四贵大大地发了一笔。

这次秦王发动的政变，是秦国的君王和贵族之间矛盾的一次集中爆发，最终以君主的大获全胜而告终。当时天下各诸侯国变法革新的重点就是土地

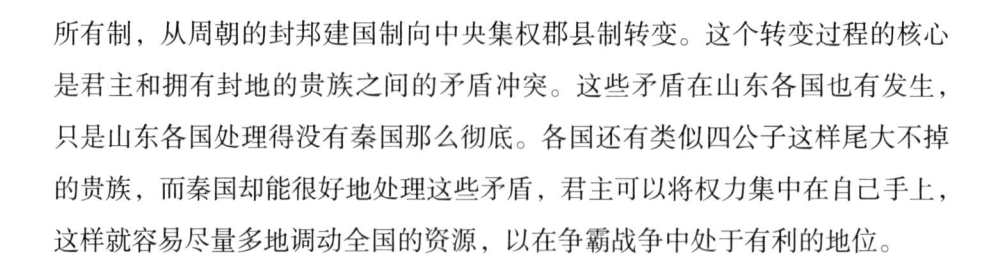

所有制，从周朝的封邦建国制向中央集权郡县制转变。这个转变过程的核心是君主和拥有封地的贵族之间的矛盾冲突。这些矛盾在山东各国也有发生，只是山东各国处理得没有秦国那么彻底。各国还有类似四公子这样尾大不掉的贵族，而秦国却能很好地处理这些矛盾，君主可以将权力集中在自己手上，这样就容易尽量多地调动全国的资源，以在争霸战争中处于有利的地位。

三、赠袍得恕

京剧有一出名剧叫《赠绨袍》，讲述的是范雎和须贾之间的恩怨情仇，令人怅然。

须贾把范雎"私通"齐国的事情汇报给丞相魏齐以后，魏齐一直以为范雎已死，因此也没有把他放在心上；而范雎此时虽然在秦国如鱼得水、风风火火，但是他一直用的是化名"张禄"，所以这个世界上没有人知道还有一个"范雎"的存在。

这天须贾受魏王之托出使秦国，应侯范雎特地装扮成流浪汉，衣着褴褛，徒步前去探望。

须贾看到范雎还活着，非常震惊，忙问："范叔您别来无恙？"并且留下范雎用餐，还送了一件丝袍给他。

席间须贾问起秦相张禄之事，范雎表示自己在相府做事，可以为须贾引荐。须贾很天真，也不想想一个流浪汉怎么会认识大国国相，于是就跟着范雎来到了丞相府。

范雎带须贾驾车到丞相府，到了门口范雎说："我为您先去通报一下。"于是就下车进入相府，很久时间没有出来。须贾在门口等了很久不见范雎，觉得很纳闷，就问看门人有没有见到范大叔。

看门人说："哪有什么范大叔，刚才和您一起来的就是我们丞相张禄先生啊。"

须贾大惊失色，知道被范雎耍了，非常害怕，想想自己也逃不掉了，于是只能膝行匍匐入相府谢罪。

应侯坐在堂上呵斥道:"须贾啊,须贾,你可曾记得你当初是如何污蔑、陷害于我的?你也可曾想到自己也有今日?总算你今日对我还有一袍一饭之恩,说明你多少还算念及旧情,我就饶你不死!我范雎是一饭之德必偿,睚眦之怨必报。"这也是成语"睚眦必报"的出处。

于是范雎大设酒宴招待各国宾客,令须贾坐在堂下,就给他一些饲料吃。宴会结束,他命须贾回国告诉魏王:"赶快砍下魏齐的头送来,不然我就带兵杀入魏都,屠城大梁。"

须贾回国把范雎的话告诉了魏齐,魏齐只好逃到了赵国,藏匿在平原君赵胜的家里。

这一年赵惠文王薨,他的儿子赵丹继位,是为赵孝成王,以平原君为国相。

周赧王五十年(公元前265年),秦宣太后芈月在忧愤中去世,穰侯也被迫离开咸阳回到了封地陶邑。魏冉后来死在了封地,他死之后封地被秦王收回,设置郡县。

司马光给了魏冉一个评价:"魏冉拥立秦昭襄王,为国去隐患;荐白起将,南取鄢(今河南中部鄢陵县)、郢(今湖北荆州一带),向东与齐国接壤,使天下诸侯俯首听命。秦之愈发强大,皆穰侯之功。虽然穰侯恣意专权,贪心骄傲,招致灾祸,但亦不至于不堪如范雎所说。像范雎这类人,也不是纯粹为了秦国而尽肺腑忠言,他也是为了自己可以取代穰侯,所以抓住机会,就狠狠地攻击穰侯。最终使秦王断母子之亲情,失甥舅之恩情。所以,范雎这类人绝对是靠一张嘴就能翻云覆雨、颠倒黑白的倾危之士啊。"

儒家历来对于这类纵横家、辩士、策士都非常反感,儒家都把他们叫作倾危之士,因为他们有一言丧邦、一言兴邦的能力。范雎就是这样的人,虽说有时候他们的很多建议是正确的,但是他们也可以为了自己的私利而出卖任何人。因此儒家首先要求的是一个人的品行、原则以及为人处世的标准,然后再看你的能力。

而儒家的关于言与行之间的关系,按照《论语》所说的:"君子欲讷于言

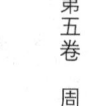

而敏于行。"就是说君子要言语谨慎迟钝，但是行动要勤奋敏捷，也就是我们常说的"要少说多做"。从现代的观点来看，这个观点只有部分正确，多做肯定非常重要，但是言语能力也是不能忽视的。

宣太后去世后，秦王马上就立儿子安国君为太子。

四、魔都之父

秦国趁赵君新丧之机进攻赵国，攻取了赵国三座城市。此时赵王刚刚继位，太后把持朝政，于是赵国向齐国求救。齐王知太后爱幼子，故要求以太后之幼子长安君为人质。赵太后不答应，于是齐国也不肯发救兵。

赵国大臣一再劝说赵太后，赵太后却公然在朝会上说："谁敢再提以长安君为人质，老妇一定吐他一脸口水。"

这时候左师触龙去见太后。左师是职务，相当于退休以后的有地位没实权的散官，触龙是他的名字。太后怒气冲冲地等触龙进来，她知道触龙无事不登三宝殿，肯定是要费口舌劝谏。

触龙却慢慢地走过来道歉，说："我的腿脚不好，很久没来看您了，私下里想想也无所谓，但是又担心太后的身体有什么不适，所以我还是努力跑来看您。"

太后说："老婆子我只能靠人推车来。"

触龙又继续唠家常，问："饭量减少了吧？"

"只能喝粥了。"太后回答道。

这个故事原出自《战国策》之名篇《触龙说赵太后》，《通鉴》几乎原文照抄引用。不过依照《资治通鉴》的体裁，对于事件细节的描写，一般是予以大量简化的，而这个故事去记载得特别详细，作者就是为了向人臣们展示善于进谏的语言艺术。

由于触龙的唠嗑，太后的不悦之色慢慢宽解。触龙又继续婆婆妈妈道："我的小儿子舒祺，年纪最小又不给力，典型的官二代。可是我就是最疼爱他，现在我年纪大了，想趁我还有一口气，帮小子谋一个黑衣卫士之缺，去保卫王宫，您看如何啊？"

太后真被触龙的婆婆妈妈分散了注意力，问："可以啊，他多大了？"

"他十五岁了，虽然他还年轻，但老臣想在未入土之前，给他做个安排。"

"您是大丈夫，也疼爱小儿子吗？"太后问道。

触龙回答说："我爱小儿子比女子还要夸张。"

太后说："还是女人更容易爱幼子。"

触龙一步步给太后下套，说："我觉得老太太您爱女儿燕王后胜过爱长安君。"

太后说："您错了，我对燕王后之爱远不如长安君。"

触龙又说："父母爱孩子就要为他们长远计划。您送燕王后出嫁燕国之时，流泪哭泣，不舍她远嫁他国。一旦成行，您虽思念，却一直祷告说：'女儿千万不要被人送回娘家。'您这就是为她考虑深远，希望她的子孙可以长期在燕国为王为侯啊。"

太后说："然。"

触龙又说："您从现在起往前数三代，这些都是您亲眼所见的，赵王的子孙被封侯的，还有几人的封号可以传承下去？"

太后思索半天说："没有了。"

触龙意味深长地说："就是所谓近灾会及身，远的也会延及子孙。难道君王的子孙都不是善类吗？当然不是，而是因为君王之子孙，拥有大量的国家珍宝，地位尊崇却无功绩，俸禄丰厚却无须劳作。现在的长安君就是这样，他受封尊爵，享受膏腴美地，得赏国之重器，却没有机会为国效劳。一旦哪一天您老驾鹤西去，长安君将怎么在赵国混下去啊？"

触龙的劝谏非常有策略。战国时期，国家之间攻伐不断，一般情况下做人质的，很有可能就回不来了，即使能回来，以赵太后的年纪想要再见一面也不容易。虽是如此，父母总还是关心子女，希望他们幸福的。所以关心女儿，总不希望她们被休；疼爱儿子，也不可能一直养在身边，总需要让他们建立自己的功业。触龙就是这个意思，虽说长安君去做人质有危险，可是作为没有继承权的小儿子，他至少有机会体现自己的价值，这样他在赵国的地位也会得到相应的提升。

所以太后听了恍然大悟道："好，随您安排吧。"

于是太后下令为长安君备齐百辆车的随行车队，送长安君去齐国做人质。收到人质以后，齐国随即发兵，秦国也就乖乖地退兵了。

中国的史书是人类各民族中最完备、最细致的，但是为了节约篇幅，史书的作者都要求文字非常简练。所以一般的历史事件，或者对话都是直切重点。赵国的这场人质风波的详细记载首见于《战国策·赵策四》，《史记》都没有记载的那么详细。而《资治通鉴》做了全文引用，说明司马光也认为触龙的劝谏方式非常有意义，具有可操作性，很落地。

虽然赵国的公主做了燕国的王后，但是燕、赵之间的冲突也是不断。这一年赵国用三座大城，再加上其他五十多座小城邑向齐国换来了齐安平君田单。田单指挥赵军进攻燕国，攻取中阳（今山西省西部），顺道又攻打了韩国，夺取了注城（今河南汝州市西十五里）。

田单为赵将引起了其他赵将的不满，尤其是赵奢认为这是赵国自断双臂去请无用之人。赵国不缺良将，像赵奢和廉颇等都算得上是百战名将，没必要为了一个齐国将领去损失那么多的土地。事实也是如此，虽然田单算得上是一世之名将，但是他给赵国留下的战绩也就是打下了几座燕国的小城而已，根本不够他的"赎买费"。

然笔者以为赵国之所以用大片土地"买"下田单，并不是因为军事上缺少良将，而更多是政治上的需求。赵国在灭了中山国以后，东面和燕国的冲突就开始加剧。在阏与之战以后，赵国和秦国的军事冲突已经到了非常激烈的程度，秦国一直找机会想要将赵国一举打垮，赵国为了避免两线作战只得和齐国联合来压制燕国。如果偶尔还能用齐国牵制一下秦国，那就一举两得了。此时花多少钱去赎买田单都不重要，只要有田单在，赵、齐之间的同盟关系就是稳定的，这样就避免了双线作战，何乐而不为呢？

同年齐襄王薨，他的儿子田建立。田建年少，一切国家事务都由王太后决定。

西周和春秋时期如果主君年少，掌权的大部分是王孙公子或者贵族，这样经常会出现君权旁落到贵族手中，典型的如周公辅成王。到了战国中后期，各个国家经过变法纷纷努力加强中央集权，但是中央集权不能解决个人的寿命问题，一旦先王早丧、少主继位，此时贵族不能出面掌权了，于是掌权的就变成了太后。像秦、赵、齐都出现了太后主政的局面。这是从战国中期以后才出现的独特现象。

周赧王五十一年（公元前264年），秦武安君白起进攻韩国，攻克了九座城市，杀死了五万人。

田单出任赵国的国相。

周赧王五十二年（公元前263年），秦国武安君白起进攻韩国，夺取了南阳，又攻打太行山道，切断了太行山道，韩、赵、魏就此南北隔绝。

楚顷襄王病重，春申君黄歇对应侯范雎说："楚王病重，恐难以痊愈，不如让楚太子回国。太子若能继位，必尽力侍奉秦国，对相国您也会感恩戴德，您既可以结好邻邦，又可以为秦国存下一个万乘之帮手。若不让太子回去，一旦楚国另立君王，太子只是咸阳城里的一个无用庶民，这绝不是上策。"

应侯范雎把春申君的话告诉秦王。同样的情形之前齐国也出现过，昏庸如齐湣王亦知取信于诸侯，送回太子。而按照老嬴家一贯的做法就是想从中谋取利益，敲点竹杠。

秦王说："让太子的老师先回去看看楚王的病，再做商议。"秦王很清楚，如果楚王真的病重，那么楚太子为了着急继位是可以答应秦国任何要求的。

黄歇与楚太子盘算说："秦国想留下太子，只不过是想要更多利益，而你我只是人质，没地、没钱、没权，没有什么可以给秦王的。阳文君二子均在楚都，楚王一旦去世，太子您若不在国内，阳文君之子一定会被立为继承人。到那时您不但不能接替祖业，只怕连楚国也回不去了。太子您干脆和使者一起逃回楚国，留我在这里死磕秦王，希望能为您争取离开的时间。"

于是楚太子就偷偷溜出了秦国。然而，想要逃离秦国绝对不是一件简单的事情，之前商鞅、楚怀王都有过想要逃跑的经历，但是都被边关给挡住了。这次楚太子想要逃离，一定需要有人为他打掩护。春申君对太子也算是忠心，他自己走了一步险棋：如果太子不能继位，那么他和太子的富贵也算是到头了；如果楚太子因此可以继位，他又能找脱身之法的话，那他作为太子的老师和恩人，将来的富贵自是不可限量。

春申君待在咸阳城，守在馆舍中称太子生病谢绝一切来访。他估计太子已经走远了，这才去告诉秦王说楚太子已经走远，已到楚国，我黄歇愿意领受死罪。秦王勃然大怒，欲斩春申君。

范雎劝道："黄歇作为人臣，献身以为救主，绝对是忠臣，若太子继位一定会重用黄歇。我们不如赦免黄歇，放他回去，这样我们就可以与楚国结好。"

秦王听从了范雎的劝告，放回了黄歇。黄歇回楚国三月，顷襄王去世，太子继位，是为楚考烈王；太子任命黄歇为国相，封他淮河以北之地，号春申君。

春申君之领地从淮北一直向江南地区延伸，包括长江三角洲之地。传说黄歇曾经命人疏通黄浦江，所以黄浦江又被称为春申江，这个地方也被称为"申"，这就是上海简称"申"的来历。所以春申君黄歇相当于是上海人民的老祖宗，可以称为魔都之父。

五、长平泣血

周赧王五十三年（公元前262年），楚考烈王为了感谢秦国，将州陵（今湖北省洪湖市东北）送给秦国，以求和平。

我们继续讲武安君白起。白起这个大杀器，所到之处攻无不克、战无不胜，且异常残暴。其所过州县或所历战争，几乎都会有大面积的杀戮，故山东黎民百姓皆不愿为秦国之奴。这一次白起攻下了韩国的野王（今河南沁阳），野王一失，韩上党成飞地，与韩国其他地方失去联系，上党也就失去了自我生存和保全的能力。

上党太守冯亭与百姓们商量说："通往国都新郑之路已绝，秦兵日夜逼近，韩军无法抵挡，我们何不将上党送于赵国。赵国受地，秦必攻之，赵国被攻击则必与韩国亲善，韩、赵合兵，可以抵挡秦军。"

冯亭于是派人到赵国，对赵王说："韩国不能守上党，太守将举上党降秦国，但是黎民们皆不愿为秦俘，更不愿为秦国之奴隶，都希望归降赵国。上党地区有城市十七座，希望可以献与大王。"

此时的赵孝成王年纪还小，他只能去问几位叔父的意见。赵王先问平阳君赵豹，赵豹也是吴娃所生，是成王嫡亲叔叔。

赵豹说："圣人忧无故之利。"

无缘无故得到的好处，绝对不是一件好事。赵豹说的这个道理倒是两千年颠扑不破的真理，但是还是一直有人上当，大家应该把这句话作为自己的座右铭给裱起来。

赵王显然没有看出其中的危机，说："韩国人向往我赵国之德治，怎说是无缘无故呢？"

但凡天上掉下馅饼，吃得很安心的人都会给自己找个理由，盖两千年来也是没有变过。

赵豹说："秦国蚕食韩国，将其从中切断，不令南北相通，所以我们才可以坐收上党。韩国之所以不把上党送给秦国，便是想嫁祸于我赵国。秦国折腾了半天，反而赵国坐收其利，就算我们强大也不能这样去欺负弱小，更何况我们弱小，难道我们还想要去欺负强大的秦国吗？所以说这是无缘无故的利益，绝对不能收啊！"

从实际道理上来说，韩国人民主动投奔赵国，赵国坐享其成也不算是不讲道义，但是，其中最核心的问题就是赵国打不过秦国啊。

赵王于是又去征求另一个亲叔叔，平原君赵胜的意见。赵胜说："发百万之军，积年累月，未必可下一城。今若坐享其成得到十七座城，此大吉大利，机不可失，失不再来。"

赵王一听，正中下怀，就派平原君去接受赠地。然后赵王将上党的三个万户城邑封给太守冯亭，并赐爵为华阳君。另外以三千户的城邑封县令们为侯，所有的吏民都加爵三级，这可以说是史无前例的大册封了。

冯亭流泪不愿意见赵国使者，说："臣实在不忍心出卖君主之土地，还去享用它的食邑。"

周赧王五十五年（公元前260年），事情居然就这么平平淡淡地过了两年。但是，两年后该来的还是来了，秦国的左庶长王龁，进攻上党，并一举攻克，上党的百姓逃到了赵国，赵国派廉颇驻军于长平来抵挡秦国，以接收上党的民众。

在春秋战国时期，有两样资产是最重要的，第一是土地，第二是人民。在那个兵荒马乱的年代，中原地区百姓凋敝，十室九空，如果可以获得大量的人口，对一个国家来说也是一种非常重要的资源。所以能够接受上党的民众，对赵国来说也是一个不错的结果。而王龁乘胜进攻赵国，赵国屡战不胜，还损失了一员副将和四名都尉。赵王赶忙找来了楼昌、虞卿商议对策。楼昌建议派遣位高权重的使节与秦国媾和，虞卿坚决表示反对。

虞卿说："现在媾不媾和的控制权在秦国，秦已下决心要击垮赵军主力，我们无论派什么人去讲和都是没有意义的。我们不如派遣使者，带重宝依附楚和魏，楚、魏如果接受我们的宝物，那么秦国会知道我们三国合纵，就不敢全力出兵攻击赵国，这样的话媾和才会成功。"

赵王不听，派郑朱前去议和，秦国接纳了郑朱。

赵王很得意地说："秦国已经接纳郑朱了，谈判有机会了。"

虞卿说："大王您实在是'太傻太天真'了，这下赵国不但媾和不成，还要被打败了。为什么这样说呢？秦国那时候是怎么耍弄楚国的您还记得吗？秦国是最没有信义的国家。郑朱是我们国家的贵人，秦王、应侯必定会假意和他谈判，然后通知天下诸侯秦、赵在和谈。诸侯们看秦、赵和谈，一定不会派兵前来支援，而秦国一旦知道赵国没有后援，和谈怎么可能会成功呢？"

后来事情的发展果然如虞卿所料，和谈没有成功。

虞卿，也就是虞舜帝的后代。他是战国后期著名的游士，曾经脚蹬草鞋，肩挂雨伞，远道而来游说赵孝成王，被封为上卿，所以被称为虞卿。他的见解绝对到位，也很符合谈判艺术。我们要知道，任何谈判，如果想要让谈判往对自己有利的方向发展，就一定要让对方知道你有其他选择。像这次的案子，虞卿的思路就是先拉拢楚、魏，不管楚、魏出不出兵，只要秦国知道赵国可能有后路，那么谈判才有可能开展下去。如果没有任何退路的谈判，那么就会被秦国牵着鼻子走，如果能签订个"丧权辱国"的条约都算是大吉大利了。

赵国在战国中后期的军事战斗力并不算太差，它的失误主要是在政治和外交上。在政治上的失误，就是在没有做好准备的情况下，接受了上党这个烫手的山芋，这是错误之一。当然，真的接受了也不能算是致命的，毕竟上党地区可以给赵国战略纵深起到一定的屏障作用，但是接受了上党地区整整两年没有经营好，被王龁一战而破，这就是错误之二了。错误之三，廉颇刚刚到长平的确是吃了一点小的败仗，造成了一些损失，不过元气未伤，此时赵国寻求外交上的解决方案是非常合理的。但是外交的基本原则，就是要想办法让自己和对方尽量平等，在处于绝对劣势的情况下去谈和是不会成功的。

外交除了和谈，可以找帮手。有人来帮忙一起打架，不管实力如何，人多力量大，总会有机会，努力争取势均力敌，是和谈的基础。而赵国在完全处于下风的情况下，却没有听从虞卿的建议，没有联合楚、魏，直接贸然进行和谈，果然被秦国利用，失去了外援。

说回廉颇，廉颇在当时已经是威震天下的名将，他在战败了几次之后，就下令坚守壁垒，按兵不动。赵王以为廉颇损兵折将后不敢迎敌，大怒，多次责备廉颇。此时应侯范雎又派人用千金去赵国使反间计，散布谣言说秦国所惧怕的只是马服君赵奢的儿子赵括，廉颇好对付，而且他也快投降了。赵王中计便准备用赵括代廉颇为大将。

蔺相如劝阻道："大王因名气用赵括这是错误的，如胶柱鼓瑟。赵括只知读父亲之兵书，不知变化，这是马服君在临死之前和您说过的，千万不要用赵括带兵。"

赵王不听，还是用了赵括，这就是著名的"纸上谈兵"的故事。这个故事实际上大家都非常清楚，笔者在这里就引用《资治通鉴》原文给大家一阅：

初，赵括自少时学兵法，言兵事，以天下莫能当；尝与其父奢言兵事，奢不能难，然不谓善。括母问其故，奢曰："兵，死地也，而括易言之。使赵

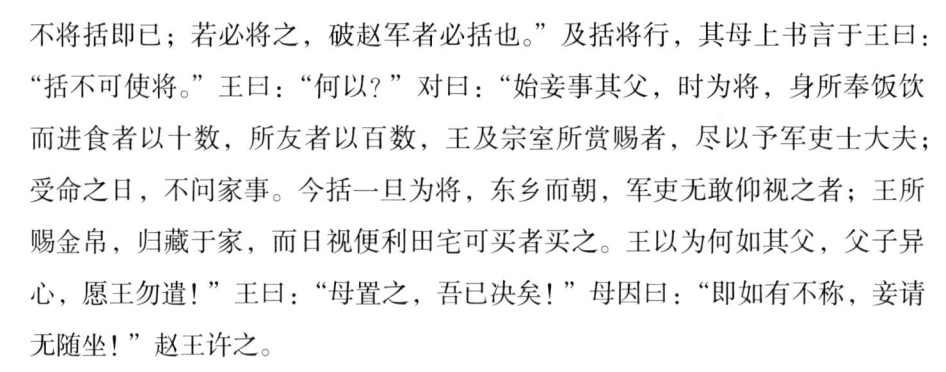

不将括即已；若必将之，破赵军者必括也。"及括将行，其母上书言于王曰："括不可使将。"王曰："何以？"对曰："始妾事其父，时为将，身所奉饭饮而进食者以十数，所友者以百数，王及宗室所赏赐者，尽以予军吏士大夫；受命之日，不问家事。今括一旦为将，东乡而朝，军吏无敢仰视之者；王所赐金帛，归藏于家，而日视便利田宅可买者买之。王以为何如其父，父子异心，愿王勿遣！"王曰："母置之，吾已决矣！"母因曰："即如有不称，妾请无随坐！"赵王许之。

这就是"纸上谈兵"的前半部分，赵王不顾赵括母亲的反对，一意孤行将赵括送到前线，这是赵王犯的重大错误。这一次赵王把全国的男丁，能扛起武器的全都整编起来给了赵括，史书记载有四十万部队，虽然可能有夸张，但是总计二三十万人还是有的。

这里赵国换了军二代赵括，哪知秦国却换来了最狠的角色——杀人魔头白起。秦国偷偷地拜武安君白起为上将军调到前线，以王龁为副将，然后跟军中说有任何人泄露武安君白起为将的就杀头。

赵括一到前线立马展示了少壮派的作风，他变更了廉颇的作战计划，调换了军官，下令准备出击进攻秦军。白起假装战败退走，预先布置了两支奇兵去抄赵军的后路。赵括不知是计，乘胜追击，直打到秦国的营垒，秦军坚守不出，赵军无法攻克；而此时秦军一支两万五的奇兵已经切断了赵军的后路，另一支五千人的奇兵截堵住赵军返回营垒的通道，赵军被一分为二，粮道断绝。武安君白起自己率领精锐轻军正面冲击，赵军腹背受敌，迎战失利，只好坚筑营垒坚守，等待援兵。秦王听说赵军粮道已绝，于是亲自到河内郡（今河南沁阳及附近地区）征发所有十五岁以上男子，把他们全部调往长平前线，史书号称此时秦军调动的军队也有四五十万人，秦军包围阻截赵国的救兵及运粮部队。秦国也是倾大半个国家之力为此一战，此时的天下还有能力与秦之主力一战的也就是长平的这些赵军了。

白起给秦军制定的作战策略是：拖住赵军主力，隔绝外援，待到赵军因为缺粮，战斗力消耗得差不多的时候，再想办法一口吃掉赵军主力。而此时赵国只得向齐国和楚国请求救援，赵国已经缺粮，向齐国求粮，齐王不给。

周子对齐王说:"赵之于齐、楚国屏障也,唇亡则齿寒;今日亡赵国,明日战祸就会波及齐、楚。救赵是刻不容缓之事,更何况救赵可以显示我们的高义;抵抗秦军可以颂扬我们的威名,一举两得,何乐而不为呢?如果不考虑大义而只在乎这些粮食,这就眼光太狭窄了。"

可是齐王还是不听。到了九月,赵军已经断粮四十六日,军中互相残杀,人食人。赵括不得已,准备做鱼死网破的最后一搏。他将部队分为四队,冲出营寨来进攻秦垒,连续向秦军营垒冲击四五次,但是不能冲出。赵括还算是一条汉子,并没有投降,而是亲自率领精锐士卒冲杀出去,准备和秦军决一死战,但是被秦国人射死了。赵军大败,最终四十万人全部投降,秦军也伤亡惨重,史书记载秦军的伤亡也达到了一半,损失了二十万到三十万部队。

武安君白起此时又暴露了杀人魔王的本性,道:"当初秦陷上党,上党百姓不愿为秦民,出逃赵国。赵国士兵将来也一定会反复、逃亡,若今日不斩草除根,只怕将来会成祸患。"

于是白起把四十万赵国士兵都骗到一起,将他们活埋,只放出二百四十个年岁小的回到赵国报信。长平之战,秦军前后共杀死四十五万赵军,赵国大为震惊。具体说长平之战赵军死了多少,然后被活埋了多少,这个历史上并没有很准确的记载。史书上都是说四十万,实际上有学者根据当时赵国之经济和人口状况考虑,认为不可能有四十万人。现在考古上也在努力搜寻当初活埋赵军的万人坑,如果真是活埋了这四十万人的话,那应该是会有一个巨大的枯骨冢的,通过发掘可以大体了解到具体坑杀人数。

1995年,在山西省高平市,长平之战的考古工作取得了很大进展,有许多重大发现。在永录村发现一处尸骨坑,出土了大量的尸骨和刀币、布币、半两、箭头、带钩等文物,为研究长平之战提供了重要的实物资料。其中一号坑中重叠交错的尸骨,有的胳膊大腿有明显断裂的痕迹,应系刀砍。有的胸腔内遗有箭头,还有的仅见躯干而无头颅。这些均说明他们是被杀死后掩埋的,掩埋地也更像是一个天然山谷,不像是人为挖好的。所以很有可能是降卒被屠杀以后,找个天然深坑随意掩埋了,而不是活埋的"坑杀",这也好理解,要挖一个可以活埋四十万人的深坑,应该是很有技术难度的。

六、三路伐赵

周赧王五十六年（公元前259年），长平大胜以后白起准备顺势攻下邯郸，彻底灭了赵国。白起分兵三路，王龁进攻赵国的武安、皮牢（今山西翼城县东北），一举攻下。武安在太行山东麓，已经是邯郸市下属的县了，离邯郸咫尺之遥。

司马梗（司马错的儿子）向北进攻太原，整个占领上党地区。上党地区在三家分晋的时候被韩、赵、魏瓜分。赵国占一部分，韩国占一部分（也就是之前让给赵国的十七座城市），魏国只占很小一部分，这次秦国借长平胜利的余威，一举评定了整个上党地区。将整个太原地区攻占，从此邯郸以南再无屏障。

长平之战不仅使赵国震恐，韩、魏也被惊动，他们知道如果三晋之中最强的赵国被灭的话，秦朝可以从北路和西路两路加攻韩、魏，估计他们也撑不了几年，于是他们派遣名嘴苏代，用丰厚的金银去游说应侯范雎。

苏代说："武安君是不是立即就要围攻邯郸。"

"那是自然。"范雎得意道。

苏代是战国时期著名的辩士、纵横家，他最知道权谋家范雎的心理，道："赵一亡，秦王很快便可以称王天下，武安君长平大胜，再灭邯郸的话，战功史无前例，到那时候他应位列三公，您能甘心在他之下吗？您就算内心里一百个不愿意，您能有什么办法呢？您以后还能斗得过武安君吗？还有您再想想武安君是谁推荐的？是谁的人？更何况当初秦国围攻邢丘，困死上党，上党的百姓都反而投去赵国，天下人不愿意为秦民已久。现赵国将亡，赵北部之人会逃到燕国，东部之人逃到齐国，南部的人流入韩、魏，您能控制的百姓没有多少，没有什么实际利益，不如借此机会割取一些赵国的土地就此罢手，莫让白起独享此空前之大功。"

范雎一听就动心了，他最在意的就是个人利益，他回忆起自己是如何一步步斗倒魏冉的，然后又如何踩上一百脚，让魏冉永世不得翻身的。而白起恰恰就是魏冉推荐的大杀器，如果哪一天白起爬到了自己头上，可能不只是踩上一百脚，是不是能给自己留个善终都很难说。这就是世界文人政治的特点，文人不如武将可以在战场上立功，文人最在意的是自己的名位和权力，再加上文人离君主近，心眼多、脑子灵活，文采华美、巧舌如簧，引经据典、骂人不带脏字的文斗是武将们跟不上的。于是范雎准备对白起下手了：

范雎对秦王说："秦兵已经过于疲劳，请允许韩、赵割地求和，暂且休养士卒。"

秦王听从了范雎的建议，让韩国割让了垣雍（今河南原阳县西北），赵国割让了六座城市就此罢兵。就这样，赵国赢得了最宝贵的喘息之机，白起在前线打得非常顺利，却突然被要求班师，也是一肚子火，他知道是范雎在背后使绊，二人从此产生嫌隙。

赵王派遣赵郝去和秦国落实割让六县事宜，而主战派虞卿对赵王说："大王您觉得秦国是因为疲敝打不下去了才撤走呢？还是能打，但是因为怜爱大王才撤兵呢？"

虞卿很坏，他的问题很有误导性，这也是辩士的特点，他们会把一个复杂的问题故意简单化，简单到像0和1一样，这样人就很容易上套。比如这次秦王撤退的可能性有很多，虞卿却讨论的是还能不能打这个问题。

赵王自然就被带沟里去了，说："秦欲灭赵是不遗余力的，现在肯定是打不动了才撤军的。"

虞卿说："秦国用尽全力都得不到的东西，大王您现在准备白送给秦国，这不是个大笑话吗？明年如果秦国再来进攻，您还有什么可以给秦国的吗？"

虞卿的思路很清楚，反正秦国撤军了，白起也走了，我们完全也可以忽悠秦国不给他们地盘，反正给不给到了明年秦国也还是会打来的。赵王还在犹豫之中，战国时期的又一名嘴楼缓来到了赵国。楼缓原先是赵国的贵族，被赵武灵王派到秦国做游说工作。他活跃于赵武灵王、赵惠文王、赵孝成王之际，在秦、赵之间的政治舞台上混了四五十年，也算是一个奇迹。

楼缓说："虞卿只知其一，不知其二。秦、赵互相征战，各国都很开心。大家都觉得可以趁机一起去欺负一下赵国。现赵国应马上割地给秦国，这样一方面安慰了秦国，另一方面使各国觉得秦、赵已经和谈，就不敢再算计赵国了。不然秦国将会继续攻赵，而天下诸侯也会落井下石，趁着赵国之疲敝而群起瓜分，赵国旦夕且亡，还谈得上什么对付秦国。"

楼缓也是偷换了一下概念，说得好像天下诸侯都想赵国灭亡一样，这也不是现实。

虞卿听了楼缓的话，赶忙跑来见赵王说："楼缓之计太危险了，一旦让城给秦国，天下诸侯就会愈加猜疑赵国，我们也向天下暴露了赵国的怯弱。秦国索要六座城市，大王，您千万不要给他们，反而应该拿这六座城池去贿赂齐国。齐和秦是世仇，齐王一定立马出兵。大王您虽然割地给了齐国，却可以从进攻秦国那里得到补偿，并且向天下显示赵国尚有能力有所作为。大王如果您依我的建议，那么我们大兵还未到边界，就可以看到秦国派出使臣来向您求和，那时候再答应秦国的要求，韩、魏知道我们不割地就可以和秦国盟约，就一定会看重赵国，于是大王您一举三得而与三国结好，和秦国交涉也就主动了。"

赵王吃过一次亏，这次终于听从了虞卿的建议，派虞卿赴东方去见齐王，与他商议一起对付秦国。这里虞卿还没回来，那里秦国果然已经派使者来到了赵国。楼缓听说虞卿之计奏效了，就偷偷逃回了秦国。赵王也不亏待虞卿，封给他一座城池。

七、孔斌为相

起初秦攻赵，魏王向大夫们问计，群臣都以为秦国攻打赵国，对于魏国是天大的好事，可以坐山观虎斗。如果秦国获胜大家都归附秦国，还可以借机偷袭一下赵国何乐而不为；如果秦国无法击败赵国，那么大家可以趁秦国疲敝之机向秦国讨回公道。

孔斌却说："怎么可以这样说呢！秦自孝公变法以来，从未打过败仗，而现在又派了像白起这样的名将，怎么可能失败，我们哪里有机会呢？"

有个大夫跳出来说："那即使秦国战胜了赵国，对我们又有什么损失呢？邻国之羞，我国之福也。"

孔斌非常鄙视地看了那个家伙一眼说："秦，贪暴之国，其败赵必会再将兵锋指向其他国家，那时候只怕魏国就要首当其冲了。"

孔斌，字子顺，孔子的第六代传人。当初魏王听说孔斌贤明，就派使者带着黄金绸缎前去聘请他为国相。

孔斌说："大王若能用我之言，信吾之道，那即使让我吃蔬菜喝凉水我也愿意。若只是让我穿上一身官服，提供丰厚的俸禄，那我就是一只普通的花瓶而已，魏王还缺花瓶吗？"

使者再三请求，孔斌这才到了魏国，魏王亲自出城迎接，并且拜他为相。孔斌一上任就撤换了一群佞幸获宠之臣，任用了一批贤良之士，把一批无功受禄、尸位素餐的官员给免了职，将职务赏赐给了有功之士。那些丧职的人都很不爽，四处制造谣言，诽谤孔斌。文咨把这些话告诉了孔斌。孔斌说："本来就不能和普通老百姓来商量治国之大事。自古以来善于政治治理的人，一开始哪个没有受过流言蜚语？子产在郑国为相，三年诽谤之词才停歇；先祖孔子为鲁相三个月后诽谤才停止。我现在刚刚执政，虽然我比不上先贤，但是有些诽谤不是很正常吗？"

文咨问："不知当年那些人是如何诽谤先祖的？"

孔斌说："先祖刚在鲁国任相的时候，就有人唱道：'那个穿皮袍的权贵，把他抓起来肯定没有问题；那个穿着皮袍的权贵，把他抓起来大家都叫好。'等到三个月以后，教化渐成，百姓歌颂：'穿皮衣戴高帽的那个好人是为我们办实事；穿皮衣戴高帽的那个好人是为我们无私地奉献。'"

古今中外都一样，一般情况下老百姓总是讨厌权贵的，但是如果权贵可以为他们做实事，自然也可以得到他们的认同。

文咨听罢大喜，高兴地说："吾今日才知道先生您与古代圣贤丝毫不差啊。"

孔斌在魏任相九个月，所陈述重大建设性的意见都不被采纳，于是嗟然长叹道："建议不被采纳，是我的建议不符合这里的现状。正确的建议不符合君主的心意，我又不能为了君主的心意去昧着良心提建议，这又有什么意义呢？占着别人官位，领着别人的俸禄，却无法做事，尸位素餐，吾罪深矣！"于是孔斌借口生病，辞官退隐。

其实魏王用孔斌更多的只是利用孔斌是孔子传人这个身份，目的是以孔斌为招牌来彰显自己怀德敬贤之名，说白了就是以孔斌为政治花瓶。孔斌后来对于魏王的如意算盘也是心知肚明，于是就放弃了花瓶这个职务，退隐山林。

时值战国末世，天下纷扰，各主要诸侯国或多或少都经历了法家的变革，一切外交也好，内政也罢，都是本着拳头大能打仗为基本原则，各国也都在寻找来之能战的爪牙之士，儒家的德政思想、经世济民的建议，以及仁义道德的理论就算能采纳，对当时各诸侯国而言也不会有什么帮助。作为孔子嫡系传人的孔斌，想在这个时候获得一些政治上的成绩是非常困难的，也几乎是不可能的，这点孔斌自己心里也清楚。

所以有人问孔斌说："魏王不用先生，先生您准备何往？"

孔斌无奈道："还能去哪里呢？崤山以东各国都将被秦吞并，秦国的行为不合道义，我等有道义之士决不去那里。"于是退隐山林，在家中休养。

有个叫新垣（yuán）的人来请教孔斌。笔者查了很多书，只有《史记》中有个魏国人叫新垣衍的，是个复姓，后来汉朝有个新垣平，其他的史书基本没有什么人物姓新垣的，这个新垣应该是新垣衍的族人。

笔者可以很负责地说，战国的新垣氏和日本的新垣结衣没有任何关系。日本的新垣结衣祖上可能来自福建林姓。而且日本除了贵族以外，平民都是从明治维新以后才有姓氏的，不过百多年历史。新垣的意思是新筑的矮墙之意，日本人明治维新以后，百姓都需要给自己起个日式的姓氏，因此日本人很多以身边之物为姓，如松下、渡边、田中、山下、御手洗（厕所）、新垣（小矮墙）等。

新垣坚持反复问孔斌："圣贤所到之处，必定是政治清明，教化得兴。现在先生在魏国为相，没听到您有什么出色的政绩就自行隐退，您是有什么不得志的吗？还是有其他什么问题？怎么就放弃得那么快啊？"

新垣很贱，绝对是哪壶不开提哪壶。孔斌因为政治理念不得实施心中苦闷，新垣却还要来揭伤疤。

孔斌只能回答道："正因为我没有特殊的政绩，所以只能隐退了。况且魏国已患不治之症，无法证明我良医的手段。现在秦国有吞并天下之心，就算用道义去侍奉他们，也得不到安全。现在来救亡存续已经来不及，还谈什么政治教化呢？想当初伊尹在夏、吕望在商，但是夏、商不治，他们只能投奔他国，难道是他们不想国家得治吗？是形势不允许啊！当今山东各国疲于奔命无法雄起，三晋只得各自求安，东西二周反而折节侍奉秦国，燕、楚、齐都已经臣服。现在看来，不出二十年天下就要被秦国彻底吞并了。"

这一点孔斌还是非常有眼光和前瞻性的。他在说这一段话的时候是在公元前259年，虽然到秦始皇吞并六国统一的时间不止二十年，但是对于趋势的把握他已经很准确了。在三十八年后，秦国正式吞并了六国，秦始皇建立了秦朝。

范雎想要报仇雪恨，听说魏齐在平原君赵胜那里，于是秦国就使出旧手段，找个理由将平原君骗到秦国，将其扣留。

然后秦国派出使者对赵王说："如果得不到魏齐的首级，我就不放你叔叔。"

魏齐无可奈何，穷途末路之际他到虞卿家里寻求帮助，虞卿也算一条汉子，自知无法帮助魏齐，于是也就舍弃相印和魏齐一起逃亡。他们一起逃到了魏国，想要借助信陵君的帮助逃到楚国去。信陵君十分为难，他也不想接魏齐这个烫手山芋，于是不见魏齐。魏齐悲愤自杀，赵王最后取到魏齐的人头献给了秦国，秦国这才下令放回了平原君。

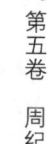

八、保卫邯郸

到了九月，秦派五大夫王陵再次出兵进攻赵国，武安君白起因为患病，所以不能领兵前去。当然更主要的原因是武安君白起跟范雎之间的关系紧张，有范雎的掣肘，白起再想要在战场上获得功勋，绝对会困难百倍。

周赧王五十七年（公元前258年），王陵率军攻打邯郸，多次失利，秦王便征发了更多的士卒来支援王陵；王陵失去了五个校尉仍然不能取胜。这时候武安君白起病愈，秦王想派他去代替王陵。

白起却说："现在的邯郸城着实不易攻下，况且诸侯救兵马上也要到了，那些国家对秦国之怨恨积压已久，秦国虽然在长平一战大获全胜，但自己的士兵也损失过半，国内空虚，如今再长途跋涉，放弃山河险固去攻打别人的国都，若此时赵国在内死扛，诸侯在外夹攻，秦军必败，我不愿前往。"

秦王见命令无用，他也知道白起在和范雎闹别扭，于是就让应侯范雎去说服白起领兵，但是白起最终还是称病不肯出战。没办法，秦王就只能派王龁代替王陵为前军总司令。

武安君白起作为战国时期数一数二的战神级人物，攻无不克、战无不胜。他在选择战争的时候会看形势和局势的变化，抓住时机，不打无准备之战，这是一切优秀的军事将领必备的素质。我们可以拿他和西楚霸王项羽来比较一下。西楚霸王项羽，他在战术、战场统御力以及冲锋陷阵的武力上来说在中国历史上都是排名第一的将领。他在战场上几乎没有失败过，著名的战例是他跟刘邦夺取天下的战争当中，三万楚军就可以打得六十万汉军丢盔弃甲，几乎全军覆没，项羽的战斗力绝对是无敌的。可是项羽就是没有任何战略和政治眼光，他在战场上的无敌，和他对于楚国局势的无能形成了鲜明的对比。

九、毛遂自荐

我们把视线转回战国，此时已经是战国后期，诸侯国在秦军面前做最后挣扎。王龁领兵进攻赵国都城邯郸，赵国已退无可退、让无可让，只能做殊死抵抗。同时，赵国也在寻求其他诸侯国的支持，于是派平原君赵胜到楚国去求救。

有一个道理我们需要知道，那就是求救是一门艺术活，你需要让对方知道救自己是有价值的，中国历来有一句俗语叫"救急不救穷"。借钱也一样，在寻求别人帮助的时候一定要让对方看出自己是有能力偿还的，这样才有可能达到目的。所以平原君赵胜也是这样准备的，他计划从门下食客中选取文武双全的二十人一起前去，这样就可以让楚国知道赵国人才济济，绝对有实力可以一战。但挑来挑去只选出十九个人，再也选不出其他人了。此时毛遂申请愿与平原君一起去出使楚国，这就是著名的"毛遂自荐"的故事。

平原君曰："夫贤士之处世也，譬若锥之处囊中，其末立见。今先生处胜之门下三年于此矣，左右未有所称诵，胜未有所闻，是先生无所有也。先生不能，先生留！"毛遂曰："臣乃今日请处囊中耳！使遂蚤得处囊中，乃脱颖而出。非特其末见而已。"平原君乃与之俱，十九人相与目笑之。

这就是成语"毛遂自荐""脱颖而出"的出处。

平原君到楚国以后，和楚国国君讨论合纵的好处，从早上日出开始讨论，一直讲到日中还是不能决定。此时毛遂突然按剑跑到台阶上，对平原君说："合纵之利害，两句话就说完了，今天从日出开始，到了现在还没有决定，是为什么？"

楚王大怒说："你是什么人，快给我下去，我在跟你的主公聊天，你来插什么嘴？"

毛遂按剑向前说："大王，您之所以敢于斥责像我这样的门客，只是因为您楚国朝堂之上人多势众罢了。但十步之内，楚国之众人帮不了大王您了！

您的命在我毛遂的手里。在我的主君面前，您凭什么对我吼来吼去的？况且我听说商汤以七十里之地后来就做了天下之主；周文王以百里之地，而使天下诸侯臣服。他们拥有天下的根本不是因为他们的士兵多，而是看谁能够掌握局势的变化而奋发图强。现在楚国地方五千里，带甲百万，这是做天下霸主的资本，以楚实力之强大，天下应该没有人能抵挡。可是现在白起，一竖子小儿，率数万之众，起兵攻楚国，一战而破鄢、郢，再战而烧夷陵，三战连楚国的先王陵墓都被焚烧。另外，楚国的先王还被秦国人绑架羞辱，此乃百世之冤仇，连我们赵国听到这样的消息都为您觉得羞愧，而您自己反而不觉得痛苦难受吗？我们来谈合纵不是为了我们赵国，而是为了你们楚国啊！"

毛遂的这番对话的精彩程度，绝对不亚于《三国演义》中诸葛亮的游说江东。毛遂也是用了激将法，当众给楚王难堪，揭楚国的老伤疤。把囚国君、丢国都、刨祖坟这些丑事当着朝堂众人之面给抖搂出来，根本就没有给楚王留退路。大家可以将心比心，如果您是楚王，面对毛遂的这套说辞，就算深知和秦国作对可能会被揍得很惨，但是作为男人这个时候硬着头皮也要上了。

楚王没有任何退路，只能说："是、是，寡人听先生的话，把江山社稷都交给先生您了，您来安排合纵吧。"

毛遂得了便宜还卖乖："合纵确定了？不反悔？（从定乎？）"

楚王说："定了，定了。"

毛遂也不客气，直接招呼楚王的左右说："快去，快去取鸡、狗、马的血来。"

毛遂跪下，手捧铜盘敬献给楚王说："大王您应该当先歃血以确定合纵，然后是我的主君，然后再是毛遂。"毛遂接着对在殿上平原君的另外十九个"文武双全"的门客说："你们在堂下也一起歃血宣誓吧。诸公跟来跟去，看着是忙得头头转，到头来还是靠别人才办成事啊。"

平原君看合纵已成，就风风火火地赶回了赵国，对其他人说："毛先生以三寸之舌，而强于百万之师。我赵胜从此再也不敢说我能识天下之人才，连毛遂这么优秀的人我都看走眼了。"于是马上就封毛遂为上等宾客。

"毛遂自荐"的故事大家都已经非常熟悉了，这个毛遂还是史书记载的第一个毛姓之人，是毛姓的始祖。

虽然毛遂名动天下，中国人都知道他的存在，但是他的结局还是令人扼腕。在秦、赵邯郸之战后，燕国居然又来趁火打劫，偷袭赵国。赵王马上想到以三寸不烂之舌说服楚国百万雄师的毛遂，让他领兵出征。毛遂非常有自知之明，知道自己只是一介书生，领兵作战，非己之所长，请求赵王不要派自己去。但是笔者以为毛遂还是心怀侥幸，虽然不自信，但还是想尝试出将入相的感觉，所以没有坚决辞让。于是赵王还是坚持让毛遂领兵抵挡燕军，却被燕军打败，几乎全军覆没。毛遂遥想当初自己如何在楚王堂上口若悬河，却不曾想落得个兵败丧师的下场，自觉无颜再见赵人，于是避开众人，在林中自刎而亡。当然这是后话，我们按过不表。

十、义不帝秦

说回各诸侯合纵抵抗秦国之事。楚王让他的老师、恩人春申君黄歇率兵救赵。魏王也同时派遣大将晋鄙，率兵十万前去救赵。这里我们要强调一下，让魏王下定决心前去救赵的就是信陵君魏无忌。

一边赵国在忙着寻求各诸侯国的帮助，另一边秦国也在努力拆散各国之间的合纵。秦王派人来吓唬魏王说："寡人进攻赵国，随时就要拿下，诸侯中有谁胆敢出兵救赵的话，待我大秦攻破赵国以后，马上移师下一个就去消灭它。"

魏王早已畏秦如虎，马上就派人去阻止晋鄙进兵，让他驻扎在邺城（今河北临漳县）附近。名义上是救赵，实际上是首鼠两端，观望态势发展。魏王又派将军新垣衍混入邯郸，通过平原君来劝说赵王，想要共同尊秦王为帝，来让秦国退兵。

此时，齐国人鲁仲连正好在赵国。鲁仲连笔者之前讲过，是齐国著名的大儒，之前曾经帮田单复国。孔斌称当世已无高人，如果稍微次一等的话，鲁仲连算一个。鲁仲连还是大诗人李白的偶像，李白在多首诗中提到过鲁仲

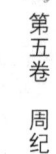

连,尤其是《别鲁颂》中写道:"谁道泰山高,下却鲁连节。谁云秦军众,摧却鲁连舌。"

鲁仲连听说魏国想要和赵国一起尊秦为帝,马上就跑来和新垣衍说:"那秦国是鄙弃礼义而崇尚杀人立功的国家。如果秦国公然称帝于天下,我鲁仲连宁愿跳东海而死,也不做秦国的臣民。看来你们梁国还没有看清秦王称帝以后的危害!如果你们让秦王称帝,我就可以让秦王把你们梁王醢成肉酱。"

新垣衍听了心里非常不高兴,心想:"你自己心中看不惯秦国,凭什么要拿我的主君开涮?"

但是新垣衍碍于鲁仲连的盛名,不好发作,只能怏怏不快地问:"先生您凭什么能让秦王听您的话烹杀我梁王呢?"

鲁仲连看新垣衍上钩了就说:"事实就是如此,你听我慢慢道来。想当初九侯、鄂侯、文王,是纣王的三公。那九侯有个女儿,美貌绝伦,九侯把女儿献给纣王,没想到因为九侯之女得罪妲己,惹怒了纣王,于是纣王就把九侯给醢了;鄂侯极力拼命为九侯辩护,触怒了纣王,于是纣王就把鄂侯给脯[fǔ](注:做成肉干)了;周文王听说此事,喟然长叹,所以被纣王关押长达百日,几乎被活活困死。现在秦是万乘之国,魏也是万乘之国,都有称王的名位,奈何看到秦国打了一次胜仗,就想服从秦王尊他为帝,把自己陷落到任人宰割、任人脯醢的境地呢?"

新垣衍面露惶恐,鲁仲连继续说道:"况且一旦秦王称帝,就将施行天子的权威,号令天下诸侯,变更各诸侯国的大臣,把他们都换成是秦王所信任和宠爱的人。秦王又会用自己秦国的女子来替换各诸侯的后宫,这样的话梁王还想要安安稳稳地睡觉吗?而将军您还能保住现在的位置吗?"

新垣衍听了感到心惊肉跳,离座再次拜谢说:"我今天才知道先生是天下高士,我这就告辞回国,再也不敢尊秦王为帝了。"

鲁仲连的表述方式虽然比较夸张,但是绝对是值得学习的范文。要说服别人,让对方接受自己的观点的关键是要从对方的角度出发。所以鲁仲连的表达核心是一旦秦国称帝,可能给魏王尤其是给新垣衍自己带来的危害,这才是打动对方的核心。鲁仲连的道理非常简单,因为秦国是通过霸权和杀戮来建立的威信，那么一定也会通过霸权和杀戮来巩固权威。一旦秦国做了天下之主，它很有可能会决定各诸侯国的用人人选，杀戮现在的大臣。到那个时候，大家不仅是既得利益都不能得到保障，就连生命也是攥在别人手里，这自然深深触动了新垣衍。

十一、窃符救赵

接下来，有个重量级的人物要出场了，他就是信陵君魏公子魏无忌。在战国四公子当中，名气最大、最先出道的是孟尝君田文。但笔者以为从个人统御能力、国际关系的处理能力、个人的气节和道德素养来说，信陵君魏无忌无疑是最出色的。

起初，信陵君仁义而礼贤下士，养食客三千。魏国有个隐士叫侯嬴，已经七十岁，家中贫穷，在魏都大梁任夷门监，就是一位看门老人。一次魏无忌设宴招待宾客，来客都已坐定。魏无忌却吩咐备齐车马，空着左边尊贵的位子，亲自前去迎接侯嬴赴宴。那侯嬴穿戴破旧，却毫不客气，跳上车，坐在尊位也不谦让，信陵君亲自驾车愈发恭敬地侍奉。

车至半途，侯嬴又对魏无忌说："我有一好友在集市上当屠夫，请车子绕到他那里去转一下吧。"

魏无忌于是驾车开到了集市，侯嬴就下车去见他的好友朱亥。这位侯先生为了考察信陵君的耐心程度，故意在集市中混了半天，同别人瞎扯。瞎扯的时候还时不时地拿眼睛偷瞄魏无忌，看他颜色和润谦恭，于是这才谢客上车，来到信陵君府上。信陵君迎侯嬴上座，并且将他介绍给在座的宾客，于是举座皆惊，没想到这只是大梁城的一个小吏，居然让魏国公子那么器重，所以各个宾客都非常尊敬侯嬴。信陵君通过这次宴会给侯嬴挣足了面子，他知道将来侯嬴必会为他死心效命。

到了秦国兵围邯郸，那平原君赵胜是信陵君的亲姐夫，平原君派到魏国的使者车马接连不断。平原君指责信陵君说："我赵胜之所以与您结成姻亲，

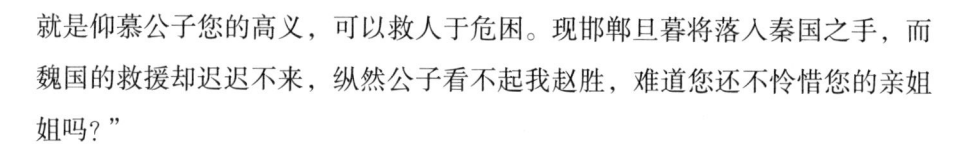

就是仰慕公子您的高义，可以救人于危困。现邯郸旦暮将落入秦国之手，而魏国的救援却迟迟不来，纵然公子看不起我赵胜，难道您还不怜惜您的亲姐姐吗？"

魏无忌内心愁苦，多次请魏王下令让晋鄙进军，又派门下宾客辩士百般游说，魏王终究不听。那魏无忌也是血性之人，他视平原君为平生知己，愿意飞蛾扑火以成就自己存亡绝续的信义之名。他聚集了门下宾客中的壮士，只拼凑出了百余乘车马，几百号人，如果拿这百乘兵车去救赵国的话，那绝对是以卵击石。

这时候，他想起了侯嬴，去问计，侯嬴却只是淡淡地说："公子您走好，我已老不能前去，您好自为之。"

魏无忌心如刀割，他没想到自己倾心结交的侯嬴却是个贪生怕死之徒，不肯一起前去赴死也就罢了，居然连句鼓励的话都没有，无奈他只得默默地上了车，向着北方奔驰而去。

他越跑越想不通，越想心里越堵，于是又折返跑回去见侯嬴。侯嬴笑着说："公子喜士，名闻天下，今日您去赴死，而臣没有相送，公子一定内心怨恨，所以老夫早就知道公子会回来。如今您已走投无路而准备亲身去迎战秦军，好比用肉包子打饿虎，会成就什么功业呢？"

魏无忌一听侯嬴的话觉得有门，赶忙起身再拜问破秦之计，侯嬴避开众人，偷偷对信陵君说："我听说晋鄙兵符的另一半在大王的卧室里面，现在大王最宠爱的是如姬，她肯定有办法可以偷到。我听说公子您曾经为如姬报过杀父之仇，那如姬一定愿为公子办事，万死不辞。公子您只要一开口，就可以得到虎符，然后到阵前去夺取晋鄙的兵权，北上救赵，西击强秦，这是五霸的功业啊。"

魏无忌听罢大喜，接连感谢侯嬴，依计果然窃得兵符。临行前，侯嬴拉着魏无忌的手说："将在外，君令有所不受。若晋鄙看过虎符仍不交出兵权，要向魏王请示那就危险了。臣有一朋友，就是上次您在集市中见到的朱亥，他是个勇猛的力士，可以与您一起去。晋鄙若是听话还则罢了，他若不肯交出兵权，您就直接让朱亥把他灭了。"

于是信陵君来到集市去请朱亥，朱亥说："臣只是一个市井小民，公子却多次前来探访，我无以报答，今日公子有急，正是我报答公子之时。"于是跟着信陵君一起出发。

出发之日，信陵君又跑到侯嬴这里拜别。侯嬴看一切已经妥当，终于长舒一口气，对信陵君说："老臣应当追随公子而去，可是老臣年事已高，已无法在战场上立功，到前线反而会成为公子的累赘。我在此会每日计算公子的行程，待到公子到了晋鄙军中之日，老臣自会北向自刎，公子无须挂念，请快上路吧。"

双方洒泪而别。果然侯嬴预计信陵君已到了晋鄙军营，就北向自刎而亡。

笔者以为侯嬴自杀有几个原因。

如果他跟随信陵君而去的话，城门失人，可能魏王马上就会发现，一旦魏王发现虎符被盗，派快马去追的话只怕信陵君会有麻烦。

他的情况和聂政、豫让不同。聂政是为了报答严仲子的知遇之恩；豫让是为了报答智伯的国士礼遇，他甚至不愿做赵侯的臣子去刺杀赵侯，他们只需要面对一个主君。可是侯嬴不同，他在本质上是魏王的小吏，他的君主应该是魏王，可是魏公子无忌以国士之礼待他，所以信陵君对他是有知遇之恩的，他无法同时报答二位主君。

侯嬴深知信陵君窃符救赵，虽然一战可能会成功，成就信陵君义薄云天的美名，但信陵君背叛了魏王，窃取兵符，魏国已无他容身之所，也更无他侯嬴容身之处，他也无法再见到信陵君了，所以他也只能选择自刎谢罪。

如姬的下场笔者暂时没有找到，只怕她也只能以死来报答信陵君之恩了。

侯嬴"守诺自刎"这是《史记》中最让人动容的画面之一，可以和豫让之"斩衣三跃"、荆轲之"易水送别"相媲美。但这些事件在《资治通鉴》中被刻意忽略，很可能是因为到了宋代，所谓的任侠精神早已被打入了十八层地狱，以道统自居的司马光对这类士人"只为知己，不为君王"的事件是嗤之以鼻的。

信陵君一行人跑到了魏军驻扎的邺城，和魏军将领晋鄙验明兵符。晋鄙感到非常奇怪，总觉得哪里不对劲，因为照常理来讲，临阵换帅是大事，他又没有犯什么大错，魏王没有道理换他；更何况，就算要换将，也绝不可能说只带来了兵符，肯定还要有诏书，还要有明确的对他晋鄙的处置方案，不能就这么不明不白地要求交出兵权的。

于是晋鄙说："我率军十万驻扎在边境，你孤身单车前来代替于我，这是怎么回事？待我禀报魏王确认此事，再交出兵权也还来得及。"

朱亥一看晋鄙起了疑心，就从袖子里面掏出四十斤重的铁锤（战国时期一斤相当于现在三百克左右，四十斤重相当于十多公斤的重量），一下子就把晋鄙打得脑浆迸裂而死。

魏无忌于是整顿士兵，下令说："晋鄙违抗君令，我已杀之。父子都在军中的，父亲可以回去！兄弟都在军中的，哥哥回去！家中独子无兄弟的人，可以回去奉养父母！其他人与我一起集合前去抗击暴秦。"

魏无忌于是选定八万士兵，率军进发。

这里信陵君整兵救赵，那边王龁久攻邯郸不下，又听说各诸侯之救兵将至，更加心急火燎，加紧进攻却连战不利。

武安君白起听说前方战事不利，就跑到秦王那里说风凉话："大王，您不听我的计策，今天怎么样？我说不能进攻邯郸吧。"

秦王大怒，要逼武安君去战场，武安君说风凉话的时候有力气，一说要去打仗又装病不肯起来。在军事上武安君白起绝对是一个聪明人，他对于胜利的追求是极致的，绝不打无把握之仗，所以他才能做到百战百胜。可是他的情商，更确切地说职场情商绝对是有问题的，任何人哪怕能力再强，再不可或缺，也不可以去当面打领导的脸。类似白起这样的风凉话只能私底下和领导单独讨论的时候才能说，绝不能当众打脸。更何况朝中他还有政敌范雎身处丞相高位，这种情况下白起想要活下来也是个奇迹了。我们生活中也会有很多类似的人，恃才傲物，不把领导放在眼里，这样的人往往是得不到太好的发展的。

周赧王五十八年（公元前257年），秦王越看白起越不顺眼，再加上范雎的煽风点火，于是剥夺了武安君的爵位，将他一撸到底，贬为普通士卒，并发配到了阴密（今甘肃省平凉市灵台县百里乡）。

然后到十二月，秦王向汾城（今山西省侯马市北）增兵，领兵的将领是范雎的好基友郑安平，他作为进攻邯郸秦军的后援和粮食补给。

白起被贬为士卒，应该要去阴密戍卫，然而白起还是称病不出发。各国军队到了邯郸城下，各路援军接连向王龁发动进攻，王龁几次败退。于是派遣使者到秦国请求支援。秦王恼羞成怒，只能找白起撒气，于是派人要把白起赶出咸阳都城，让他去阴密赴任。白起起身出了咸阳西门十里，到达了杜邮这里。

应侯范雎和秦王说："白起被贬之时，态度怏怏，口出怨言。"

白起的手段秦国人都是知道的，秦王也害怕像白起这样的杀人魔王万一溜出秦国，投奔他国，那么秦国就危险了。最终秦昭襄王一不做二不休，派使者赐白起宝剑，令他自裁。白起不得已，只得选择自杀。

白起是秦国第一名将，却含冤而死，秦国人都非常怜惜，城乡之间纷纷设立祭坛祭祀武安君白起。

信陵君魏无忌在战国四公子中军事统率能力绝对是最强的一个。他率领八万魏国援军和楚、赵一起在邯郸城下大破秦军。王龁撤退，另秦国接应部队主帅郑安平被包围，他只能率领二万人投降赵军，所以重用郑安平的范雎也因此被秦王治罪，范雎就此慢慢失宠。

魏楚联军乘胜进至河东（今山西省西南地区），秦军再败，退回河西（今山西、陕西间黄河南段）。此时甚至连一向畏秦如虎的韩国也加入合纵战团，落井下石，一起围攻秦军。赵、魏、楚、韩先后收复魏之河东郡以及安阳郡，赵之太原郡以及皮牢、武安，韩之上党郡以及汝南。秦国十年蚕食三晋所得的地盘一夜丢失。

这一次魏、赵、楚三国联军抗秦，是战国中后期秦国最重大的失败，造成了秦军约三十万人的伤亡，秦军的伤亡甚至超过了在长平之战的损失，大大地延缓了秦国统一中原的步伐。

魏无忌救下了赵国以后，自知无法回归魏国，于是和门下宾客留在了赵国，派遣其他将领指挥军队回国。魏无忌放弃了自己魏国公子的一切来救赵国，不管是根据功劳还是人情，赵王都需要大大加封信陵君，所以赵王与平原君赵胜商议，用五个城来封魏无忌。赵王布置打扫，亲自前去迎接魏无忌。

《资治通鉴》介绍了一个细节，这次迎接信陵君，赵王是用了最高规格的礼节。自己走东阶，让信陵君走西阶，按照周朝的礼节，西阶为尊，这是以国君之礼来迎接客人。信陵君也没有得意忘形，侧身辞让，还是从东阶而上，口言罪过，辜负了魏国，又无功于赵。因为信陵君的退让，赵王与他一直饮酒到天黑，也找不到机会说要献五城给信陵君，也有更深层次的原因可能是赵王不舍。

而从信陵君的角度来说，他也不能接受赏赐，他窃符杀将，抗击暴秦，存亡绝续，这是义薄云天的举动。若因此而去要个人之赏赐，那就是卖主求荣了，所以是绝对不能接受的，他要接受封赏也必须是来自于魏国的，这样才是忠诚之道。赵王最后赏赐了一个城邑的收入作为给信陵君的汤沐邑，让他在赵国定居了下来。由于魏国在邯郸保卫战中也获得了很多实际利益，所以魏王也不再追究信陵君的罪行，并且有信陵君在赵国，对魏王就没有了政治压力，他也乐得做个顺水人情，将信陵君的封地信陵还给了他。

魏无忌听说赵国有隐士毛公和薛公，隐居在赌徒和市井小民之间，于是倾心结交。并徒步前去拜访，同他们一起出游。平原君听说后表示不可理解。

魏无忌便对门客说："我一直以为平原君是个贤人，所以不惜背魏救赵。可是今日所见，平原君只和达官显贵交往，并不是为了结交贤士。我魏无忌和毛、薛二位出游，还怕他们不带我玩呢，平原君居然还看不起毛、薛二位，我们还是收拾收拾走吧。"

平原君听说此事，感到万分羞愧，马上免冠谢罪，魏无忌这才留下。

虽然同为战国四公子，平原君赵胜与信陵君魏无忌相比高下立判。所以信陵君是有能力合纵诸侯，打败秦国，他平原君就没有这个能力了。另外信陵君还有一部流传的兵书叫《魏公子兵法》，里面记录了他个人从军的经验，绝对是文武全才。

平原君想奖赏鲁仲连，派使者三次前往，鲁仲连都不肯接受封赏。后平原君又派人送去千金为鲁仲连祝寿。

鲁仲连笑说："天下名士最尊贵的就是为人排忧解难而无所要求，如果有所谋取，那和商人小贩还有什么区别呢？"于是告别平原君赵胜离去，终生不再见他。

鲁仲连不受千金，飘然而去，成就了千古佳话。后来诗仙李白就曾经在诗中赞美鲁仲连，其中最有名的是在《留别王司马嵩》中写道："鲁连卖谈笑，岂是顾千金。"

十二、奇货可居

接下来又有一个重要人物要出场了，他就是吕不韦，吕不韦姓姜，应该是姜子牙的后代。

此时秦昭襄王已经在位五十多年了，秦国太子也已经老大不小了，太子的夫人名叫华阳夫人，没有儿子。另外有一个夏姬生了个儿子嬴异人，异人在赵国做人质。秦国几次三番攻打赵国，根本就是不给嬴异人活路。不过赵国人还算是讲仁义，并没有杀了人质，当然对人质友善也是不可能的。嬴异人因为是秦王的庶孙，又在国外做人质，根本没有地位。车马也好，日常开销也罢，都不充足，生活窘困，郁郁不得志。

此时阳翟商人吕不韦去邯郸，见到了嬴异人，觉得此乃奇货可居！

吕不韦于是跑去见嬴异人说："我可以提高你的门第。"

异人看吕不韦就只是个商人而已，在中国古代，不论什么朝代，商人的政治地位都是很低的，于是异人笑曰："您先提高下自己的门第再来说吧！"（且自大君之门）

这就像一个二百斤的大胖子来推销减肥药，人家要问的第一句一定是："你自己为什么不先试试这个减肥药呢？"

吕不韦早有准备，笑着说："您不知道，我的门第要靠先生您才能提高啊！"

嬴异人也是聪明人，知道吕不韦话中有话，而自己已是穷途末路，难得有个有钱人肯结交，听听也无妨，于是便邀请他坐下来细谈。

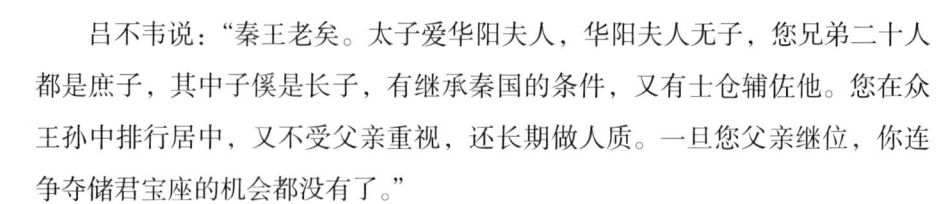

吕不韦说:"秦王老矣。太子爱华阳夫人,华阳夫人无子,您兄弟二十人都是庶子,其中子傒是长子,有继承秦国的条件,又有士仓辅佐他。您在众王孙中排行居中,又不受父亲重视,还长期做人质。一旦您父亲继位,你连争夺储君宝座的机会都没有了。"

对于嬴异人这样一位在异国他乡做人质的王孙来说,他根本就没有想过自己有机会争夺秦王的位子,只想什么时候可以结束人质生涯,回到秦国,这才是最重要的。毕竟按照秦国的秉性,欺负别国是绝对不会考虑人质的安全的,下一次赵国是不是还会那么仁慈地放过他,就是个问题了。他看吕不韦胸有成竹,知他必有打算。于是期待地问:"然则奈何?"

吕不韦说:"华阳夫人无子,但受宠,可定嫡子继承人。我吕不韦虽然不算富,但愿意拿千金为您到秦国游说,使华阳夫人立您为继承人。"

嬴异人听此激动地说:"若如君策,我愿分秦国与君共之。"

这时候的嬴异人根本不相信吕不韦能完成这个计划,所以所谓分秦国与君共之也只是慷他人之慨。但是吕不韦却说干就干,他立马拿出五百金给异人,让他广结天下宾客,自己又拿出五百金买了奇物珍宝,亲自带到秦国,通过华阳夫人的姐姐,把珍宝献给了华阳夫人。顺便向华阳夫人称赞嬴异人贤明,宾客遍天下,日夜哭着思念当太子的父亲和华阳夫人,把华阳夫人当作自己的老天。

吕不韦又通过华阳夫人的姐姐劝说华阳夫人:"以色侍人,色衰则爱弛。今夫人受宠却无子嗣,若不趁此繁华如锦的年纪,在王孙中找一个合适的结交,只怕到了色衰爱弛之时,连说一句分量话的机会都没有了。现异人贤明,且是中子,完全没有机会。若夫人可以提拔,使异人从无国变为有国,夫人从无继承人变为有继承人,您在秦国将一辈子得宠啊。"

华阳夫人深以为然,于是找了个机会,哭得梨花带雨地对太子说:"异人贤明,天下赞美。我无子嗣,想立异人为子,使后半辈子有依靠。"

这时的太子就是后来的秦孝文王,现在的封号叫安国君。他也算是个情种,因为深爱华阳夫人,对她言听计从,于是就立异人为嫡子,刻下了玉符。太子送了丰厚的财物给异人,并请吕不韦作为异人的老师。异人一夜之间成为秦国太子的世子，将来的王储，有机会继承秦王之位，马上身份就特殊了，名动天下。

吕不韦曾经娶了一位邯郸城美女，城花赵姬，与她同居，知道她已怀孕。然后一次与异人饮酒之时，让赵姬出来和异人见面。异人一见倾心，便要娶她。吕不韦佯怒，但还是半推半就地把她献给了异人。这位女子怀孕一年后生下儿子，名叫嬴政，异人就把她立为夫人。

这里面司马光也是采用了《史记》中的一段信息，也就是吕不韦在献出赵姬之时，赵姬已怀有身孕。这是中国历史上的一大疑案，因为这个孩子就是大名鼎鼎的始皇帝嬴政。而怀胎一年生人也不符合常理，因为所谓的十月怀胎，在公历的话也就是九个月。九个月怀胎，如果变成了一年的话，是不符合人类的生理科学的。王立群老师在《百家讲坛》中认为怀孕一年是不可能的，所以嬴政是嬴异人的儿子。而《资治通鉴》的作者司马光还是选择了大家所比较愿意相信的，也就是秦始皇是山东人士，是吕不韦的私生子。

后来秦国伐赵，包围邯郸，赵国人想杀死异人泄愤。异人与吕不韦用了六百金买通看守，才得以脱身逃回秦国。回到咸阳，异人特意穿着楚国的服装去见华阳夫人，华阳夫人和芈月一样也是楚国人，一见异人就泪流满面，并将异人更名为子楚，就是楚国人的儿子的意思。

周赧王五十九年（公元前256年），秦恢复元气，派大将去攻打韩国，攻取了阳城（今山西省晋城市）、负黍（今河南登封西南），斩首四万级。然后攻赵，夺取了二十余县，斩首九万级。

负黍已经是当时西周王城洛阳的家门口了（注：关于战国时期的东、西周的关系见前文），周赧王非常恐惧，于是他就做最后的挣扎，与诸侯合纵，集中山东各国的精锐出伊阙进攻秦国，想将秦国阻挡在阳城之西。

秦王也集中部队顺势进攻，周军怎么可能是秦军的对手，一战即被击败。周赧王不得不亲自到秦国，叩头谢罪，并献出了全部三十六个城邑。听上去这时候周朝的三十六个城市好像非常多，但实际上每个城也就是千把人的一个村而已，总人口也就三万多。我们可以想象一下当时周朝的实力是多么虚弱，那白起随便打一场战争就可以杀个十来万人，区区三万人秦国还真是不看在眼里。

但秦王还是接受了周赧王的进献，放周赧王回到了东周公国。周赧王被释放回来以后当年就驾崩了。至此，周赧王在位整整五十九年，以在位时间论，周赧王在整个中国历史上都是排得上号的。

就此周王朝彻底落幕。周朝大约建立于公元前1046年，彻底灭亡于公元前256年，存在时间约790年，接近于800年，是中国古代历史上存在时间最长的朝代。当然周朝之所以可以存在那么久，是因为到了春秋战国时期，周王朝的存在感已经非常低了，各诸侯国也无所谓它的存在了。如果在东周时期出现像商纣王那样刷"存在感"的帝王的话，那周王朝早就被彻底消灭了。

第六卷

秦纪一

一、长袖善舞

秦昭襄王五十二年，公元前255年。

这时候离秦始皇统一天下还有34年。

这一年秦河东郡太守王稽被人告发通敌叛国，被判弃市。弃市就是判死刑，在闹市中斩首，并将尸体抛在街头，不予掩埋。王稽和之前投降赵国的郑安平一样，都是帮助范雎从魏国逃到秦国的恩人，也是通过范雎才得到秦国的高位。而他们一个投降了赵国，另一个被告发（很可能是被诬陷）叛国，范雎因此非常不安，闷闷不乐。

一次昭襄王临朝，在朝上发出了长吁短叹。范雎问原因，昭襄王说现在武安君白起已死，郑安平、王稽等也都不在了，国内无良将，外有敌国，怎能不忧虑啊！

应侯范雎听了秦王的这个叹息内心更加恐惧。武安君白起是被他范雎迫害的；而郑安平、王稽这些人都是范雎推荐的，却背叛了秦国，范雎完全有理由好好担心一下自己的前途了。他自己也知道，在秦国，像商鞅、白起、魏冉，即使为国家做出过重大贡献，可是一旦失去了地位，随时就会被一脚踢开，甚至被踩上一百脚，永世不得翻身。

接下来登场的人叫蔡泽，他是燕国人，战国后期著名的说客。在《史记》中司马迁把蔡泽和范雎共列一传：《范雎蔡泽列传》，并称他们是"长袖善舞"的辩士。虽然都是纵横家，但是蔡泽和范雎像是一体两面，范雎代表了积极钻营的一面，蔡泽却知道如何功成身退，保全自己。他后来在秦昭襄王、秦孝文王、秦庄襄王、秦始皇四朝任职，起起伏伏，却还能够做到明哲保身，实属不易。关于四朝任职，大家也不要太在意，因为蔡泽所经历的秦昭襄王后期、秦孝文王、秦庄襄王这三个王，加起来也没有几年。

此时蔡泽还只是燕国的客卿，他听说范雎在秦国的处境不妙，于是就进入了秦国，并故意制造谣言，传入范雎的耳中，说："蔡泽，天下闻名之雄辩之士，他只要一见到秦王就一定能夺取范雎丞相之位。"

范雎非常生气，他也非常自负，于是就派人把蔡泽招了过来。蔡泽也是一个在乱世谋营生之人，一等一的纵横策士，他自然知道对付范雎的方法。他一见到范雎就态度傲慢，礼数不周，范雎大为不快，骂道："你扬言要取代我丞相之位，有何道理？"

蔡泽道："丞相，您的见识为何如此短浅？天道轮回，四季变化，使命完成就当退去，期待下次之机会。君不见秦之商鞅、楚之吴起、越之文种的下场吗？他们就那么值得羡慕吗？"

商鞅、吴起前文已经介绍过了，这里我们再简单介绍一下文种。

春秋后期，吴越争霸。越王勾践重用范蠡和文种，卧薪尝胆杀了吴王夫差，灭亡了吴国。灭吴后，范蠡对文种说越王是一个可以共患难不能同甘甜之人。于是范蠡就带着西施逃到太湖上做了一个富家翁，而文种则继续留在越国做大夫。后果然如范蠡所料，越王勾践兔死狗烹，逼文种自尽。总之商鞅、吴起、文种三人都是为国家做出了巨大的贡献，后来却不得好死的典型。

蔡泽就引用了这几个人来比喻范雎，而范雎却故意抬杠，道："这又有何不可？这三位，尽忠至义，君子杀身以成名，死而无恨。"

范雎也只是为了争一时口舌之快，内心中他是绝不愿意去做杀身成仁、尽忠至义的那样的人的。

蔡泽说："人要建功立业，当然期望功成名就！生命与功名都能保全的，这是最上等；功名流芳百世而身死的次一等；名声受辱而苟活世上的，就是最下一等了。商鞅、吴起、文种他们作为臣子为功名尽忠献身，这的确是人人所向往的，然而像闳夭、周公他们这样既忠心耿耿，又道德高尚，难道不就是忠且圣吗？商、吴、文他们三个人怎么能和闳夭、周公相比呢？"

范雎说："善！"

周公大家很熟悉了，他辅佐哥哥周武王灭商朝，又辅佐侄子周成王坐稳江山。期间还平定了管叔、蔡叔的叛乱，成了鲁国的开国之君。被后世儒家称为圣人之一，是孔子最大的偶像、梦中"情人"。

闳夭也是西周的开国人物，是周文王姬昌的大夫。文王被商纣王囚禁在

201

朝歌的时候，闳夭遍求美女、奇物、善马献给纣王，这才让纣王放了文王。闳夭营救文王回到西岐以后，又辅佐武王伐纣，灭了商朝，也算是西周开国的大功臣。但是后来封国的情况史书没有明确的记载。

蔡泽说："您的国君在念及旧情、不弃功臣这点上，与秦孝公、楚悼王、越王相比如何呢？"

范雎想了半天，他想起了白起、魏冉、宣太后，这些人虽说是和他政治斗争的牺牲品，可是秦王的手段他也是领教过的。半响之后，范雎才说："我也搞不清楚是不是能和那三位君主相比。"

蔡泽说："那您的功绩和商鞅、吴起、文种三人相比又如何呢？"

范雎叹了一口气说："咳，那是自然比不上的。"这也不是范雎谦虚，他和那三位比起来确实是差距明显。

蔡泽说："您功劳不如三子，主君又不是更仁慈的国君，都这样了您还不隐退，将来您的灾祸只怕要更严重了。所谓：'日中则移，月满则亏'，进退伸缩，随时变化，这是圣人之道。您现在仇已报，恩已还，心愿已了，如果还不早些为将来打算，到了物极必反那一刻，只怕要追悔莫及啊！"

范雎于是把蔡泽奉为上宾，并且将他推荐给秦王。昭襄王召见了蔡泽，与他交谈之后非常欣赏蔡泽的计划谋略，拜蔡泽为客卿，范雎于是借机称病辞职。秦王此时正处在与蔡泽的"蜜月期"，于是就拜他为相国。而蔡泽也只是一个投机取巧之辈，他担任相国还没通过试用期，才几个月就被免职。而对于范雎来说，蔡泽却给他指出了一条明路，他借机逃脱了政治旋涡的中心，功成身退。

二、荀卿论兵

楚国的春申君黄歇任用荀卿，也就是荀子，作为兰陵县令。荀卿是赵国人，名况，曾经与临武君在赵孝成王面前辩论用兵之道。

这个临武君到底是谁，现在没有太多的史料了。临武在今湖南省南端，历来是楚国的地盘，史书记载临武君是楚考烈王时期的封君，曾经和秦军交战失利，估计是楚国的贵族，而这次论兵可能是他到赵国出访的时候遇到荀子而发生的。

荀卿和临武君的论兵，在中国历史上有非常重要的影响，它代表儒家的军事思想和兵家的军事思想之间的差异，这对于哲学来讲也有非常重要的意义。他们的辩论内容非常之长，千余言，而更令人不可思议的是，《资治通鉴》居然全文采纳。不过荀子的论述充满军事哲学的深度，还是非常有学习价值的，笔者这里节选一些核心思想，尽量用简单的文字来和大家分享。

辩论主题"兵要"，由赵孝成王抛出："请问兵要？"也就是问："用兵打仗的要旨、核心是什么？"这在战国时期绝对是君主们最关心的话题。

临武君回答："上得天时，下得地利。观敌人之变动，后发而先至，这是用兵之要术也！"临武君给了一个高中老师给的标准答案。

荀况说："不然。用兵攻战的根本是老百姓。因为弓箭也好，战车也罢，都是需要百姓去生产制造；而且如果士族、百姓不亲附，就算商汤、周武在世，也无法打胜仗。所以只有善于安抚对待百姓的君王才能善于用兵。"

临武君说："不然。用兵最重要的是在有利的形势下，兵不厌诈，变幻莫测。孙子、吴起就是这样用兵而无敌于天下的，和安抚善待百姓有什么关系？"

荀子和临武君两个人讲的根本就是驴唇不对马嘴。荀子从政治治国的角度去谈用兵；而临武君却只是从领兵打仗这个角度去分析。我们都知道政治是一切的基础，军事只是政治的延伸而已，当然荀子的境界更高，这样辩论下去临武君根本是毫无胜算。

荀子说："不然。我所说的是仁者之兵，王者之道。您所说的不过是权谋势利，仁人用兵是不用欺诈的，能够用欺骗之术对付的都是离德之军。比如，夏桀用诈术对付夏桀，还有可能侥幸获得成功；而用夏桀的伎俩去欺骗尧舜，那一定是如同以卵击石，必败无疑。故仁者之兵，上下一心，三军协力。这样的军队你用诈术偷袭，和堂堂正正地打一架是没有区别的。仁者治理的国家，耳聪目明，警戒千里，如莫邪宝剑，碰之则断，挡之则溃。再说暴虐的

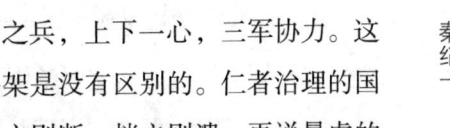

君主，他们所能依靠的也还只能是百姓，而他们的百姓却爱仁君和仁君的军队，痛恨自己的君主。所以以夏桀、盗跖之部队敌汤、武之军队，一定是不能成功的。"

荀子的话看起来非常有道理，但是他没有办法解释为什么山东诸国挡不住秦国，以及后来整个欧洲挡不住纳粹德国，整个世界挡不住毫无人性的蒙古铁骑。笔者以为荀子的论述有意忽略了两个基本问题：

第一，他的假设是百姓可以识别仁者，但是一般情况下百姓是没有能力来认识和区分何为仁者的，大部分百姓是愚笨的，他们受教育和舆论的控制，有非常强的从众心理，会被主流意识所左右。

第二，他认为人会有自由意志去选择善的行为，所以桀纣的百姓会自动逃亡到汤武的阵营，会帮助汤武去灭了自己的主君。而社会学告诉我们，人的本质是社会的动物，只有少数思想家才能跳脱大众，大部分人会选择从众行为，哪怕这个行为他们知道是不对的，但是只要大家一起去做了，就不会觉得有问题。比方，抢商店大家都知道是犯法的，可是在暴乱游行中，有人带头去抢了，其他人也就会跟着去做，不会去考虑行为的正当性。所以除非有优秀的领导者组织带头，不然桀纣的百姓是不会跑去汤武的阵营的。

临武君和荀卿的对话，代表了在春秋战国末期百家争鸣的两个重要学派的思想。一个是儒家的思想，荀子是春秋战国时期第三位儒家的大师。另外一位临武君是用兵家、权谋家的思想来考虑，那兵家、权谋家觉得战争本身可以使用所谓的兵不厌诈等欺诈的手段来获得成功。荀子强调一个国家的根本在于仁治，只要仁治，全国一心，诈术就不能获得成功，这是两种思想的一次正面碰撞。

虽然荀子的论述有很多纰漏，但是足够可以说服孝成王和临武君了，他们说："善。那请问王者之兵应该怎么训练，设置什么标准，如何行动呢？"他们和荀子绕了半天，还是要问他可以实操、落地的执行方案。

荀况回答还是从飞在天上的大道理开始："君王贤明，国家太平；注重礼教，推行仁义，政治清明。治者强，乱者弱，这是强弱之根本。君王足以仰仗，则百姓可用，百姓可用则强，这是强弱的固定道理。然后就是，一个国家强大需要亲士、爱民、政令信、重用军队、加强集权，这些也是强弱的固定道理。"

接下来荀子终于要讲到实际的了，他分析了齐国、魏国、秦国的军队。荀子到："齐国人推崇士卒的攻击技术和技巧，也就是说齐国的军队都是由武术高手组成的，并且给予重赏，每斩获一个人头，就可以到官方去赎黄金，但是如果没有获得首级，就算打了胜仗也没有赏赐。所以齐国的士兵只在意自己的利益，不关注整体的胜败。像他们这样的雇佣军遇到了弱小的敌人还可以偷得胜利，一旦遇到强大的敌人就会全军溃散。这一类雇佣军，如天上之飞鸟，随时都有可能会反复，所谓'亡国之兵'是也，和招募一些市井小民去作战没有什么区别。而魏国之武卒（指战国初期吴起给魏文侯训练的魏武卒，在此时战国后期的魏国，魏武卒基本上已经损失殆尽了）是按照一定的标准考核选拔出来的武士。考核时让士兵身披上、中、下三副全套盔甲；能开十二石的强弩（战国时期一石为15~20千克，十二石的强弩大概是180~240千克的拉力，这已经是非常高的臂力要求了。不过相对来说拉弩比拉弓要容易，弩可以用腿来踩，而且只须一次拉开，不像弓须拉开并保持姿势瞄准，所以难度会大很多）；身背五十支弩箭；手持戈；戴盔配剑；携三天的粮食；半天要能急行军百里（战国时1里大概相当于410米，百里相当于41千米左右）。相当于身背全副四五十斤的装备，半天跑一个马拉松，这是非常恐怖的要求。达到这个标准便可成为魏武卒，全家免除徭役，并分赐给田宅美地。"

以上就是在魏国初期，吴起为具装步兵魏武卒定下的一个取材标准。由于魏国地处中原腹地，缺少马匹，所以吴起的步兵训练成效还是非常显著的。吴起训练出的这支军队，只有数万人，就可以在战国初年无敌于天下，可以西攻强秦、北拒韩赵、南侵强楚，一时之间简直攻无不克、战无不胜。

但是荀子点出了魏武卒的致命弱点："这些士兵，几年后气力开始衰减，而已经分配的利益却无法剥夺，即使想办法改造重编也不容易做到。因此魏国其地虽大，其税必寡，此乃'危国之兵'。"

终于讲到绕不开的话题了：为什么秦国的政治最为黑暗，百姓最为困苦，战斗力却是最强的？

荀子道："秦国，其人民生存本就窘迫，国家对人民的驱使盘剥又非常酷烈。国家隐藏政治上的苦厄，在形势上胁迫百姓，用刑法威胁百姓，用首级奖赏引诱百姓。使百姓们知道，想要获得利益，必须要通过战场上的胜利，而没有其他出路。战功和赏赐相结合，只要斩获五个甲士的首级，就可以奴役差使家乡的五户人家，这是秦国战斗力强大的原因。所以秦国四代以来长盛不衰，并不是一时之幸运，而是必然的。"

以上荀子对于秦国战争优势的分析一针见血。就像鲁仲连所说的："彼秦者，弃礼义而上首功之国也"，和这种禽兽打仗是没有办法获胜的。但是荀子还是要想办法绕回来，去解释仁义之国是怎么打败秦国的，否则大家又何必学习仁义呢？

荀子继续说道："故齐之技击无法抵挡魏之武卒；魏之武卒无法抵挡秦之锐士；秦之锐士无法抵挡齐桓、晋文有节制之军队；桓、文之节制无法抵挡汤、武的仁义之师；只要遇到了就必败无疑。而且齐、魏、秦的军队都是靠赏赐驱动军队，以利益来诱使将领和士兵，就像雇用劳动力，卖力气挣钱，毫无爱国和崇尚仁义之心，想要他们来为国拼死捐躯是做不到的。所以他们之间的战争都是以诈遇诈，诈得巧妙就可以获胜。而汤、武的仁义之师是用礼义教化来规范教育军队，使万众一心，齐心协力，这就是所谓的'大齐'的军队。以诈术之军队，去抵抗'大齐'之军队，就如同用小刀去砍泰山。所以汤、武之'大齐'之军诛讨桀、纣两个独夫，天下响应，呼吸之间便获全胜。"

荀子对于绕不过的话题的解答是：齐国是雇佣军，魏国是职业军人，而这些都打不过被逼上战场的秦国虎狼之师（战国时期说秦国的军队为虎狼之师不是形容他们战斗力强，而是形容他们像虎狼、像畜生一样被驱赶，是没有人性的军队）。而虎狼之师抵不过齐桓、晋文的节制之师。节制之师更不可能和汤、武的"大齐"之师相比。这是荀子偷换概念的关公战秦琼，可是由于荀子的口才太好，逻辑太强，他的战争理论误导了华夏民族数千年，使这数千年来但凡追求所谓"大齐"的军队，都不知道是怎么死的。

赵孝成王和临武君早就已经被唬得一愣一愣的，说："好呀，好呀！那请问关于将领的道理呢？"

荀子说："作为一个将领来说，智谋最重要的是去除疑惑；行动最重要的是不产生过失；做事最重要的是要不后悔。事情只要做到无悔就可以了，不一定要做到尽善尽美，因为希望做到尽善尽美很有可能会出错。"

这一点笔者非常同意，因为我们舆论宣传上一直会宣传所谓极致的追求，极致的目标。但是笔者可以保证，那些所谓"做"到极致而成功的人，大部分都是成功以后才"说"到极致的，一开始他们自己都不知道是否会成功。

很典型的例子就是腾讯，当年马化腾想卖掉QQ的时候，QQ只是一个随意山寨别人的产品，公司100万元都卖不出去。但是后来随着中国互联网的发展，给了腾讯很好的机会，腾讯成功了，QQ、微信都做得非常出色。但是这些出色的产品绝不是一次性做到极致的，而是慢慢升级、慢慢磨合出来的。如果一上来就想要做到极致，事事追求完美，那是不可能成功的。所以做事最重要的还是不要产生重大过错，不要让自己后悔，就可以了。

接下来是统兵的艺术，这一点荀子不愧为大哲学家，整理分析得非常细致有条理，例如："号令要严厉可以服众；赏罚要守信；储存收藏要周密严固；进退迁移稳重而迅速敏捷；窥探敌情要深入、机密；在决战之前一定要选择打有把握之仗，避免有疑惑之战。这是所谓'六术'。"

"不要为了自己的职务和权力，不顾原则地去迎合君主；不要因为胜利而忘记失败的可能；不要对内威慑而对外轻敌；不要见利而忘害；考虑问题要仔细周详，而使用钱财要慷慨宽裕。这是'五权'，也就是五权变。"

"为将有三种情况下可以不接君命：第一，宁愿被杀头，而不可以率军进入绝境；第二，宁愿被杀头，也不可以率军去攻打无法取胜之敌；第三，宁愿被杀头，也不可率军去欺凌百姓。此乃'三至'。"

笔者以为，这"三至"是荀子军事思想的光辉，因为任何君主也好，将领也罢，他们没有权力随意挥霍别人的生命，只是这个"三至"对于将领的道德要求太高，即使是名将又有几个人可以做到？纵然是大唐名将李世绩，也曾为了满足士卒奸淫劫掠的需求，而拒绝孤城百姓的投降，非要打下城池后屠城。

荀子继续说道:"小心谋划不可懈怠;严肃做事不可懈怠;敬待下属不可懈怠;敬待士卒不可懈怠;严肃对敌不可懈怠。这是'五无圹'。做到'六术''五权''三至''五无圹'的,就是所谓的'天下之将',他们是可以上通神明的。"

临武君继续说道:"您说得很好,请问王者应该采取什么样的军队制度?"

荀子道:"将死鼓,御死辔,百吏死职,士大夫死行列。不杀老弱、不践踏庄稼;不追杀不战而退之敌;不赦免死命顽抗之辈;不俘虏来投奔之敌。王者之师行征伐惩处,而不发动战争;守城不攻;不先攻;不击降敌;不屠城;不偷袭;不留占领军;军队出动不超过计划时间。如此,则乱国之百姓便会不安于自己的君主,希望仁者之师的到来。"

临武君说:"善。"

这里荀子的战争观还停留在周朝和春秋时期的礼战上,到了战国遇到像白起这样的杀人魔王,用西周的义战和春秋的礼战去抵抗,根本不可能,是要粉身碎骨的。

荀子的这个礼战,比较适合于治世,在战国以后就不适用了。战国之后,战争变得越来越诡诈恶毒,也追求大量杀伤有生力量。尤其到了元和清,随着异族的入侵,战争已经不仅仅是杀伤有生力量了,而是以种族灭绝的方式在进行,儒家的人文主义光辉彻底荡然无存。"呜呼,其念孔孟荀乎?"

前秦儒家三子中,笔者最喜欢的是荀子,笔者认为他是儒家学者中最务实、最落地的一位。他的思想属于儒、法的中间地带,他的治国还是以仁义为本,然后以礼教治国。而荀子的礼比孔孟的礼要更严格,更标准化,更制度化,更容易落地实施,当然也更接近于法。

在最根本的人性论问题上,笔者也比较认同荀子的观点,荀子认为人的本质是无所谓善恶的自然之性,其既有向善的可能,也有向恶的可能,这一切都是"伪",就是人为的意思。

这不同于孔孟的观点。孔子不谈人性,孟子认为人性本善或者人性向善。

而如果顺着孟子的思路，那么容易得出的结论是只要任由人性自由发展就是向善的，这样对人的限制、控制不够，就容易导致人过于自我的局面。

这也不同于他的学生韩非子关于人性本恶的判断，因为如果人性本恶，就不能任由人性自我发展，到头来只能用愚民的方法，用严刑峻法把人人当囚徒一样框起来，这样的社会更恐怖。

笔者以为，每个人的内心既住着天使，也住着恶魔，他们是一体两面、共生共存的，会伴随着每个人的一生。社会也好，教育也罢，最重要的是让我们内心的天使慢慢长大，同时要时刻警惕内心的恶魔，将其限制、控制住。

因为人性有恶，所以荀子的思路是需要有礼教来管束，当然跨过一步，如果礼教不能管束，到了法家那里就变成是由严刑峻法来管束人了。

荀子的学生陈嚣曾经一针见血地问荀子："先生议兵，总是以仁义为本，仁者爱人，义者循理，这还怎么打仗呢？但凡带兵打仗，就是为了争夺获利啊！"

荀子说："这不是你们这些人可以理解的（'非汝所知也'）。所谓仁者爱人，正因为爱人，才憎恨害人的人；义者循理，正因为循理，才憎恨作乱之人。用兵打仗是为了禁暴除害，而不是为了争夺获利。"

荀子对陈嚣的回答，完美地总结了儒家的战争观，这个思想也限制了后世中原王朝的战争实力，当我们的文化越发展，越爱人的时候，我们肯定是打不过虎狼之师的。不只是在中国，在全世界也都是这样，面对野蛮人的入侵，强如罗马帝国也被风卷残云了。所以只有在治世用兵时要讲仁。

在整部《资治通鉴》一书中，司马光很少引用某一个人的对话那么多，即使是像孟子这样的亚圣，被采纳的只是非常小的片段，而不像《荀子论兵》这样长篇大论地被记录了下来。究其原因，笔者以为司马光还是比较看重荀子的战争观的。因为自从宋太祖赵匡胤黄袍加身数十年后，到了宋英宗、宋神宗年间，大宋在北方以及西北方少数民族之间的冲突不断，当时政治上也出现了像王安石这样的名相，提出了变法图强的思路，王安石实施的是加强中央集权的法家思路，讲究以严刑峻法打击豪强来提升国家战斗力。在这种情况下，国家的收入得到了很大的提升，可是当时的社会基础还是农业社会，农业社会的本质是财富相对固定，不会像工业社会这样有一个巨大的增长空间。那么在财富相对固定的情况下，国家收入多了，富商、官吏及部分富农的收入就会产生影响，这在一定程度上也会影响到贫农的收入。所以，那时所谓的国富是指国家政府有钱，国家政府有钱军队肯定就强大了，政府军队强大，我们对外的战斗力就会增强。可是国富就会造成民退，人民的生活水平无法得到提升，甚至可能出现下降。这绝对是中国两千年来一直存在的一个悖论，每当国家对外强势的时候，国内慢慢就会出现动乱或者出现饿殍遍野的情况。可是当统治者追求仁治、注重民众生活的时候，就会出现边防守备越来越弱，一旦外族入侵就毫无抵抗能力。而司马光选择的就是荀子的方案，以仁治军，打造王者之师。想法很美好，可是现实太骨感。

三、赵不可伐

我们回到战国的纷乱局面。

我们上一卷说到过西周被秦国团灭，周朝的百姓无法忍受秦之暴政，誓不为秦民，纷纷向东逃亡。秦朝把周朝象征国家政权的宝鼎重器运到了咸阳，并且将西周文公迁移到了狐之聚（今河南省汝州市夏店乡路庄村）。

同年，楚国的考烈王将鲁国的国君迁徙到莒地，夺取了鲁国的地盘，鲁国也灭亡了。

秦昭襄王五十三年（公元前254年），秦国进攻魏国夺取了吴城（今山西省平陆县以北）。韩王怕被打，到秦国来朝见，魏国也举国听秦之号令。鲁仲连所担心的局面还是到来了。

秦昭襄王五十四年（公元前253年），昭襄王在雍城（今陕西省凤翔县西南）的郊外祭祀先帝，表明已继承周之王位，行天子之礼。

同年楚为避秦之锋芒，迁都到钜阳（今安徽省蚌埠北面）。楚国彻底向长江中下游方向迁徙，放弃了整个西部和秦国所接触的地方。

秦昭襄王五十六年（公元前251年），秦昭襄王薨。《资治通鉴》中还是用了薨，没有用崩，说明虽然正朔上采用了秦作为纪元，但是司马光还是认为秦昭襄王只是一个诸侯王，当不得天子。

他的儿子太子嬴柱继位，是为秦孝文王，立子楚也就是嬴异人为太子。于是赵国就把异人的妻子和儿子——赵姬和嬴政送回了秦国。韩国的国君也穿着衰绖的丧服前来吊唁。

秦昭襄王是秦国在秦穆公、秦孝公以后一位重要的君主，他前期任用魏冉和宣太后临朝称制，重用白起为将，后期重用了范雎，确立了对六国的压倒性优势。在秦昭襄王在位的五十六年间，秦国基本上把可以跟他敌对的势力全部击败，包括在长平之战一战中坑杀了赵降卒四十多万人，此后秦国统一整个中国的大势已经不可逆转。

这一年，燕王姬喜想派栗腹去赵国谈盟约联合，并且准备了五百金的预算来摆酒席款待赵王。

栗腹从赵国回来以后对燕王说："赵国的青壮年大都死于长平，孤幼还未长大成人，可以攻取。"

栗腹的这个想法是蛮卑鄙的，想要乘人之危。燕王又找来了昌国君乐间来问，乐间说："赵国处于四战之地，四面环敌，百姓习于战争，燕不可胜，赵不可伐！"

燕王说："那我五个人打他们一个人呢？"

乐间回答："不可！"

燕王大怒，他知道乐间有亲族在赵，可能是为了自己考虑，又加上其他官员的挑唆，于是发兵二千乘，由栗腹率领，进攻赵国鄗邑（今河北柏乡县东北），另一路由卿秦和乐间率领进攻代地（今山西代县附近）。

将渠说出了天下人的心声："我燕国派使者去和赵国谈结盟，又花完了五百金和赵王欢宴，这使者一回来我们就要派兵打人家，此事过于卑鄙，不祥，此战必败。"

燕王不听，自己率一支偏师作为后援，跟随栗腹、卿秦的二路大军。将渠还算忠义，他拉着燕王的绥带，哭泣道："我不是为了自己，而是为了大王的燕国啊！"

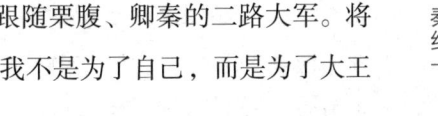

燕王不耐烦，一脚把将渠踢翻，于是就上路了。

燕军刚刚到了宋子（今河北赵县）这里，卿秦和乐间率领的军队已经战败被俘。赵国任命廉颇为大将，迎击栗腹率领的主力军，大败栗腹，栗腹战败被杀，燕军几乎全军覆没。赵军向北追击了五百里，顺势包围了燕国都城。燕王没有办法，只能认怂，请求和谈。赵国人要求只能由将渠代表燕国来和谈，于是燕王派将渠为相，负责与赵国和谈。赵国由于刚刚经历了长平之战，以及邯郸保卫战，国力受损，军队人员严重不足，而秦国的压力一刻也未放松，不愿在燕国这里做更多的停留，于是快速和将渠签订了停战协议，解围而去了。

我们之前说毛遂就是死于这次栗腹攻赵。毛遂首先作为赵军主帅抵抗燕军，战败自杀，后来赵国用廉颇击败了栗腹。

由此战可以看出，赵国虽然此时实力已经大为减损，但是相比于燕国来说，战斗力还是非常强的。燕国派举国之力，燕王御驾亲征，趁着赵国疲惫之极，在和谈之后，偷袭出兵，还是被赵军所败。可见赵之强大，更可见秦之强大。

这一年赵平原君赵胜去世。

四、人为君子

秦国接下来的君主是秦孝文王，秦孝文王的故事很短，他总的在位时间就三天。

公元前250年，冬天十月，己亥，秦孝文王继位，三日后薨。子楚继位，是为秦庄襄王。庄襄王尊华阳夫人为华阳太后，生母夏姬为夏太后。

到了冬季，燕被赵国打败不服气，进攻齐聊城（今山东聊城附近），攻克。但有人在燕王这里说燕军主将的坏话，燕将不敢回国，只能死守孤城。齐相田单率军反攻聊城，但是一年多仍未攻下。从中我们可以看出齐国的战斗力也是非常之弱，连一个孤立无援的孤城也打不下来，这个战斗力弱的原因之前荀卿也讲过，这里就不再复述了。

此时鲁仲连给燕将写了一封信，捆在箭上射入城中。他向燕将陈述利害道："我替您打算的话，您不是回燕国就是归顺齐国。而您现在独守孤城，齐军日益增多，而燕军救援却迟迟不来，您准备干什么？难道想要独守孤城一辈子吗？"

这个燕将还算是忠心，见信，大哭三日，还是犹豫不决，想要回燕国，但已经有了嫌隙，知道得不到信任；想投降齐国，却又担心之前杀戮太多，怕投降后受辱。

于是长叹说道："与其让人来杀我，我宁可自裁。"于是自刎身亡。

聊城大乱，田单趁机破城。田单凯旋以后，向齐王言明鲁仲连的功绩，想要授他以爵位。鲁仲连忙说："与其富贵而受人摆布，我宁可享受贫贱而自由自在。"

魏安厘王曾经向孔子的六世孙孔斌问天下之高士圣人，孔斌说："当今之世上已无高人，如果勉强算次一等的人物，那么就是这个鲁仲连了。"

魏王说："鲁仲连是强求自己按照圣人的标准去做的，而不是天性自然的圣人。"

孔斌说："一个人想要强求自己做君子，只要强求不止就会真的成为君子；只要坚持做君子，就会成为习惯；成了习惯就会成为自己的天性。所谓'作之不止，乃成君子；作之不变，习与体成，则自然也'。"

这正如笔者所认为的，每个人心中都住着天使和恶魔，天生的君子是没有的。按照孔斌的意思，只要坚持、努力地去做"伪（人为的意思）君子"，只要不让内心的真恶魔释放出来，那么自然也就慢慢地变成了真君子。

秦庄襄王元年（公元前249年），此时战国乱世已经步入了尾声，周王朝已经被灭，整个中原大地上秦国已当仁不让地成为第一强国，由秦国完成统一势在必行。庄襄王继位的第一年就任命吕不韦为相国，吕不韦从多年前开始投资的奇货生意，终于得到了丰厚的回报——整个秦国的大权。

这一年东周公国的国君和诸侯们一起联合进攻秦国，秦庄襄王派吕不韦统率军队灭了东周公国，把东周的国君迁徙到了阳人聚（今河南省临汝县西

北）。周王朝尽灭，至此绝祀。周在灭亡时，只有七个城邑，大约也就几千户人家。

秦庄襄王为了报答吕不韦帮他扶上王位，于是把河南、洛阳的10万户封给吕不韦，封他为文信侯，吕不韦至此富可敌国。

五、再战强秦

这一年秦大将蒙骜率军进攻韩国，取下了成皋、荥阳（此二地都在今天河南荥阳这里），设置了三川郡。成皋和荥阳，我们以后会反复提到这些地方，这里是整个中原地区最重要的战略要地，天下之正中，华夏之粮仓。以后楚汉相争的核心争夺点也是在成皋、荥阳一带。蒙骜至此打通了整个山东各国的咽喉要道。

同年楚国把鲁国的最后一位君主鲁顷公迁徙到下地（今山东省泗水县东南），然后将其废为平民，鲁国绝祀。

秦庄襄王二年（公元前248年），蒙骜率军伐赵，攻下了整个太原地区，取得了榆次（今山西省榆次县）、狼孟（今山西省阳曲县）等三十七座城邑。

太原是赵国前期的都城，也是后来李唐王朝龙兴之地，是山西省的战略要地，更是都城邯郸最重要的门户。太原被打下来以后，赵国已无险可守。

春申君对楚王说："淮北与齐国接壤，防务吃紧，请将我封到江东，让我在那里设置边郡。"

楚王对春申君的要求历来是言听计从的，于是春申君以吴之旧都（今江苏省苏州市）为都邑，为自己营造了极为华丽的宫殿。相对来说，春申君在战国四公子中是最在意自己的利益和个人享受的。

秦庄襄王三年（公元前247年），王龁率军攻下了整个上党地区，设置了太原郡。

同一年蒙骜率师伐魏，取高都（今山西省晋城市）、汲（今河南省汲县西南）等地。魏师屡败，魏王内心忧虑，只好派人到赵国请回信陵君。魏王深知只有信陵君才有足够的威望调动天下各诸侯来抵御强秦。但是信陵君因为之前窃符救赵得罪了魏王，不知道魏王的真实想法，不敢回去，并且对门客说，有敢劝他回国的，就杀头，于是宾客中就没有人再敢劝谏。

此时毛、薛二公来见信陵君说："公子之所以名震诸侯，只是因为有魏之存在！现今魏国危急，而公子却不担忧，一旦秦人攻克大梁，灭了先王的宗庙，那么公子还有何颜面立于天下？"

一语未卒，信陵君脸色大变，立马跳上车，驾车返魏。到了魏国以后，魏王拉着信陵君的手而哭泣，拜他为上将军，将整个国家的兵权交给了他。信陵君充分发挥了他在诸侯各国的人脉，派人向诸侯各国求救。诸侯们听说信陵君又重新担任了魏国大将军，于是纷纷派兵前来救魏。就这样，信陵君率五国之师，在黄河南岸终于打败了蒙骜的大军，蒙骜逃回了秦国。信陵君一直追击到了函谷关才回来。

在战国后期，笔者最欣赏的就是信陵君。信陵君是战国公子中真正算得上以天下之忧为己任之人，也是真正有能力可以把六国军队整合在一起的人，他的能力绝对不是苏秦、张仪这种纯靠忽悠之人所能比拟的。他所率领的六国军队真正听他的号令，指挥划一，能两次击败强秦，还击败了像蒙骜这样的秦国名将，这是整个山东六国没有人做到过的。他还著有《魏公子兵法》二十篇，在军事理论上也相当有造诣，所以战国名将也要算上信陵君一份。

此时魏附属小国安陵人（今河南鄢陵西北）缩高的儿子在秦国供职，秦国让他守卫管城（今河南省郑州市）。

信陵君率军攻打管城不下，就准备把守卫的父亲缩高抓来，胁迫守将。于是他派人去跟安陵君说："您如果把缩高送到我这里来，我将授予他五大夫的职任，并且让他担任执节尉。"

安陵君说："安陵只是个小国，国内的老百姓都不一定能服从我的命令，还是使者您自己去请吧。"

使者找到缩高向他传达了信陵君的命令，希望缩高可以帮助攻取管城。

缩高听罢，道："信陵君之所以看重我，是想让我出面去进攻管城。父亲攻城，儿子守城，这是要被天下人耻笑的。况且若我儿子见我就放弃了守城，

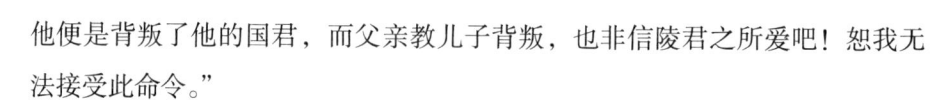

他便是背叛了他的国君，而父亲教儿子背叛，也非信陵君之所爱吧！恕我无法接受此命令。"

使者回报给信陵君，信陵君大怒，这下是真急了，前有管城坚守，后有秦国随时将再派大军，那时两路夹击，魏国就危险了。于是再度派遣使者对安陵君说："安陵也是魏国之领地，现魏若攻不下管城，秦军就会前来夹击，会危及我整个魏国的社稷。愿安陵君将缩高绑来见我！如若不然，我将发十万大军，来到安陵城下。"

安陵君说："我先君成侯，奉襄王之命守此城，襄王授先君《太府之宪》，宪上说：'臣弑君，子弑父，不赦。举城投降和临阵脱逃亦不能赦。'现在若是您让缩高去攻城，结果要么子弑父，要么儿子临阵脱逃，都是不赦之罪。现在缩高为了成全父子之义不肯受职，而您却要把缩高绑着送来，这是让我违背襄王的诏令，废弃太府之宪，我虽死不从命。"

缩高听说此事后叹息道："信陵君之为人，凶悍而意气用事，他说到做到，恐怕因为我会使安陵国遭祸。我已保全自己之名节，亦须保全人臣之义，岂能因为我而使我的主君遭受飞来横祸？"

于是缩高亲赴使者住所，拔剑自刎。缩高也算得上是一条好汉，信陵君从来都欣赏这一类的义士，获悉这一消息后，缟素辟舍，并派使者对安陵君道歉说："魏无忌，小人也，我困于攻城不下，居然在您面前失言，我为我的过错向您再拜请罪。"

这个故事当然显示了缩高、魏无忌的高义。但是我们也可以看到，当时之魏国实行的还是接近于西周和春秋的分封制度。天子把地封给了国君，国君把地封给了大夫，大夫对自己的领地，以及领地上的人有直接的管理权和所有权。君主号令到了封地以后就无法得到实施，虽然六国也开始采用一些郡县制，但是远远不如秦国彻底。六国之所以打不过秦国，制度上的变革跟不上恐是核心原因。

六、反间之计

因为信陵君魏无忌的存在，秦国再遭败绩。如何去除信陵君也就成为秦国君臣的首要问题。此时秦庄襄王为了挑拨魏王与信陵君之间的关系，派人带了万金到魏国来见魏王。

万金什么概念？当初吕不韦投资了千金就把异人送上了秦国国君之位。我们按照 2017 年通货膨胀的购买力计算，一金按十万元购买力计算的话，万金相当于 10 亿元了。我们再横向比较一下，当初越王勾践被夫差吴军围困，文种拿了一千金，二十双白璧，外加八名美女贿赂伯嚭，就成功说服夫差放了勾践一马。而当时在战国时期，由于生产力低下，整个秦国一年的收入可能也没几个万金。假设秦国拿出整个国家年收入的 20% 来实施反间计，那焉有不成之理？

秦王派人先找到被信陵君所杀的晋鄙的门客，让他们去对魏王说："信陵君在外流亡十年，现在又重新担任上将军，诸侯归心。天下只知有信陵，而不知道有您魏王。"

秦庄襄王也很坏，多次派人送礼给信陵君表示庆贺，问他当了魏王没有，信陵君百口莫辩。魏王一直听别人诋毁信陵君，不由得不信，于是收取了信陵君的兵权，派人取代了信陵君的上将军之位。信陵君自知已得魏王之猜忌，于是称疾不朝，日夜沉溺于酒色，四年以后就被酒色掏空了身子，这么雄才的信陵君就这么不明不白地在忧郁中死去。可惜信陵君在晚年的时候并没有一个有眼光的门客去开导他，只要他能留住自己的性命，总还是有机会的。

信陵君去世后，韩王前去吊唁，信陵君的儿子颇以此为荣，并将此事特地告诉了孔斌。孔斌却说："此事不合礼法，您一定要予以推辞！按周礼：'邻国的君主前来吊唁，一定要有本国的君主来主持。'现在魏王没有任命你主持吊丧，您就绝对不能私自去接待韩王的吊唁。"

于是信陵君的儿子就辞谢了韩王的吊唁之请。

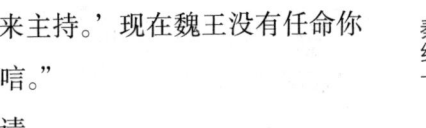

到了这一年的五月，秦庄襄王在位三年不到就去世了，太子嬴政立。此时嬴政方才十三岁，无法直接处理国家大事，一切事务都取决于文信侯吕不韦，号称"仲父"。"仲父"就是二叔父的意思，上一个被称为"仲父"的大臣就是春秋时期的管仲。三年之内秦薨三王，吕不韦一夜之间从一最下品的贾人，跃升为文信侯，独揽最大诸侯国的大权，可谓是青云直上。

这一年秦地晋阳反。

秦之属地，在统一之前，就经常会发生一些叛乱，这也是百姓不满秦之暴政所造成的，秦之亡已初露端倪。

笔者这里和大家分享一下《资治通鉴》的纪年体例。在汉武帝之前中国的君王是没有年号的，所以《资治通鉴》就用该君主的庙号或其他称呼，以及在位第几年来纪年。比方周赧王多少年，周赧王是末代周王死后的庙号，在他活着的时候是没有人知道这个称呼的，但是为了纪年也只能用周赧王这个称呼。

始皇帝也一样，是秦王统一天下以后才给自己的称呼，在秦王统一天下之前是没有始皇帝这个称呼的，但是为了纪年和定卷名方便，就用了这个统一的称呼，直到之后汉武帝创立年号制度，才开始用年号来纪年，这样就很方便了。

始皇帝元年（公元前246年），韩国为了使秦国疲敝，无力东伐，于是派遣战国时期第一水利专家郑国进入秦国，说服秦国在关中大力兴修水利，修建灌溉渠，这就是著名的郑国渠。当工程进行到一半的时候，秦国人知道了韩国人的企图，想要杀了郑国。

郑国说："臣不过为韩国延续数年之命而已，但是只要灌溉渠一完工，那是秦国万世之利啊！"

于是秦王命他继续施工。郑国渠完成以后，可以引水灌溉四万多顷的盐碱地，并且原来河道阻塞的淤泥也给这些盐碱地带了大量肥沃的土壤，这些土地每亩的谷物收成达到了一钟（相当于现在205千克左右），关中于是变得更加富饶。

七、尚能饭否

始皇帝二年（公元前245年），赵国任命廉颇代理相国，趁信陵君失权，魏国军中无大将，率军攻打魏国，攻取了繁阳（今河南省内黄县西北）。此时的韩、赵、魏虽然被秦国逼得很苦，但是找到机会还是总想再欺负一下老邻居，没有人想如何可以齐心协力地去对付秦国。

这一年赵孝成王赵丹去世，他的儿子继位，是为悼襄王。悼襄王一直不喜欢廉颇，刚执政就令武襄君乐乘去取代廉颇。廉颇大怒，居然率军攻击乐乘，乐乘只得逃跑。廉颇没有办法，只能出奔逃到了魏国，但是魏国人久久不能信任廉颇。赵王后来因为受困于秦军，念起了廉颇的好，所以想派一个使者去魏国看看廉颇是否还有当年之勇。

廉颇自己也是一心想要归赵，但是末世总是多么蛾子，赵王身边有一个廉颇的仇人叫郭开。这个郭开在赵王还是太子的时候，就是赵王的伴读兼情人，深得宠爱，他怕廉颇回来会影响自己在赵王心目中的地位，于是重金贿赂使者，让他说廉颇的坏话。

廉颇会见使者的时候，有意一餐吃一斗米，十斤肉，然后披甲上马，以示自己可用。然而使者回到赵国却向赵王说，廉将军虽老，饭量还是可以，但是陪我坐了一会儿，就去拉了好几次屎，所谓"顷之三遗矢矣"。

赵王认为廉颇已老，就不召他回国。楚王获悉，于是偷偷派人迎接廉颇来到楚国。可惜一代名将廉颇到了楚国以后，却毫无战功。由于廉颇在赵国率领的是经过胡服骑射训练的骑兵，而楚国主要的军队是步兵和车兵，作战理念有很大的区别。再加上历来楚国地区语言、风俗习惯和中原地区大为不同，所以廉颇感慨道："我想念我赵国的士兵。"就这样，廉颇就死在了楚国的寿春（今安徽省寿县）。

廉颇和魏之信陵君一样，是各自国家的顶梁柱，但他们的命运也相似，受自己人的谗言而被猜忌，失去了兵权，自此英雄无用武之地。

始皇帝三年（公元前244年），蒙骜率军攻打韩国，攻取了十二座城邑。

八、李牧为将

幸运的是赵王在失去了廉颇以后，又找到了一个不亚于廉颇的擎天柱——李牧。赵王以李牧为将，进攻燕国，取武遂（今河北省徐水县西北遂城）和方城（今河北省固安县西南方城）。

我们如果把战国时期所有的一流名将都列一下的话，会发现秦、赵是拥有名将最多的国家，这两国在战国中后期也是军事实力最强的。我们把战国时期的名将列示如下：赵有赵奢、李牧、廉颇；而秦有白起、蒙骜、王翦；燕国只有乐毅；楚只有半个吴起；魏有信陵和另外半个吴起；齐有孙膑；韩国什么都没有。

李牧初为赵北疆名将，长期与匈奴打交道，驻军在代、雁门等地（现山西代县附近）防备匈奴，所以实战经验非常丰富。李牧在边境有权便宜行事，税收都入他将军的幕府，作为养士卒的军费，他每日都派人杀数头牛来犒赏三军。李牧治军重于日常演习骑射，谨守烽火，多派侦查，并且下令：匈奴人一旦入寇，马上就进入堡寨防守，有敢于随意出战追捕者斩。

如此匈奴每次入寇，烽火台报警，军队和百姓都退入城堡，没有造成损失。如此几年，李牧在边境士卒百姓都没有损失，但也没有什么斩获，匈奴人都认为李牧胆怯，赵军也认为李牧胆小怕事。赵王因此连番责备，可是李牧还是不改战略。终于赵王大怒，派其他将领代李牧之职。新将领到了边关以后，屡屡派兵出战，不利，士卒伤亡很大，边境也无法耕作放牧，反而损失更大。不得已赵王只得再次启用李牧。李牧到任以后继续沿用旧战术，匈奴人连续几年都没有得到好处，认为他胆怯，却也没有其他方法。而守边士卒每日得到犒赏，但不得出击，皆愿与匈奴决一死战。终于，李牧要出手了。

于是李牧一次准备好了精选的战车一千三百辆，精选战马一万三千匹，曾获得过重赏的勇士五万，善射之人十万，全部让他们演习战阵。同时为了吸引匈奴主力，李牧派人大肆组织放牧，百姓牧民漫山遍野。匈奴人也先小规模地试探，李牧佯败撤退，留下了几十人投降匈奴。匈奴单于听说有大买卖，于是派大军前来劫掠，李牧多设奇阵疑兵，左右夹击匈奴人，大破匈奴大军，杀十万余骑。李牧乘胜灭了匈奴褴部，击败东胡部，受降了林胡部。单于逃走，十余年间不敢再入侵赵国边境。

《资治通鉴》主要是一部讲究政治管理的书籍，对于战争本身往往惜墨如金。但是司马光老先生对于李牧抗击匈奴这一段却着墨良多，这是有原因的。因为那个时候在北宋，北边受到辽国的侵犯，西北边境受到党项人的侵犯，边境的压力非常大。那时候的主战派更倾向于出兵攻击，而主守派建议不要在意一城一地之得失，先要和游牧民族建立良好的共存关系，然后再寻找机会。

司马光主要想用这个例子告诉帝王，即使你派非常强硬的将领，屡次出兵出击，结果往往是得不偿失的。因为战争成本对于游牧民族来说非常低，他们只要骑着马跑来，打打秋风，打到什么就算什么，遇到中原主力军跑掉就好了。而对于农耕民族来说，如果我要派一支部队远入沙漠和敌军作战，假设十万的军队就需要另外二三十万的人去运输粮草，十万的军队加上二三十万的民夫也都是要吃饭的，所以消耗巨大，损耗国力。往往几场战争打下来，匈奴的边患没有去除，可国内却已是矛盾重重，民怨沸腾。

司马光采用了这个故事是想告诉当政者，我们对待少数民族可以守为上。完全可以学习李牧训练士卒，警守烽火，多派间谍，演习骑射，等到机会充足的时候，争取把少数民族的主力部队全部吸引过来，然后一举歼灭。如果学习汉武帝的方法，深入大草原、大沙漠，满世界去找游牧民族，那实在是非常痛苦。找到了如霍去病那是运气，成就千古英名，找不到如李广也是正常，结果往往得不偿失。

九、战国长城

我们回到《资治通鉴》，此时中原有冠带文明之国七个，而其中三个国家与戎狄接壤。起初，秦国从今陕西和甘肃交接的陇山（今六盘山）向西有绵诸、绲戎、翟等部落，岐山、梁山、泾水、漆水之北有义渠、大荔、乌氏、朐衍这些部族；赵国北部和林胡、楼烦等部落接壤；燕国北部有东胡、山戎。这些部族各自分散在山谷溪间，各有自己的部落酋长，有时候上百个部落聚在一起，但是没有统一的首领。

后来义渠王开始学中原文明，筑城自守，游牧民族一旦有了城市，开始守城了，中原王朝就不怕了。秦国慢慢进行蚕食，到了秦惠文王嬴驷时期，攻占了义渠王二十五座城邑。到昭襄王时，宣太后将义渠王引诱到甘泉（今陕西省延安市），杀了他，这个故事电视剧《芈月传》里也有。随后秦国发兵进攻义渠国，灭了该部族，设置了北地郡（今甘肃、陕西、宁夏交界一带），治所就在义渠县（今甘肃庆阳市西南）。此时秦国开始在陇西（六盘山以西）、北地、上郡（今陕西东部）等地修筑秦长城，以抵御西北游牧民族的侵扰。

赵武灵王赵雍率军在北方击破了林胡、楼烦等部族，自代地经过阴山（内蒙古自治区中部山脉）下，到高阙（今内蒙古乌拉特后旗呼和温都尔镇以西）修筑赵长城，作为要塞；设置了云中郡（今内蒙古托克托东北）、雁门郡（现山西省境内的右玉县南）、代郡（今河北省蔚县一带）等郡。

再以后燕国的将领秦开曾经在东胡做人质，深得东胡人的信任，秦开回到燕国以后率军击败了东胡，东胡向北退却了千里。燕国于是也从造阳（今河北省张家口市）至襄平（今辽宁省辽阳市）一线筑起燕长城，同时设置上谷（今河北省张家口市怀来县）、渔阳（今北京密云县西南）、右北平（今内蒙古宁城县西南）、辽东（治所在今辽宁省辽阳市）等郡以抵御胡人的侵扰。直到战国末年，匈奴慢慢统一了北方的大部分游牧民族，开始强大起来。

始皇帝四年（公元前 243 年），蒙骜继续进攻蚕食魏国，失去了信陵君魏无忌以后，魏国再也无人能抵挡秦军的深入了。

这一年秦、赵互相换回了太子。这个记录笔者也不是很了解，这时候嬴政也不过十五六岁，他的太子最大也不过二三岁，居然已经做了人质了。

这一年魏安厘王在忧惧中去世，他的儿子魏增继位，是为魏景王。

始皇帝五年（公元前242年），蒙骜继续派兵攻打魏国，夺取酸枣、燕、虚、长平、雍丘、山阳等地方三十座城（《史记》记载为二十余城），设置了东郡（东郡地理位置在今河南省东北部和山东省西部，治所在今河南省濮阳县南），秦国此时已经形成了对魏都大梁的三面包围之势。

十、玄冥二老

这里我们要提到一个人，名叫剧辛，又名剧子或处子，是法家的代表人物之一，著有著名的《剧子》，亦称《处子》九篇。史书记载有很多混乱的地方，一种是记载他根据燕昭王求贤令，来到了燕国。燕昭王发求贤令筑造黄金台是公元前311年，《战国策》记载："乐毅自魏往，邹衍自齐往，剧辛自赵往，士争凑燕。"还有记载剧辛早期侍奉赵武灵王，在沙丘宫之变以后，逃奔到了燕国，这一年是公元前295年。

剧辛到了燕国以后与乐毅成了莫逆之交，李白在《行路难》中还曾留有"君不见昔时燕家重郭隗，拥篲折节无嫌猜。剧辛、乐毅感恩分，输肝剖胆效英才"的诗句。《资治通鉴》也曾记载乐毅在攻打齐国的时候，剧辛为乐毅出谋划策。

试想，如果剧辛是在公元前311年燕昭王发求贤令筑造黄金台的时候去的燕国，那么到了公元前241已经过去70年了，剧辛都要一百岁了；最晚如果是沙丘之变后去的燕国的话，那么从公元前295年到公元前241年大概过去了54年，按照剧辛侍奉赵武灵王最小也要20来岁，此时剧辛应该是70多岁快80岁的老江湖了。我们为什么要这样仔细地交代剧辛的年龄呢？是因为接下来有关他的故事很有意思。

回到《资治通鉴》，起初剧辛在赵国与庞煖（nuǎn）的关系很好。这里要交代一下的是，庞煖也曾经和赵武灵王论过兵，国学大师钱穆先生在《先秦诸子系年考辨》第157节中认为，这个庞煖就是和荀子一起论兵的那一位临武君。这样算来庞煖怎么也和剧辛一样都七八十岁了。如此，笔者暂且称他们为玄冥二老。

这一年燕王又坐不住了，他看到赵国的军队屡屡为秦军所困，廉颇因为年老离去，而赵国由年纪更大的庞煖任统帅。燕王想再次趁赵国疲敝之机攻赵，因此来征求剧辛的意见。剧辛回答说如果是廉颇为将还有些难办，如果是庞煖的话就很容易对付了。于是燕王以剧辛为将率军进攻赵国，赵国以庞煖为将来抵挡燕军。历史反复证明，哪怕燕国再强大，赵国再疲弱，燕国也还是打不过赵国。剧辛轻敌冒进，被庞煖所俘斩首，燕兵被俘二万人。

当时燕国的形势是：北边在燕昭王时期拓地千里，已经没有更多可开发的价值了；东南曾经几乎灭了齐国，后来又被齐国打了回去，夺了聊城，主将却不受信任，也没什么好开发的；西南屡次想趁赵国之危去偷袭人家一下，却每次都几乎被打得全军覆没。

当时山东六国虽然都受到秦国侵扰忧惧万分，而六国之间还是有些差异，就军事实力而言以赵为最强；政治经济实力以齐、楚为强；韩、魏已是奄奄一息；燕国却是处处碰壁。

十一、迁都寿春

始皇帝六年（公元前241年），楚、赵、魏、韩、卫合纵攻秦，楚国为纵约长，春申君作为联军总司令。联军首先取下了寿陵（今河南洛宁县），之后春申君挥师直抵函谷关，秦军出关迎战，五国联军大败，楚王因此怪罪春申君，而春申君也渐渐地被楚王疏远了。

此时观津（今河北武邑县东南）人朱英对春申君说："天下人都认为楚为强国，但是到了您主政却衰落了，责任都在您身上。我认为不然，先君在世的时候，秦、楚亲善，秦二十年不攻楚，为什么呢？那时候秦国如果要进攻楚国，需要通过黾厄要塞，行军非常不便；要么要借道于东西二周，背对韩、魏而攻楚，这个方案又不可行。而现在的情况已经完全不同，韩、魏危在旦夕，根本无力保全自己的土地。秦国距现在的楚国都城陈（今河南淮阳）不过160里，旦夕且至。所以以我的观察，秦、楚之间的战争还将随时会发生啊！"

于是楚国放弃了陈都，将都城迁徙到了寿春（今安徽省寿县），并且改名为郢都。楚国每次迁都，就把所在都城改名为郢都，目的首先是怀念先都，其次也是不想承认被秦国人逼得不停地东迁，自欺欺人而已，所以我们在看史书的时候一定要分辨是哪个郢都。寿春离春申君的封地吴非常近，春申君就待在自己的封地行相事。

秦国开始报复联军行动，攻下了魏国之朝歌（今河南鹤壁市市区南部），卫之濮阳（今河南省东北部，近邯郸市）。卫元君率族人迁徙到了野王（今河南沁阳市），依山傍险守护魏之河内一地。

始皇帝七年（公元前240年），秦名将蒙骜去世。

始皇帝八年（公元前239年），魏国把邺割给赵国，以寻求赵国的支援。

全无存在感的韩桓惠王去世，儿子韩安继位。韩安后来被秦国俘虏，韩国灭亡，所以韩安没有谥号。

十二、二十八宿

始皇帝九年（公元前238年），这一年，秦王嬴政举行了成年冠礼——佩剑，他已经二十二岁了。秦王自己移到了雍地（今陕西宝鸡凤翔境内）居住。

起初，嬴政刚继位时，年少，赵太后常与文信侯吕不韦私通。随着嬴政一天天长大，吕不韦怕祸及自身，于是将手下一个名叫嫪毐的门客假扮成宦官，进献给太后。传闻嫪毐床上功夫非常了得，深得太后之宠爱，生下二子。于是太后将嫪毐封为长信侯，以太原为封国，把国家大政都交给了嫪毐。秦

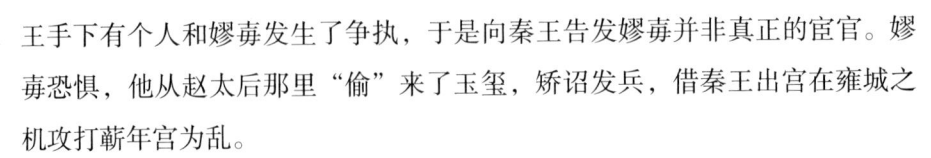

王手下有个人和嫪毐发生了争执，于是向秦王告发嫪毐并非真正的宦官。嫪毐恐惧，他从赵太后那里"偷"来了玉玺，矫诏发兵，借秦王出宫在雍城之机攻打蕲年宫为乱。

嬴政马上调来了相国昌平君（战国末期楚公子，昭襄王外孙，嬴政表兄弟，后为末代楚王），以及昌文君，发兵攻打嫪毐。两军在咸阳火并，斩首数百人；嫪毐败走，被活捉，夷三族。所有嫪毐的党羽都被车裂，罪轻的被发配到蜀地的有4000家。秦王把赵太后迁徙到了别宫，杀了她的两个儿子，也就是秦王的两个异父弟弟。并且下令说，有胆敢为太后的事情来劝谏的，一律杀头，并斩断四肢，扔到宫殿之下。

接下去的一幕让笔者亦为之动容。虽然秦是当时天下冠带之国中最野蛮、最残忍嗜杀的，但是还是有多人为了秦王母子向秦王劝谏，前后共二十七人被杀，尸体扔在阙下。就这样还有不怕死的，这一次从齐国来的客卿茅焦拜谒求谏。

秦王的使者说："先生难道没有看到阙下的尸体吗？"

茅焦说："死有何惧？臣闻天上有二十八星宿，今死者已二十七人，臣前来就是为了凑足二十八之数的！"

使者于是前去向秦王禀报。听说茅焦要去秦王那里劝谏，他的同乡以及住在一起的人纷纷拿起衣物四散逃窜。

而秦王听到使者的传达后气得须眉倒竖大骂道："这个杀千刀的家伙，居然敢故意来招惹我，他想要和那二十七人凑成二十八星宿，我偏不如他愿。快给我架上锅鼎，将他扔里面煮了，他连被仍在阙下的资格都没有。"

秦王还在口沫横飞（"口正沫出"）的大骂中，使者已将茅焦带到了秦王面前，茅焦毫无惧怕，慢慢走到秦王面前，拜了两拜，然后起来，不急不慢地说："我听说生者不忌讳谈论死，有国者不忌讳谈论亡国。生死存亡之道是圣主所急要听到的，陛下有兴趣了解一下吗？"

茅焦说话非常之艺术，他先给秦王下了一个套，就是讨论有关生死和存亡这样终极的哲学命题。

秦王强压怒火道："你说什么有的没的？"

茅焦道："陛下有狂妄悖逆之行，您难道不知道吗？您车裂继父，扑杀二弟，迁母于雍，残杀谏士，夏桀、商纣王的恶行也不至于此啊！今天下人听说这些事情以后纷纷瓦解叛逃，没有敢再响应秦国的人了。臣实在是为陛下担心啊！我的话就这些了，您要杀要剐悉听尊便！"

茅焦于是脱下衣服，趴在刑具上等待行刑。嬴政虽然残忍嗜杀，但他从来不是一个糊涂帝王，他雄才大略，懂得虚心纳谏，懂得信任臣下，他赶忙下殿，亲手扶起茅焦说："先生快快请起，请就衣，我愿听先生的，以国事委托先生！"

于是秦王授茅焦上卿之职，亲自驾车，空出左边尊贵之位，前去迎接太后返回咸阳，安排在了甘泉宫，秦王母子终于再得团聚。

而文信侯吕不韦因为侍奉先王有拥立之功，所以不忍心杀他，而吕不韦也惶惶不可终日，日夜活在恐惧中，这个我们后续还会讲到，这里暂且按过不表。

十三、当断不断

接下去我们把目光移向东南的楚国，移到魔都老祖宗春申君这里。此时战国四公子中，孟尝、平原、信陵君都已相继去世，春申君是其中最后一位，也是最弱的一位。他没有经历像魏无忌、孟尝君这样坎坷的人生；身边也没有像毛遂、冯谖、朱亥、侯嬴这样的牛人；他也没有为我们留下太多脍炙人口的典故佳话。

因为楚考烈王没有儿子，春申君很担心，找了很多生过儿子、生育能力出众的妇女献给楚王，但是楚王还是没能生下儿子。此时有个赵国人叫李园，他有个妹妹天姿国色，他就想把妹妹进献给楚王，但是听说楚王没有生育能力，怕妹妹时间久了终将失宠，于是来找春申君，求为门客舍人。不久以后李园告假回家，故意错过了约定的返回上班日期。

春申君问李园迟到的原因，李园是个营销高手，他说："齐王派人到我们家来求亲，要娶我妹妹。"

春申君觉得很奇怪：堂堂齐王怎么可能看上你一个平头老百姓的妹妹，难道你妹妹是天下闻名的美女？于是便问："嫁了吗？"

李园一看，上钩了，便说："还没有。"

春申君也是个好色之徒，他也不纠结李园是不是在忽悠他，于是就把李园的妹妹纳入自己的侯府，做了一个侍妾。

不久以后，李园的妹妹就怀孕了，李园早就算好了这一步，让他妹妹对春申君说："楚王重用先生您，即使是兄弟手足也不过如此。先生为楚相二十余年，而楚王没有子嗣，如果哪天楚王不在了，兄弟继位，那么新楚君自然也有自己所亲近信任之人，您将如何保全自己的荣宠呢？况且，您久居相位，经常失礼于楚王兄弟，一旦他们中有人继位，只怕您就要朝不保夕，随时都会大祸临头了啊。"

一个女人居然有如此的政治觉悟，可见李园和他妹妹都不是简单人物。她继续说道："现在妾身已有身孕，但是无人知晓，况且我做您的侍妾时间也不长，您何不把我献给楚王。我一定想办法将楚王迷住，得到宠幸。如果上天保佑，我们这一胎生下的是儿子，那么他将来就是楚王，您就是楚王之父，整个楚国都是您的，这不比朝不保夕要强上百倍吗？"

春申君深以为然，于是将李园的妹妹送给了楚王。果然楚王召入后大为宠幸；果然还很幸运地生下了一个男孩；果然这个男孩就被立为了太子；果然李园的妹妹就因为太子被封为了王后。

这是一个离奇的故事，一切居然均如李园和他妹妹所料，这对兄妹不简单啊。春秋战国时期，那时候礼教并没有那么严格，三纲五常之类的儒家礼教观念也还未深入人心，贞操观念也还是比较淡薄。秦王的太后原本也是吕不韦的侍妾，然后送给异人的。所以国君也好，大臣或者大夫也罢，娶了人妻都不是太大的问题。

李园的妹妹当了王后以后，李园也随之被重用，当权用事，而他也担心春申君泄露他的阴谋，于是私底下养了很多死士，准备找机会杀了春申君灭口。遗憾的是，他的阴谋没有做到很好地保密，被泄露了出来。我们不知道这个阴谋是不是李园一开始就计划好的，但是他兄妹缜密的计划还是让人闻之胆寒。

一天楚王病，春申君最信任的门客朱英对春申君说："世间有无妄（突发的，没有意料到的）之福，亦有无妄之灾。主公您身处无妄之世，侍奉无妄之主，怎么可以没有无妄的人呢？"

春申君听出朱英话中有话，问："何谓无妄之福？"

朱英回答："主公您为楚相已二十余年，虽然名义上是相国，但是实际上您的权势并不亚于楚王。现楚王病，旦夕不测。一旦楚王去世，主公扶持幼主主持国政，等到幼主长大以后交回国政也好，或者干脆取而代之也罢，这都易如反掌，此所谓您无妄之福啊。"

春申君问："何谓无妄之祸？"

朱英回答："李园是您的仇敌，他不为国事却私养死士。一旦楚王薨，一定是王后先知，李园必有机会先行入宫，他就会为篡夺大权而杀您灭口，这就是所谓的无妄之祸啊。"

"何谓无妄之人？"春申君问。

朱英回答："您可以把我安排为楚王的郎中一职，让我在宫中任职，一旦楚王薨，李园进入后宫之时，我为您刺杀李园，我就是您的无妄之人啊！"

春申君犹豫了半天说："先生没必要那么紧张吧，李园就是一弱人而已，况且我又待他好，何至于此呢？"

春申君居然认为心思缜密的李园是弱人，可见春申君根本就没有资格做强人。而朱英一看春申君当断不断，不用自己的谋略，知道春申君必败，怕事后受牵连就逃跑了，可惜春申君身边唯一的明白人就此离去。

十七日后，楚王薨，果然李园先得到消息，进入后宫，在门后埋伏下死士。春申君进入后宫，死士突然杀出，刺死春申君，将他的人头扔出宫门外，春申君的随从顿时作鸟兽散。

李园看刺杀得手，而春申君府中群龙无首，于是派出官吏尽灭春申君一族。那么显赫的四公子之一的春申君，居然不明不白地死在了一个"弱人"之手，可悲可叹。而朱英也算不上侠义之士，以他的谋略眼光，如果有豫让之风骨，誓死保卫春申君，可能还是有机会的。这就是成语"无妄之灾"和"当断不断反受其乱"的故事。

春申君死后，太子芈悍继位，是为楚幽王。

接下来司马光继续采用了扬雄在《法言》中的内容。《法言》是扬雄模仿《论语》所作，内容也是以对话体的形式进行发布的。

有人问扬子："信陵、平原、孟尝、春申君，他们是不是对国家有益呢？"

扬子说："君主失其政，奸臣窃国命，对国家有什么益处啊！"

在扬雄和司马光眼中，四公子都是窃取国家大权的奸臣。笔者认为，奸臣窃国说春申可以，说孟尝勉强也能过去，而信陵君和平原君他们为了魏、赵算是殚精竭虑，说窃国就有些过了。平原君在赵国最危机之时合纵楚国，又请来了信陵君帮助，抵御住了秦国的进攻，为赵国延续了生命；魏无忌信陵君更是战国四公子的翘楚，他两次率领军队打败秦军，将秦军赶入函谷关。在信陵君当上将军的几年当中，秦国再没有出兵过山东，是战国末期唯一一位可以打败秦国顶级名将的将领。遇到魏王的猜忌，他也没有奋起反抗或者做出过激之举，而是选择在酒色中证明自己的无辜。若说他们全部都是窃国奸臣，言之过重矣！

十四、逐客之令

始皇帝十年（公元前237年），吕不韦终于被罢相，并被赶回了封地，他的封国很牛，就是原来周王都——洛阳。

商鞅、张仪、魏冉、范雎、蔡泽、吕不韦，包括负责修渠的郑国，秦国长期重用山东士族为客卿，引起了秦国原来的宗戚贵族的不满。于是借吕不韦失势之机，有秦国宗室向秦王建议道："山东各诸侯国来的士人，他们都是为了自己的君主前来游说秦国，请将他们全都驱逐出境。"

于是秦王就下了逐客令，要驱逐所有山东的士人。吕不韦有一个门客，楚国人李斯，他也在被驱逐名单之中。他在离开咸阳之前，上疏给秦王说：

"当初，秦国的先祖穆公，从西方的戎狄那里吸引了由余，从宛城这里得到了百里奚，从宋国迎取了蹇叔，从晋国得到了丕豹和公孙支，然后吞并了二十多个国家，成为西方霸主。孝公任用商鞅变法，从此各诸侯臣服，至今国富兵强。惠王使用张仪之计，拆散了六国的合纵，让他们都倾心侍奉秦国。昭襄王任用范雎，帮他从大臣手中夺回了国家的控制权。这四位先君，都因为客卿而成就万世之功绩，由此看来，客卿们并没有辜负秦国啊！"

李斯继续道："秦王宫中的美女、音乐、珍珠、美玉都不是来自于秦国，大王您都收入宫中，而人才却都要排除，岂不是重物超过贤才？泰山不让土壤，故能成其大；河海不择细流，故能成其深；王者不排除众庶，故能明其德；这是五帝和三王之所以无敌于天下的原因。您如果要放弃士人们，这相当于把我们都送给您的敌人，这不是很荒谬吗？"

秦穆公时代的一些人物，由于《资治通鉴》并不涉及，可能大家不是很熟悉，笔者这里就稍微向大家介绍一下，详细的故事大家可以参考其他的资料。

由余，本是周王后裔，晋国人，逃亡到了西戎。西戎派他出使秦国，秦穆公见他有才，就拜他为上卿，将其留在秦国对付西戎。由余为穆公出谋划策，帮助秦国进攻西戎，并国十二，拓地千里，遂霸西戎。

百里奚我们之前说过。

蹇叔和百里奚是同时期人，都在七十多岁时侍奉秦穆公，二人分任左右二相，一起在秦国实行教化改革，使秦国在文明教化、农耕生产、科学技术、军事理念等各方面都迅速向中原国家靠拢。

丕豹，晋惠公时期大夫丕郑之子。其父丕郑因为得罪了晋惠公被杀，所以只得投奔秦国，并多次怂恿秦国出兵攻打晋惠公。

公孙支，是嬴姓，所以他本就是秦国贵族。他只是早年曾经去晋国"游过学镀过金"而已，李斯把他也算作客卿，有些不妥。公孙支在穆公时期，曾经多次出谋划策、举荐贤才。尤其是他向穆公推荐了百里奚，并且在百里奚到了秦国以后主动让出了上卿之职，出任次卿，一举为穆公称霸确立了人才基础。

其他几位在战国时期出现的人物，我们之前都介绍过，这里就不再赘述。

秦王在看到李斯的奏疏以后，马上派人追回了李斯，恢复了他的官职，并且废除了逐客之令。所以说机会都是给聪明人准备的，李斯因祸得福，一步跨入了秦国的权力核心舞台，从此他将向天下人展示法家大师的手段。

李斯当政以后，秦王采纳了李斯的计谋，私底下派舌辩之士，携带金玉前去游说各诸侯。诸侯国的名士，可以用财物买通的，就厚礼结交；有骨气不肯结交的，就派刺客前去刺杀，或者用反间计离间他们君臣之间的关系。一旦诸侯国出现"裂缝"，秦国马上就派遣大军前去征伐，几年之后，终于兼并了天下。

十五、窃国之盗

始皇帝十一年（公元前 236 年），这一年离秦始皇统一只剩下 15 年了。

这一年赵国在被燕国偷袭了好几次以后，终于主动出兵攻打燕国，并攻下了狸阳（今河北省任丘市东北）。

赵王还没有开心几天，与燕国的战事还没有结束，秦王就趁赵国国内空虚之际，派遣大将王翦、杨端和桓齮（yǐ）率军突袭赵国，攻击邺地（今河北省临漳县西南邺镇），占领了九个城邑。

赵悼襄王在忧惧中去世，他的儿子赵迁继位，是为赵幽缪王。赵迁的母亲原来是位妓女，深得悼襄王的宠幸，为此悼襄王废弃了嫡长子赵嘉，将赵迁立为太子。赵迁向来因为品行不端而闻名全国。根据谥法，伤人蔽贤曰缪，已经是很糟糕的谥号了。"幽"字的话就更惨了，早孤销位曰幽；违礼乱常曰幽；暴民残义曰幽；淫德灭国曰幽，总之他的谥号都是在灭国以后秦国给设置的，都不是好的寓意。

文信侯吕不韦返回封地才一年多，这一年多来各诸侯国派来请他出山的宾客络绎不绝，相望于道。秦王怕吕不韦叛变，于是写信给吕不韦说："先生您有何功劳于我大秦，可以受封河南十万户？您有何亲于我大秦，可以号称仲父？您还是带着全家人去蜀地居住吧。"

吕不韦收到信件以后，内心非常惶恐，他深知秦王已对自己心存芥蒂，只怕随时就会命丧秦王之手。

始皇帝十二年（公元前235年），终于吕不韦熬不过内心的恐惧，饮鸩自尽，他的家人偷偷将其埋葬。秦王还是不解恨，下令但凡凭吊过吕不韦的门人宾客一律驱逐出境，并下令："自今天起，操持国家政事却行不道之举的，如吕不韦这样的，一律查封一切财产，充入公门。"

可怜吕不韦，居奇货，定秦王，弱诸侯，编《吕氏》，享万户，到头来还是一场空。

以吕不韦如此大的功劳，秦王却对他痛下杀手，还有一个原因：可能当时天下人就对秦王嬴政的血统产生了怀疑，一旦吕不韦向天下人透露秦王是他和赵姬的私生子，那对于秦王嬴政来说就会失去继承权，绝对是灭顶之灾，所以他一定不能让吕不韦逃到其他国家。

司马光引用了扬子在《法言》一书中的记载：有人问扬子："吕不韦是不是很有智慧，以人为货？"

扬子曰："谁说吕不韦有智慧了？他为了一封国之地，却换来了族灭，何其愚蠢啊！吕不韦是穿墙行盗的奸雄，我只见过穿墙偷斗石之物的，还没有见过穿墙偷洛阳的！"

扬子也是一个著名的儒家思想家，他是先秦以后北宋之前最著名的儒家思想人物之一。他的很多评论都是站在儒家正统的观点上来看的，像吕不韦这样投机取巧、窃取国家权力的人，他是极力排斥的。

十六、再败秦师

始皇帝十三年（公元前234年），桓齮攻赵，赵派将军扈辄迎战于平阳（今河北临漳县西），赵军大败，被斩首十万级，扈辄被杀。这个扈辄是赵国宠臣郭开的亲信，我们之前说过魏国将邺城送给了赵国，郭开就任命扈辄来驻守邺城，这一时期的秦、赵战争就主要在邺城一带展开。

桓齮乘胜追击，直扑赵国都城邯郸，末代赵王迁虽然也是个糊涂的主，但是到了生死关头还是做对了一次，得以让赵国的命运又延续了几年。他从雁门调回了李牧，拜他为大将军，命他领军抵抗秦军。双方又在宜安（今河北藁城市西南）、肥下（今宜安东北）这两个地方交战。战争的过程《资治通鉴》没有详细记载，笔者这里稍微引述一下。

李牧率嫡系的边防军和邯郸守军会合，在宜安构筑营垒坚守不出，伺机反击。桓齮认为李牧要学习廉颇坚守之策，而秦军跨山远出，后勤补给困难不利长久，于是率军绕过宜安攻击肥下，肥下更靠近赵都邯郸，他准备诱使李牧的军队离开营垒，这样就可以在野战中利用秦军的优势击败李牧。而李牧久经战场一眼就看出了桓齮的伎俩，他没有发兵去救肥下，而是直扑秦军大营，桓齮赶忙回兵去救，却中了李牧的埋伏，桓齮大败，畏罪逃往燕国。

自此以后桓齮就从史书上消失了。已故复旦大学历史系杨宽教授认为，桓齮战败以后逃到了燕国，跟随燕太子丹，他就是秦王千金求购的樊於期。因为二人名字发音接近，可能因为秦人和燕人口音不同，所以记录有所不同，这个说法可供读者们参考。

笔者以为，李牧是最后一位战国名将，在他之后的像王翦、蒙恬等这些人与其说是名将，倒不如说是良将。王翦都是以泰山压顶之势获得成功，不像李牧那样，可以率领相对弱小的赵军，接连打败强大的秦国。

李牧再次击败秦国以后，赵国封他为武安君。战国时期还有一个著名的战神级别的武安君——秦之白起。李牧和白起一样，一生未尝败绩，但是都因为权臣的妒忌而死于非命，令人扼腕。

十七、非死不可

始皇帝十四年（公元前233年），韩国受不了秦国的压力，向秦王纳地求和，并且把韩国的传国玉玺也献给了秦王，向秦国纳表称藩。并且派遣使者前去朝见秦王，这位使者就是大名鼎鼎的韩非。

韩非子本来是韩国的贵族公子，喜好刑名法家的学说。他见韩国羸弱，经常上疏劝谏韩王，但是韩王不采纳他的思想。韩非子痛惜国家政治混乱，韩王任用奸佞，推崇无能之辈，排挤有能力之士。于是他考察了历来各国的政治得失后写了《韩非子》一书，书中覆盖了《孤愤》《五蠹》《内·外储》《说林》《说难》等五十六篇政治治理之主张，一共十多万字。

秦王听说了韩非的贤能，想要一睹他的风采，正好韩非子作为韩国的使者前来出使秦国。韩非子上疏秦王说："现今秦地方千里，军队号称百万，赏罚号令，天下莫敢不从。臣愿冒死求见大王，献上破除天下合纵的计策。如果大王听从我的计谋，却无法平定天下的话，大王请将我斩首为后世之戒。"

笔者以为，韩非子是战国第一才子，他的才华绝不在庄、荀、孔、孟之下，《韩非子》一书更是中国整个百家争鸣时代最为华彩的篇章之一。中国语言中很多脍炙人口的成语故事就来自于《韩非子》，类似于像"自相矛盾""郑人买履""滥竽充数"之类成语、寓言故事有300～400则，非常有说服力，这些故事都已经成为中国语言中不可分割的一部分了。《韩非子》与《庄子》甚至奠定了后世中国人的形象化思维方式。中国人缺乏古希腊人哲学思辨的逻辑性，但是比较接受以实例、故事作为说明的形象化思维方式，这个值得大家学习。韩非子其个人也是中国文化思想史上的一朵娇艳的奇葩。据称韩非子是口吃，所以并没有在跟韩王或者秦王见面时发挥自己的才能，他只能将自己满腔的才华都浓缩在文字上。

秦王看了韩非子的上疏，非常欣赏韩非子的才华，但是还没来得及任用。每一个天才身边一定有个恶毒的猪队友，韩非子自然也不能例外，他的师兄李斯因为忌妒，在背后狠狠地捅了韩非子一刀。还好历史记录下了李斯恶毒的语言，向我们展示了这位同学的嘴脸。

李斯说："韩非子是韩国的贵公子。现在大王想要吞并天下的诸侯，而韩非子最终只会为韩国考虑，不会为秦国卖命，这是人情所决定的。现在大王无法用他，如果让他逗留在秦国，再送他回韩国的话，那就是自留祸患，我们不如找个理由将其诛杀。"

秦王表示同意，将韩非子下狱治罪。李斯深知秦王爱才，而且笔者以为秦始皇是历史上所有的"暴君"中最爱才的，除了逼死吕不韦以外，他一生几乎没有什么杀功将、斩铮臣的不良记录。所以心思缜密的李斯生怕秦王会反悔，于是偷偷派人送毒药给韩非子，韩非子想要见秦王自我辩驳一下，却被李斯阻挡，没有机会见到秦王，他只得饮鸩自尽。不久，秦王果然后悔，派人赦免了韩非子，而此时韩非子已死亡多日。可怜战国第一才子的韩非，就这样不明不白地死于狱中，终年47岁。

扬子《法言》曰："有人问扬子：'韩非子做了流光溢彩的《说难》一篇，而最终反而死于游说秦王之时，这却是为何？'"

笔者这里向大家稍微介绍一下《韩非子》的《说难（shuì nán）》。《说难》是《韩非子》一书五十五篇作品中比较晚期的作品，也是最重要的作品之一。主要说明想要游说大部分君主都是非常困难的，而且君主很容易对各种宣传游说有逆反心理，所以如何揣度君主的心意，有效地向君主宣传游说自己的观点，是这篇文章的核心内容。

扬雄说："难道游说之难是他的死因吗？"

"不是吗？"

"是吗？"

"不是吗？"

扬雄回答："君子应当依照礼教的规范来行动，以道义来限制行为，符合礼义则进，不符合则退，如此则根本不用担心自己的言论是不是符合君主之心意。而像韩非子这样想要游说他人，却担心不符合对方的心意，就会采用各种手段，无所不用其极了。"

还有人问："韩非子就是担忧自己的游说不符合对方的意志，不是吗？"

扬雄回答："游说不符合道义，自然要担忧是不是符合对方的心意了。只要符合道义，即使与对方心意不合，也没什么可以担忧的。"

司马光继续延伸说道："我听闻君子亲爱自己之亲人，由此延伸到他人之亲人。爱自己的国家，然后延伸到他人的国家。因此功绩彪炳于世，美名远扬，还能享受百福之乐。而现在韩非子却想要通过颠覆自己的宗主国来卖弄自己的学说，他所犯之罪本就死有余辜，又有什么可值得同情的呢？"

扬雄和司马光对于韩非子的批评，正好充分阐述了儒家和法家思想的核心矛盾。

法家追求采用帝王之术，以及个人价值的实现，会千方百计地把自己的学说和主张提供给帝王，并且一切为帝王服务。

而儒家虽然也在追求为帝王服务，但是他们有一个更为基本的原则，就是一定要符合道义。如果不符合道义，哪怕是君主所喜欢的也要退去；如果符合道义的，哪怕是君主所痛恨的也要前进。一切的主张都是基于道义而来，并不会为了君主而改变道义，所以根本就不需要担心自己的言论是否符合君主的心意，也就不会有"说难"的问题。

十八、最后绽放

始皇帝十五年（公元前232年），赵国战后出现大饥荒，几乎颗粒无收，民心不稳，秦王于是再起大军攻赵，准备一举将赵军击溃。秦军一路大军抵达邺城然后北上，另一路大军抵达太原后东进，然后两路进攻，攻下了狼孟（今山西阳曲）、番吾（今河北省平山县附近）。

由于赵国刚刚经历饥荒，粮食补给有困难，于是赵王给了李牧一个几乎不可能的任务，就是要主动出击，速战速决，击退秦军。李牧采用了各个击破的战术，先击破了北路的秦军，取胜后再攻南路番吾之军。双方在番吾一带发生大战，秦军战败，赵军再胜。获胜后李牧马不停蹄，挺进漳河，在漳河守护的秦军，听说李牧连败秦军两路主力，赶忙撤退，赵军收服上党等地。李牧率军在极度苦难的情况下完败秦军，可惜这却是赵国战神之花李牧最后的绽放。

接下去我们要讲一下燕太子丹。太子丹在战国末期，因为荆轲的故事而著名。太子丹姓姬，叫姬丹，小时候也曾在赵国做人质，和秦王嬴政小时候就是玩伴死党。秦王继位以后，太子丹作为人质让给了秦国，秦王看不起这个小时候一起穿开裆裤长大的死党。太子丹大怒，找机会逃回了燕国。

始皇帝十六年（公元前231年），这时候离秦王统一天下只剩下10年了。

韩国将中原腹地南阳割让给了秦国，魏国也献地求放过，三晋只有赵国还有骨气和秦国死扛。

始皇帝十七年（公元前230年），韩国献地也得不到哪怕是片刻的安宁了，这一年秦国的内史腾率军攻下韩国都城，韩王韩安被俘，韩国灭亡。秦国将韩国的地盘设置了颍川郡。这是历史性的一年，从公元前230年开始，秦国以摧枯拉朽之势，启动了彻底消灭六国的步伐。

十九、自毁长城

始皇帝十八年（公元前229年），秦国把统一攻坚战的任务交给了战国名将王翦。

王翦率领上地郡的部队从井陉（今河北省西部井陉县）出发，和杨端率领河内郡部队一起伐赵。赵王派李牧和司马尚领兵抵御。王翦自知虽有优势兵力，但是想要在战场上击败李牧是非常困难的，于是禀告秦王实施反间计。拉拢的对象还是那个坑了廉颇的佞幸郭开，让郭开在赵迁面前污蔑李牧和司马尚，说他们想要谋反投靠秦国。赵王果然听信谗言下令撤换李牧和司马尚，派遣贵族赵葱为主将，齐国人颜聚为副将，替代李牧和司马尚。李牧自知赵王是受人蒙骗，而且他也深知以赵葱、颜聚之流为将，他深爱的赵国将万劫不复，于是拒不受命。可是赵王已被郭开彻底蒙蔽了，他用计将李牧骗来，杀害，并将司马尚罢黜。

我们来回顾一下赵之名将：赵奢早亡，但是赵国任用了他那只会纸上谈兵的儿子赵括，长平一战从此赵国一蹶不振；其后任用了廉颇，但听信谗言，将廉颇逼到了楚国那里，结果英雄无用武之地；最后一位名将李牧，连续击败了秦国，一生无败绩，但最终还是中了秦国的反间计，被赵王所捕杀。

从此赵再无良将。

始皇帝十九年（公元前228年），得知反间计已成，王翦大喜，挥军直上痛击赵军，大破赵军。赵葱于败军中被杀，颜聚逃亡，秦军顺势进军一举攻克邯郸，赵王迁被俘，赵国灭亡。

秦王亲自来到出生地邯郸，将之前和母亲赵姬家有仇怨的人全都杀死。秦王然后从邯郸经太原、上郡返回秦都咸阳。

在平定六国之战中，秦王亲自到邯郸善后，这绝对是一个特例。笔者以为，秦王最终的目的可能是为了将那些知道她母亲出身的人灭口，毕竟他母亲曾为吕不韦的歌姬，并且在送给异人之后第一年就生下了嬴政，出生和血统一直是悬在秦王头上的达摩克里斯之剑。不是为了灭口的话，秦王根本没有必要亲自去邯郸处理，完全可以让王翦代劳就好。就是因为这可能有关秦王身世之谜，所以他必须要亲自去处理，将知情人全部铲除。

处理完"所谓"的仇家以后，太后赵姬就莫名去世了，年仅四十左右，我们如果展开戏剧化的想象的话，秦王所杀的很多"仇家"可能就是赵姬的至亲家人。就这样，赵太后和她的母国赵国一起灭亡了。

王翦并没有回军，而是驻扎在了燕、赵交界的中山一带，对燕国形成军事压迫。赵襄王原先的嫡子，即赵迁的异母兄赵嘉赵幽缪王，率领宗族数百人逃到代地，自立为代王。赵国灭亡以后，赵国的遗孤大夫慢慢都跑到代地，投奔燕国，与燕军联合，驻扎在上谷（今河北省张家口市宣化区）。

这一年楚幽王薨，楚国立他的同母弟弟芈郝为君，是为楚哀王。三月，芈郝被异母兄芈负刍所杀，负刍自立为楚王。

这一年魏景湣王去世，儿子魏假继位。

二十、悲剧刺客

燕太子丹怨恨秦王，日夜想要找机会报复。起初，太子丹向他的老师鞠武请教关于报复秦之计。鞠武建议他向西和韩、赵、魏合纵；向南和齐、楚联盟；向北和匈奴媾和，联合起来才能和秦国一战。

鞠武所说联合匈奴抵抗秦军，是一个不错的主意。

在李唐创业之初，李渊在太原起兵以后做的第一件事情就是跟突厥称臣，然后送上了很多的礼品，把姿态放得非常低以获取突厥对自己的信任，还购买了突厥大量的战马。等到整个李唐把国内的事情全部了结以后，他们再去进攻突厥，打败了突厥，当上了天可汗。不只唐朝如此，汉王朝起步的时候也是一样。汉高祖刘邦在被匈奴打败以后就一直养精蓄锐，处理内政，休养生息，一直到汉武帝时才有能力去主动出击匈奴。反面的例子就是新莽王朝，完美主义的儒者王莽将匈奴视为蛮夷，在国内局势不稳的情况下，不顾反对，大力出兵匈奴，最后造成了国内局势的彻底崩塌，新莽王朝土崩瓦解。

虽然鞠武的这个战略不错，但基本上和之前的合纵连横也没有太大的区别，最关键的是他提出还要北媾匈奴。和匈奴媾和可以避免燕国在西线和北线两线作战。此时在中国的北方，匈奴已经是相当之强大了，如果联合匈奴，让匈奴给予秦国的北部边境适当压力的话，那么就可以大大缓解山东诸国的军事窘迫局面。

太子丹说："太傅的计策，旷日持久，我内心虽然赞同，但是我实在是等不及啊。"

不久以后，秦将樊於期（可能就是之前被李牧打败的桓齮）因为得罪了秦王，逃亡到了燕国，太子丹收留了樊於期。鞠武劝道："以秦王对燕国的暴怒之情，已经足以使我等寒心了，如果秦王要知道樊将军也在燕国的话，那是把燕国往火坑里推啊。我们现在自己的事情还没有处理好，哪有工夫处理樊於期的事情啊，太子您还是快点把樊将军送到匈奴去吧，希望可以嫁祸匈奴！"

太子丹却说："樊将军穷途末路了来投奔于我，我姬丹就应该舍身前去保护他，我怎能舍他于不顾呢？您还是想个其他的办法吧！"

鞠武说："您为了结交一人而不顾国家之危害，这只会引火上身啊！"

太子丹早已对秦王恨入骨髓，只要听说是秦王的仇人，他都当成知心之人，倾心结交，怎肯听鞠武的建议。

太子丹听说卫国人荆轲贤良，卑辞厚礼地将他请来，对荆轲说："现在秦国已经俘虏韩王，又举兵南伐楚国，北临燕国。赵国一旦抵挡不住，马上就会兵临燕国。燕国弱小，连赵国也打不过，怎么可能抵挡得住秦国大军！而诸侯们都已经被秦国吓破胆，都不敢合纵抗秦。以我的计策，不如邀请到天下著名的勇士，趁出使秦国之机，劫持秦王，使秦王尽返侵略诸侯之地。如同当初曹沫劫持齐桓公那样，这是上上之策。如果此计不行，那就一举刺死秦王，那么秦国必定会大乱，此时秦国大将拥兵在外，而国内局势不稳，趁他们君臣相疑之际，诸侯合纵出兵，一定可以击败秦国，希望荆先生同意啊！"

太子丹的上策可以说是谬之千里，曹沫劫持齐桓公的故事我们之前说过，齐桓公之所以答应被劫持时的约定，根本不是因为鲁国之强大，而是为了借机取信于诸侯。而真正想要通过劫持获利的是秦国劫持楚怀王，以秦国之强，都已经把楚怀王劫持到了秦国，还是无法让楚国低头，可见希望通过恐怖主义来达到政治目的是完全行不通的。至于说杀了秦王，让秦国造成政局混乱，各国可获得片刻喘息之机，这还是有可能的。可是后来的结果是为了达到上策的目的，连最基本的刺杀目的也没有成功。唯一"成功"的却是荆轲，通过《史记》他被塑造成了古往今来第一悲剧侠客，甚至是他的名字就成了刺客的代名词。

不管怎么说，荆轲还是答应了太子丹的邀请。于是太子丹以上等门客的规格来款待荆轲，每日去荆轲门下拜访，无微不至。直到王翦灭了赵国，太子丹感觉恐惧的气氛已经到了家门口了，想要派遣荆轲出使秦国。

荆轲说："如今我们要去秦国出使，若无可信之物，就无法接近秦王。我希望得到督亢（今河北省涿州市东南）的地图和樊於期将军的人头来献给秦王，秦王一定非常开心地想要接见我，我才有机会报答太子的知遇之恩啊！"

太子丹说："樊将军穷途末路了前来投奔于我，我岂能忍心弃他于不顾。"

荆轲于是私下里去见樊於期说："将军您与秦国可谓是血海深仇了，您的父母宗族都被秦王所杀。今听闻秦国悬赏金千斤、食邑万户来寻求将军的首级，您准备怎么办？"

樊於期叹息流泪道："先生您有什么计策可以帮我的吗？"

荆轲说："我希望可以得到您的首级，献给秦王，秦王一定会惊喜而接见我，我可以趁机左手抓住他的袖子，右手将匕首刺入他的胸膛，那么将军之仇可以报，燕国的被灭国命运也可以避免了。"荆轲并没有告诉樊於期，他和太子丹规划的上策是劫持秦王捞点好处而已。

樊於期说："我日夜切齿腐心想要报仇，只要大仇得报，我愿一死以报先生。"

于是樊於期自刎而亡。太子丹听说樊於期自刎，赶忙奔来伏在樊於期身上痛哭，却已于事无补，只能找了一个匣子装了樊於期的首级。太子丹曾经寻求到一柄天下之利匕首，以毒药焠炼。用这个匕首找人试验，只要让匕首划破，哪怕只见一丝血缕，无不立时毙命。

于是荆轲带上地图，装上首级，藏好匕首，和燕国勇士秦舞阳一起出使秦国。

前人就曾经对荆轲刺秦的故事做了深刻的点评，认为荆轲也只是一个虚张声势之辈。为什么这样讲呢？因为我们去看一下之前聂政刺侠累，不动声色，突然出现在庙堂之上，一剑封喉。刺杀完以后还要掩盖自己的姓名，毁坏自己的颜面，然后逃离。而豫让想要刺杀赵侯为智襄子报仇的时候，也是先毁身吞炭，然后才去刺杀。而荆轲这么大摇大摆，又是准备刀具，又是樊於期自刎，然后又是燕太子丹日夜款待，然后又是易水送别，怎么看这都不像是去刺杀的，而是像去表演行为艺术的。

第七卷

秦纪二

一、易水之寒

始皇帝二十年（公元前227年），荆轲到秦都咸阳，通过秦王宠臣蒙佳求见秦王。秦王大喜，朝服设宾客之礼接见荆轲。荆轲奉督亢之地图，图穷匕见，他顺势一把抓住秦王的袖子，另一只手举匕首直刺秦王。秦王大惊，用力挣扎。也是秦王命不该绝，那衣服质量一般，袖子断裂，秦王挣脱。荆轲追秦王，秦王绕柱走，群臣惊愕，事出不意，不知该如何应对。以当时秦之法度，群臣在殿中侍奉的，都不许带尺寸之兵，秦王左右只能徒手和荆轲搏斗。秦王在群臣的提醒下，这才拔出背上的宝剑，砍断了荆轲的左腿。荆轲倒下，最后以匕首掷秦王，中铜柱。

荆轲自知已无法完成任务，叹息道："事不成，皆因为我想生擒秦王，为太子得到契约！"荆轲于是被众人砍为数段。

秦王大怒，增兵赵国，支援王翦攻燕。王翦率军和燕、代联军在易水河西岸大战，大破燕、代联军。

这是整个《资治通鉴》记载的关于荆轲刺秦王的故事，司马光在这里并没有采纳易水送别的故事，也没有提到音乐家高渐离。因为此时秦国之奸细已遍布山东各国，如果过于高调，那肯定就不像是一次刺杀行动了。

始皇帝二十一年（公元前226年），冬十月，王翦攻下了燕国都城蓟城（今北京一带）。

这里要说明一下的是，秦国纪元是从每年的农历十月开始新的一年，所以始皇帝二十一年的十月，其实还是公元前227年的农历十月。不过我们为了纪年方便，还是采用一一对应的方式纪年。

燕国都城被攻下以后，燕王和太子丹率残余部队退保到辽东，李信派兵追击。代王赵嘉写信给燕王，劝他杀了太子丹给秦王谢罪。太子丹逃亡到衍水（今辽宁太子河）边，被燕王的使者抓住，被斩首，头颅准备献给秦王，但是秦王还是继续派兵追击燕王。

秦王在北方继续扫荡燕、赵余党，向南开始了灭楚行动。先锋是将军王贲，已攻下了楚国十余座城邑。

秦王问李信："寡人想要攻灭楚国，将军您需要多少部队？"

李信说："二十万，足矣！"

秦王又去问老将王翦，王翦说："非六十万人不可。"

秦王说："王将军您老了！"

于是秦王以李信为大将，蒙恬为副将，率军二十万，进攻楚国。

王翦则称病辞职，返回家乡频阳（今陕西省富平县东北）养病。

李信，秦少壮派将领代表，在灭六国的战争中也曾立下赫赫战功，他还有一个著名的后代，那就是西汉时期的飞将军李广。

二、王翦拜将

始皇帝二十二年（公元前225年），王贲率军进攻魏国，引河水倒灌魏都大梁。三月，大梁城墙崩塌，魏王魏假出城投降，秦军杀魏假，灭魏国。

因为魏附属安陵国的缩高之子，曾经替秦王守城，抵挡住了信陵君的进攻，所以秦王优待安陵君。他派人对安陵君说："寡人愿以五百里之土地换安陵。"

安陵君说："大王加惠于我，以大易小，是我的荣幸。但是，臣受地于魏国先王，我愿意终身为先王守此地，不敢易。"

秦王欣赏安陵君的大义，他也知道以安陵这个小地方也玩不出什么新花样，于是就准许安陵君保留自己的封地。

说回李信的攻楚大军。李信进攻平舆（今河南省平舆县北），蒙恬攻寝邑（今安徽省临泉县），大破楚军。李信乘胜进攻鄢郢（今湖北江陵、襄阳一带），获胜，于是引兵向西和蒙恬在城父（今河南省宝丰县）会师。楚军由大将项燕率领，在李信的部队之后跟了三天三夜，寻找战机。终于被项燕找到机会，突击秦军，大败李信，攻入秦军两座营垒，杀了七个都尉，李信败逃，奔回了秦国。

秦王听说李信战败，大怒，亲自到频阳去向王翦道歉说："寡人不用将军之谋，果然李信吃了败仗，使我们大秦受辱。将军您虽然病了，但您准备就这样抛下寡人不顾吗？"

王翦继续称病不可带兵，秦王说："您别说了，我意已决，请您带兵出征。"

王翦说："如果您真要我带兵，那么必须要配备六十万大军。"

秦王内心非常犹豫。根据史学家的分析，当时秦国的全国总兵力，算上预备役部队也就一百万左右。扣除一些必须要驻守的关隘、边关要冲，以及攻略燕、代之地的秦军，全国剩下能调动的所有部队也就六七十万。现在一个将领如果要把全国所有的部队，包括预备役的部队全部调走，任何一个君王都会害怕：一旦王翦有二心，只怕整个关中就要姓王而不再姓嬴了。

秦王犹豫再三，咬着牙说："好，一切都听将军的，我给你六十万大军。"

于是王翦率领六十万大军进攻楚国，当然这六十万是非常值得怀疑的，因为全国所有部队都调动整合到一个地方，在逻辑上几乎是无法完成的。不过从《史记》开始，中国历史上大部分的史书有很多都掺杂有虚构成分。比起历史事实数据，中华民族的史书历来更在意传递所谓的内在正统价值，缺乏细致的数据考证，笔者还是根据史书的数据来进行讲解，将细致的考证工作留给专家们吧。

秦王送王翦至霸上（今陕西省西安市东白鹿原北），霸上以后还会经常出现。出军之前，王翦向秦王要了很多良田美宅，作为打胜仗的赏赐。

秦王说："大将军，您难道还会担心贫穷吗？"

王翦说："大王的将领很多，但是即使功劳再大，也没有人封侯，所以我趁着大王您现在看得上我，先替子孙们争取些好处，那才是实惠啊！"

秦王大笑。

王翦出发，部队刚到函谷关，王翦前后已经派了五拨使者到秦王这里要肥田美宅。

王翦的门客对王翦说："将军您这也太低级，仗还没有打您就要这要那，吃相也太难看了吧，哪有大将风度啊！"

王翦回答："非然也。秦王内心暴烈而不信人，今天大王将全国所有的带甲之士都交给了我，我如果不多要求一些物质上的赏赐，那么大王一定会担心我有其他的要求。"

王翦拜将的故事非常实用，它告诉我们两个道理：

第一，在领导最需要自己的时候去谈一些好处，哪怕是将来的好处这也是最佳的时机。

第二，更重要的是，对于掌握大权的人来说，不能让领导觉得自己的野心太大。所以很多二把手在讲自己的追求的时候，都会说希望多些时间和家人在一起，不会再展示过大的野心，这样就不会让领导担心。

始皇帝二十三年（公元前224年），王翦攻下陈地，向南进军到了平舆。楚国人听说王翦增兵前来，于是倾国内所有兵力前来抵御。但是，王翦坚守营垒并不出战。楚国人因为动员了全国所有的兵力，粮草消耗巨大，国内农业劳动力不足，希望速战速决。楚君认为秦国劳师远征，更应担心粮草，也会希望速战速决。但是没有想到的是，无论楚军如何挑战，秦军就是不出战。王翦让士兵日夜休整，好吃好喝好招待，还有沐浴，就差马杀鸡了。王翦亲自到军中安抚士卒，和士卒同饮同食。

过了很久，王翦派人去打听自己军中的日常游戏活动，那人回答道："士卒们都在玩投石、跳跃的游戏。"

王翦听完以后说："好，玩够了，当可一战。"

而楚军由于无法求得一战，只好引兵东去。王翦突然下令追击，派遣壮士为先锋，从背后直扑楚军，楚军大败，大将项燕被杀，王翦乘胜攻略楚地，势如破竹。

始皇帝二十四年（公元前223年），王翦、蒙武攻破楚都，俘虏了楚王芈负刍，设置楚郡。楚国灭亡。

始皇帝二十五年（公元前222年），秦王继续派兵，以王贲为将，率军进攻辽东，俘虏了燕王姬喜。

秦国接连攻破山东诸国，司马光终于坐不住了。

臣光曰:"燕太子丹因不能忍受一时之激愤,而去冒犯虎狼之秦国,缺乏深谋远虑,加速了燕国的灭亡,他的罪过大了,而居然还有人认为他贤明,岂不是太过分了?"

接下来还是儒家的老道理:对于治理国家的人来说,根据才能来选拔官员;根据礼教来制定制度;以仁义来善待百姓;以信义来交往邻邦。这样的话国家就安如磐石,发展也会热火朝天(炽如焱火)。触犯这样的国家,一定如同以卵击石,会被击得粉碎,虽然有强暴的邻国,又有什么可以担心的呢?太子丹放着这些正确的决定不做,不顾万乘之国,却想要泄一己之私愤,逞盗贼之阴谋,最后身败名裂,社稷化为一片废墟,岂不悲哉?

所谓膝行匍匐、五体投地并不代表恭谨;言出必行、千金一诺并不代表信义;不惜重金、散尽家财并不代表恩惠;不顾生死、自刎剖腹并不代表勇武。关键是,如果没有深谋远虑,没有道义的支持,那就和楚国的白公胜之流没什么区别了。

白公胜,芈姓,熊氏,名胜,号白公,春秋时期楚平王之孙,太子建之子。白公胜的父亲——楚太子建遭人陷害,举家逃到郑国,却遭郑国人所害。太子建死后,他的儿子公孙胜逃到了吴国,后来在楚国令尹子西的帮助下回到了楚国当上大夫。

白公胜礼贤下士,善待士人,豢养死士,喜好用兵,他最大的愿望是进攻郑国,为父报仇。子西也曾答应为他报仇,但却迟迟不肯出兵。

白公胜终于被仇恨冲昏了头脑。公元前479年,他趁领兵击败吴国之机,以献俘为名,发动叛乱,杀死子西和子期,囚禁楚惠王,自立为楚王。

白公胜当楚王才一个月,笔者的老祖宗,楚国贵族,好龙的叶公沈诸梁,率军擒王,击败了白公胜。白公胜自缢而亡,楚惠王复位。

白公胜其实也是礼贤下士、一诺千金的典范,可是他为了一己之私愤,不惜发动政变,最终名败身死。这里司马光是用白公胜来和太子丹相比。

但笔者以为,太子丹也算不上是私愤,他虽然和秦王有私人恩怨,但是他最终的目的还是为了燕国和山东各国,希望在秦国的军事打压下还可以苟延残喘地活下去。但是他不知道采用斩首行动,还是需要实力作为后盾的,没有实力的斩首行动就是恐怖主义，是不会成功的。

司马光继续说道：荆轲心怀太子丹的私恩，不顾七族之安危，想要用一尺八的匕首来削弱秦国而使燕国强大，岂不愚蠢之极？所以扬雄对这些刺客死的评价是："要离之死，不过是蜘蛛毒虫之死而已；聂政之死，不过是一壮士之死而已；荆轲之死，不过是一刺客之死而已，他们的行为都称不上道义。"

所以按照扬雄所说的："按照君子的标准来看，荆轲不过一盗贼而已。"

司马光对扬雄的论断的评价是："善哉！"

三、要离刺庆

要离刺庆忌的故事更为跌宕精彩，他的事迹主要记载于《吴越春秋·阖闾内传》，《资治通鉴》并不涉及，笔者这里还是要和大家分享一下。

要离是春秋时期吴国人，出生在今江苏无锡一带，世代以捕鱼为生。史书记载要离身高只有五尺余，即不到一米六，容貌猥琐，瘦小枯干，但却算得上是一名勇武狠决的壮士。

公元前515年，吴王姬阖闾派专诸刺杀了他的堂兄吴王姬僚，篡夺了吴王之位。吴王僚的儿子庆忌是当时吴国第一勇士，他为了替父报仇夺回吴王之位，于是向邻国诸侯借兵，准备起兵反攻吴王阖闾。

阖闾称庆忌是："筋骨果劲，万人莫当。走追奔兽，手接飞鸟。骨腾肉飞，拊膝数百里。驷马驰不及，射之暗接，矢不可中。"庆忌就是一个未来战士，而一米六都不到的要离想要刺杀他，根本就是天方夜谭。

吴王想要依葫芦画瓢，继续采用刺杀的手段对付姬僚的儿子。由于庆忌之父就是死于刺杀，所以庆忌非常小心，再加上他本人又力大无穷，刺杀的任务绝对不易完成。伍子胥向吴王推荐了要离，要离自告奋勇愿前往行刺。吴王看要离容貌猥琐，担心不能成功。要离却想了一个比后世的聂政、豫让、黄盖还要毒辣百倍的苦肉计：他建议吴王杀了他的妻子儿女，并且砍断他一条手臂，这样的话他去投奔庆忌，就没有人会怀疑了。

是的，众位看官没有看错，这就是要离的苦肉计。聂政刺侠累，先等老母过世，刺杀成功之后，为了保护家人，还要想方设法隐姓埋名。而要离一上来就把自己的妻儿老小往火坑里推，这人根本就是想出名发了疯。

吴王也不能理解这个想法，于是问道："先生为寡人之江山不顾生死，勇气可嘉，奈何要寡人杀您妻儿啊？"

吴王也不想背这个恶名。

要离却说："臣闻安妻子之乐，不尽事君王，非忠也；怀家室之乐，而不除君之患者，非义也。"

要离执意要吴王杀其妻子儿女，断其右臂，于是吴王答应。

几日之后，二人假意在朝堂上争执，吴王大怒，命人砍断要离右臂，并且把要离的妻子儿女全部下狱，在闹市斩首，尸体焚烧弃市，悲惨至极。

要离于是出奔到各诸侯行怨言，哭诉无罪却遭吴王荼毒，天下人莫不知之。要离跑到了卫国，找到了庆忌，对庆忌说："阖闾无道，王子所知，今吴王无故杀戮我妻子儿女，焚弃于市，吴王与我之深仇大恨不共戴天。吴国的情况我非常了解，希望和王子您一起东征。以您之勇武，加上我的谋略，何愁阖闾不灭？"

要离都这么做了，庆忌哪有不信之理啊！

于是庆忌操练士卒，三个月以后起兵伐吴。庆忌和要离共乘一船，船至中流，忽起大风，要离力气小，而且折损一臂，庆忌又身披重铠，就算放着让要离砍，估计都伤不到庆忌的筋骨。于是要离坐在上风口，借着风势直扑庆忌。

史书记载：要离"因风势以矛钩其冠，顺风而刺庆忌"，这个"因风势以矛钩其冠"是个什么动作，笔者找了很多资料，也没有找到一个恰当的说法。笔者以为，这个矛应该是短戟或者短戈，要离先用戈上的倒钩，钩倒庆忌的发冠，大风吹乱庆忌的头发，视线模糊不清，庆忌肯定反应不过来，这一招和韦小宝打架的时候先撒石灰有异曲同工之妙。接着要离借着风势，直刺庆忌。

到这一刻，庆忌终于明白，要离是吴王派来的刺客。庆忌果然勇武无双，他一把抓起要离，把他倒提着，溺于水中多次，然后他将要离提起放在自己的膝上，大笑说："哈哈哈，没想到啊没想到，你真乃天下之勇士啊！居然敢加兵刃于我。"

庆忌的左右想要上前杀了要离。那庆忌果然是个大英雄，他摆摆手，苦笑着对左右说："罢了，罢了。此人乃天下之勇士，怎能一日而杀天下勇士二人哉？你们让他返回吴国，以向天下人颂扬他的忠心。"

说罢，庆忌拔出胸口的短矛，气绝而亡。

这个故事到此还没有完。

要离在回吴国的路上，到了江陵就不肯走了，跟随的人问："先生为何不肯前行？"

要离说："我杀了妻子儿女，侍奉君王，这是不仁；为新君杀故君之子，这是不义；如果今日我还贪生而活在世上，也是不义。有这三恶，我还有什么面目活见天下的士人？"

要离言罢，纵身跃入江中，但还是没有死成，又被随从从江中打捞了出来。一只手的要离被庆忌泡过几次，自己又跳水，却还是不死，看来他的水性也是天生的。

随从说："先生何必要死呢？您回到吴国，等着您的是高官厚禄啊。"

要离说："我怎能不死！"于是自己砍断手足，伏剑而死。

这是《吴越春秋》上对要离刺庆忌的主要记载。故事非常凄美悲壮，令人对古之侠士心驰神往。

但是在扬雄、司马光眼中，像要离、聂政等人不过是蜘蛛、蝎子一样的毒虫，不爱惜亲人，不爱惜自己的生命，为了所谓的千金一诺，做盗贼之事，岂不荒唐！

四、是战是降

我们回到《资治通鉴》。王贲进攻代国,俘虏了代王赵嘉。

因此王翦彻底平定了江南之地,降服了百越的君主,设置了会稽郡。

此时秦国以摧枯拉朽之势灭了韩、赵、魏、燕、楚五国,只剩下一个齐国了,秦国于是在全国范围内举行庆功宴,表彰有功之将士。

我们很久都没有说到齐国了。齐王田建,就是齐湣王的孙子,逃命的齐襄王田法章的儿子,他母亲就是太史敫的女儿,史书称她为君王后。

起初,君王后由于出身平常人家,又和襄王共患过难,深知民间之疾苦以及守国之不易,所以贤明有才干。君王后主持国政,侍奉秦国非常谨慎,与各诸侯交往讲信义。况且齐国位处东海之滨,秦国日夜攻打三晋及燕、楚,五国自顾不暇,所以齐王田建在位40余年而没有受到军事打击。

到了君王后死的时候,她告诫齐王说:"群臣之中,有一个人可以托付国家重任。"

齐王估计也是脑子一般,怕记不住,赶忙说:"您能帮我把名字写下来吗?"

君王后说:"好的,没问题。"

等到齐王拿来小本本准备写下来的时候,君王后说:"我忘记了要说什么了。"

君王后死后,齐王任用后胜为相。后胜这个家伙却收受秦国贿赂,连他的门客到了秦国,秦国都重金买通。所以后胜和他的门客都为秦国做间谍,还在齐王面前说秦国好话,使齐国不修战备,不助五国抗秦,秦国因此终于灭了五国。当然就算有齐国的支持,对五国在军事上也不会有太大的帮助。

秦灭五国以后,后胜劝齐王去秦国朝见。齐王准备出发的时候,雍门司马上前挡住齐王问道:"大王您当齐王是为了齐国的江山社稷,还是为了自己呢?"这个问题很吊诡,是个很大的坑。如果齐王回答是为了个人,那么为了江山社稷，您就可以禅位了。所以只能回答为了江山社稷。

于是齐王回答："当然是为了江山社稷啦。"

司马说："如果是为了江山社稷，那么您为何要放弃先祖留给您的江山社稷而去到秦国？"

齐王一听，明白司马的意思。因为秦国囚禁了楚怀王之事，天下皆知，所以去到秦国以后的一切结局难料，很可能江山、小命都没有了。所以齐王赶忙转回车头，返回王宫。

虽然秦国不去了，但是该如何对付秦国这个问题却是无法避免的。即墨大夫来求见齐王，建议道："齐国地方四千里，带甲数百万。三晋的遗孤大夫，都不肯投降秦国，他们有数百人聚集在阿、甄（今山东省聊城市附近）之间。大王您只要将他们收拢，并且给他们百万部队，让他们去收复三晋故地，即使是临晋关（今陕西大荔东，是历来秦晋之间的重要险关）也可以攻入。楚国的大夫不愿意为秦国效命的也有数百人，他们聚集在临淄的南城。大王您也可以将他们收拢，然后给他们百万之众，让他们去收复楚国故地，只怕武关（陕西省商洛市丹凤县东武关河的北岸，历来秦楚之间的边塞，与函谷关、萧关、大散关成为'秦之四塞'）也可以攻入。如此的话，齐国的威严可以建立，秦国可亡，绝不只是保住一个齐国而已啊！"

笔者以为，即墨大夫有些夸张，以秦国派六十万大军去平定楚国都那么吃力，齐国一定是没有二百万大军的，估计凑一下，六十到八十万是有的。但是即墨大夫的这个计策是可行的，原因有以下几点：

第一，之前山东六国人口十倍于秦国，之所以战败是因为六国之间还要互相攻伐，背后捅刀子，现在五国已灭，他们诸侯遗孤们同仇敌忾，就不会出现互相掣肘。

六国合纵，互相都把自己当老大，号令不一，联军能获胜的两次都是因为信陵君的绝对威望，所以只要号令统一，联军的战斗力还是很强的。此时五国已亡，硕果仅存的齐国完全可以作为诸侯的领袖，号令天下反攻秦国。

第二，此时，秦国的摊子大了，要管的地盘也多了，刚刚打下的诸侯国人心思变，叛乱纷起，很多地方都需要派军驻守，秦国能调动的机动部队就少了很多。

第三，秦军十年不到，连续攻灭五国，兵革不断，士卒疲惫，战斗力已然大打折扣。

第四，山东百姓苦于暴秦，如果有人可以振臂一呼，绝对还是有很多民众会群起响应的。

基于以上几点，笔者以为，如果齐王听即墨大夫一言，派遣两路大军伐秦，是有机会可以和秦国一战的，很有可能秦末天下纷乱的局势可以提前十多年到来，中国的历史也将被彻底改写。只可惜齐王田建，四十年未见刀兵，早已被吓破了胆，不敢起兵反秦。

秦始皇嬴政二十六年（公元前221年），王贲从燕的南端闪击齐国，突然杀入齐国都城临淄。齐国戴白之人不识刀兵久矣，怎么是如狼似虎的秦兵的对手，没有人敢抵挡秦兵。

秦王派人去诱骗齐王，答应只要齐王投降就可以获封五百里之地。齐王田建此时已经六十多岁，岁月早已将他的血性磨灭。齐王听说还能做一个五百里的富贵之君，就欣然同意投降秦国。就这样，战国时期仅次于秦、楚，号称东帝的强齐，一战未打，一枪未放，一夜之间百万大军齐卸甲，令后人哀叹。

秦国几代人以来也没出几个讲信义的君主，嬴政自然也不能免俗，他把齐王迁到了共地（今河南辉县），远离齐国，安置在太行山附近，处松柏之间，把齐王当松鼠处理，不给吃喝，不久齐王就饿死了。

就此秦国结束了战国乱世，彻底统一了天下。

而齐国人怨恨齐王不早点和诸侯们合纵抗秦，误听奸人宾客之言，以致亡国，就做了一首歌讽刺齐王和他的宾客："松树啊，柏树啊，把田建弄到共这个地方的就是那些宾客啊！"

我们观看整部《资治通鉴》，会发现在社会大变动时期，司马光会做比较多的评价，抒发自己的观点。就像本书一开始的时候，春秋向战国过渡，评价了很多。接下来是在这一时期，也就是从战国转向统一的秦王朝的时候，司马光也做了很多评价。

对于合纵连横，臣光曰：合纵连横之说，虽然看起来纷繁诡谲，其实也很简单，那就是合纵对六国有利。当初周朝开国天子分封各国，亲爱诸侯，使他们通过拜见、探访互相交流；用宴会增进彼此的感情；通过会盟增加团结。不为别的，就是为了同心戮力，一起保家卫国。想当初如果六国可以信义互相亲近，那么即使秦国再强暴，又怎么可能灭六国呢？三晋，是齐、楚的屏障；齐、楚是三晋的根基；形势相依、表里相存。所以三晋攻齐、楚是自断根基；齐、楚攻三晋，是自撤屏障。怎么可能撤了屏障来媚盗，还说什么"盗贼爱我，不会来攻我"，这岂不是太荒谬了？

司马光老先生的道理非常清晰，只可惜华夏民族一直在犯这样的错误，尤其是在司马光老先生所处的两宋期间。北宋末年，金国人攻打辽国的时候，宋和金一起灭辽。灭了辽国以后，宋就更加抵挡不住金国的虎狼之师，北宋遂亡。到了南宋末年，元朝攻击金国的时候，南宋借道给蒙元去灭金国。等到金国一亡，面对元蒙骑兵，南宋做了全人类最顽强、最令人惊叹、最可歌可泣的抵抗，但还是无法抵挡元朝的铁骑，南宋遂亡。

这样的事情一再上演，这或许就是历史的吊诡之处吧！